江苏人民教育家培养工程丛书（第三辑）

伙伴+：

让初中教育持续增值

HUOBAN JIA
RANG CHUZHONG JIAOYU CHIXU ZENGZHI

杨勇诚 著

江蘇鳳凰教育出版社
Phoenix Education Publishing, Ltd

图书在版编目(CIP)数据

伙伴＋:让初中教育持续增值 / 杨勇诚著. --南京:江苏凤凰教育出版社,2020.11
(江苏人民教育家培养工程丛书.第三辑)
ISBN 978-7-5499-9042-9

Ⅰ.①伙… Ⅱ.①杨… Ⅲ.①课堂教学—教学研究—初中 Ⅳ.①G632.421

中国版本图书馆 CIP 数据核字(2020)第 234383 号

江苏人民教育家培养工程丛书(第三辑)

书　　名	伙伴＋:让初中教育持续增值
作　　者	杨勇诚
责任编辑	沈静明
出版发行	江苏凤凰教育出版社(南京市湖南路 1 号 A 楼　邮编 210009)
苏教网址	http://www.1088.com.cn
照　　排	南京私书坊文化传播有限公司
印　　刷	南京顺和印刷有限责任公司
厂　　址	南京市江宁区麒麟街道天和路 78 号
开　　本	787 mm×1092 mm　1/16
印　　张	12.25
插　　页	2
版　　次	2020 年 12 月第 1 版
印　　次	2020 年 12 月第 1 次印刷
书　　号	ISBN 978-7-5499-9042-9
定　　价	33.00 元
网店地址	http://jsfhjycbs.tmall.com
公 众 号	苏教服务(微信号:jsfhjyfw)
邮购电话	025-85406265,025-85400774,短信 025-85420909
盗版举报	025-83658579

总序 FOREWORD

为江苏未来教育家成长奠基

纵观世界教育史，每一次深刻的教育变革都离不开教育家的参与和推动。邓小平同志在1986年就提出“希望中国出现一大批三四十岁的优秀的科学家、教育家、文学家和其他各种专家”。2007年《国家教育事业发展“十一五”规划纲要》明确提出了“倡导教育家办学”的方针。《国家中长期教育改革和发展规划纲要(2010—2020年)》也明确提出，要创造有利条件，鼓励教师和校长在实践中大胆探索，创新教育思想、教育模式和教育方法，形成教学特色和办学风格，造就一批教育家，倡导教育家办学。

倡导教育家办学，要在扎根于民族文化土壤的同时，吸纳一切人类文明成果，形成具有本土特色和全球视野的教育实践和教育智慧。在我国源远流长的几千年文明发展进程中，不仅积淀了丰富的教育话语体系，而且涌现出一批又一批的优秀教育家。如，有被推崇为“大成至圣先师”“万世师表”的孔子，有“匹夫而为百世师，一言而为天下法”的韩愈，有“捧着一颗心来，不带半根草去”的人民教育家陶行知，等等。

江苏素有重教兴学的优良传统。明清两代全国202名状元中，有66人出自江苏，约占总数的三分之一。新中国成立以来，两院院士三分之一以上是江苏籍。“十一五”规划以来，江苏认真贯彻国家、省教育规划纲要，坚持把优先发展教育作为强省之基，把科教与人才强省作为经济社会发展的基础战略，扎实做好教育改革发展各项工作。为顺应发展要求，江苏在2009年启动实施“江苏人民教育家培养工程”，旨在通过培养一批具有教育家潜质的校长、教师，带动全省师资队伍建设，提高全省教育质量。工程启动和实施以来，得到了省内外同行的高度关注，《中国教育报》《人民教育》等权威教育媒体纷纷予以报道，给予了很多的支持和鼓励。在工程的带动下，全省基础教育人才队伍建设工作蓬勃开展，人才梯队不断优化，人才培养形成常态化。无锡的教育名家培养工程、常州和镇江的名师工作室、苏州的姑苏人才计划、南通和淮安的名师名校长培养工程、连云港的中小学高层次人才“333”工程、泰州的中小学卓越教师培养计划、扬州的领雁工程等都取得了良好成效，为江苏基础教育事业的明天提供了人才支撑。

一、设计思路

古今中外的教育家，虽然成长路径各不相同，但他们身上都有一个共同特点，那就是都有强烈的发展愿景，都是积极主动、持之以恒地追求自我发展。而有计划的培养可以促其自觉、促其坚定、催其奋进、助其提高。实践证明，通过有效地整合社会资源，建立系统而完整的培养制度，对培养对象进行引领、促进、支持，给予他们相对良好的成长空间和必要的规制，有助于他们更快更好地成长。我们认为，确立“人民教育家是可以培养的”观念，是科学的人才观、发展观在师资队伍建设中的体现。

确立目标宗旨。为一批立志终身从教、教育理念新、科研能力强、专长突出、风格鲜明、发展潜力大的中小学教师和校长创造条件，提供平台，给予重点培养，帮助他们在教育理论素养和创新实践能力等方面得到全面提升，使其个人专长更加凸显，特色风格更加鲜明，为他们成长为社会公认的人民教育家奠定基础，并以此带动和促进全省中小学师资队伍水平的整体提升，为江苏建设教育强省、率先实现教育现代化、办人民满意的教育做出更大的贡献。

制订培养计划。工程实施的目标是培养基础教育高端人才。从 2009 年起，计划在全省范围内分四批选拔 200 名特级教师进行重点培养。200 个培养名额，低于特级教师总数的 20%，不到中小学专任教师总数的万分之三。分四批培养，每批 50 人，确保每一名培养对象都能享有足够好、足够多的专家资源、活动资源、财力资源和实践平台，保证培养过程更加具有科学性、针对性和有效性。

明晰选拔标准。分析近代以来我国教育家表现出来的特质，我们发现他们具有三个方面的共同特质：一是志存高远，具有远大的教育理想，“敢探未发明的新理”，善于发现和潜心研究教育问题，形成自己独到的教育思想；二是学高为师，具有丰富的学识和科学的经验，勇于探索，在办学理念和思路、学校建设与管理、教育教学方式等方面形成鲜明的特色和风格；三是身正为范，具有高尚的人格魅力，热爱学生，尊重学生，对学生有大爱之心，并有较大的社会影响。为此，在培养对象的选拔上，我们确定了“坚持一个基本条件、着重考察三个方面”的遴选原则。基本条件必须是特级教师，是“师德的表率、育人的模范、教学的专家”。在此基础上，着重考察培养对象是否有正确的、强烈的成长动机，有为人民教育事业奋斗终身的坚定理想和不懈追求;是否具有深厚的教育理论素养、文化素养和专业素养,有成为人民教育家的基础条件和发展潜力;是否具有高尚的人格魅力,在区域和学科专业领域内声望高、影响大、示范性强,受到同行、学生、家长和社会的广泛敬重和好评。

二、制度建构

“江苏人民教育家培养工程”是一项系统性工程,旨在探索高端教育人才培养的政策、制度和实践模式,以培养对象的教育思想、办学行为和先进事迹激发全省所有校长、教师的教育热情和奉献精神。经过五年的实践探索,逐步形成了一套比较完整的培养体系,制定了《江苏人民教育家培养工程实施指南》,形成了管理、培养、考核“三位一体”的培养工作机制。

建立了管理机构。在管理上,教育厅成立了“江苏省人民教育家培养工程领导小组”,负责培养工作的整体把握和指导,指定江苏省教育科学研究院负责工程的具体实施工作。根据培养对象的特点和研究方向,成立了分学段或分学科领域和学校管理等不同培养方向的五个研修组。与培养对象相对应,组建了五个专家指导小组,通过个别指导和集体指导相结合的模式,就培养对象的发展规划、研究方向、课题研究进行指导。

搭建了培养平台。在培养上,以“政府创设平台、专家引领指导、个人主动发展、团队共同提高”为培养机制,以帮助培养对象“提高师德修养、拓展教育视野、创新教学理念、提高教育教学能力水平”为核心培养内容,规划实施了九大系列培养计划:催生教育主张——培养对象理论素养提升计划;聆听高端讲座——培养对象知识结构更新计划;牵手农村教育——培养对象责任修炼计划;推动教育创新——培养对象实践模式构建计划;走近教育家——培养对象分类阅读计划;聚焦实践问题——培养对象小组合作研究计划;带动共同发展——培养对象团队建设计划;教育家办学——影响力论坛计划;行者无疆——教育考察计划。围绕计划,在2014年至2019年第三期培养对象培养期内,共开展省级集中活动20余次、小组活动近100次。

制定了考核制度。在考核上,省教育厅委托省教育科学研究院与培养对象签订“目标责任书”,依据目标责任书开展年度考核、中期考核和终期考核工作。其中,年度考核实行报告评价式考核,研修小组和培养对象每年要做一次工作总结,报告一次研修心得;中期考核在培养期的第三年举行,实行发展性评估考核;终期考核按目标责任书实行目标考核。培养周期完成,在个人考核的基础上,成立“培养工作评估项目组”,对项目实施情况进行整体评估。

提供了条件保障。主要从专家、平台、经费等方面为工程实施及培养对象提供专业支持、环境支持和政策支持。一是组建了专家指导团队,聘请了国内一流专家。目前共聘请专家119人次,其中为第三期培养对象聘请的专家有35人。二是设立省教育科学规划“十三五”人民教育家培养对象专项课题，鼓励培养对象申报教育科研课题研究项目，通过课题研究推动培养对象成长。三是为每位培养对象至少安排一次出国研修的机会、召开一次教育思想研讨会、资助出版一部专著，为他们形成教育教学思想创造条件。

三、实践成效

工程实施以来，每一位培养对象都以教育家的素养标准要求自己，经过五年努力，提升了综合素养，取得了很多教育教学成果，带动了区域内多元团队的共同发展，还通过跨区域的合作在更大范围发挥了重要作用。

素质显著提高。五年的研修对每一个培养对象来说都是一个迅速进步的过程，他们的专业素养与教育能力不断提升，教育思想已现雏形。其一，潜心读书，提升了专业素养。有的培养对象五年阅读了 100 多部专著，撰写了 40 多万字的读书笔记。其二，实践探索，提高了教育能力。通过构建自己的课堂教学模式提高课堂教学质量，通过成立名师工作室和建设学科基地发挥辐射作用，通过管理模式的变革寻求学校的优质发展，已成为培养对象的行为自觉。其三，活动研修，拓宽了教育视野，丰富了发展内涵，增强了服务江苏教育发展的责任感与使命感。其四，自省反思，凝练了教育思想。通过回顾和反思、梳理和归纳，做到更深刻地认识、更清晰地表达自己的教育理念，初步形成了自己的教育思想。

研究成果丰硕。五年来，各位培养对象在实践研究方面积极进取，取得了丰硕成果。据不完全统计，第三期培养对象公开发表论文 880 篇，其中在核心期刊发表 191 篇；编著图书 79 本，出版专著 35 本；主持市级以上课题（项目）研究 166 项，开设县级以上公开课、讲座 1821 节（次）；被媒体报道 210 次。教学办学上，他们不仅善于把自己的教育理念运用到实践中去，而且非常注重特色成果的形成，成为江苏基础教育改革大背景下一例例鲜活的典型。他们的教育教学实践获得了广泛认可，产生了深远的影响，累计获得各级各类荣誉表彰 300 余项。这些成果来之不易，体现了各培养对象不断超越、勤于探索的精神。

带动效应显著。培养对象皆有自己领衔的发展团队，不仅有学校管理团队、教师集体和学科教师团队，而且有市（区、县）的名师团队、骨干教师团队，为带动当地教师发展做出了很大贡献。在团队发展过程中逐渐形成了由“被动发展”走向“主动发展”、由“短期性发展”走向“持续式发展”的良好格局，表现出相当高的发展水平与强大的辐射力。另外，第三期培养对象共开展“牵手农村教育”活动近 30 次，覆盖近 30 个县、市（区）50 多所农村学校，发挥了培养对象的专业服务作用，带动了农村地区教师专业发展。难能可贵的是，他们在成为“培养对象”后，依然有着清醒的自我认识。他们常常淡看自己的努力和成就，却对“机遇”怀有感恩之心。正如一位培养对象所说：“孔子的彼岸是闻达于诸侯，我在想我们的彼岸是什么？也许我一辈子也成不了教育家，但我可以拥有教育家的志向、教育家的情怀、教育家的理想。在培养工程一千多个日日夜夜里，我如农夫般日日耕耘，如哲人般时时自省。从此岸到彼岸，是岁月的距离，更是成长的步履。让我们揣着梦想、带着感恩、携着激情，执着行走在成为教育家的路上，不为彼岸只为海！”

当前，江苏教育系统正在全面学习贯彻落实党的“十九大”精神，全力推进教育现代化建设，坚持以立德树人为根本，以发展素质教育为主题，以提高教育质量为核心，以促进教育公平为重点，以服务经济社会发展为重任，以深化教育教学改革为动力，以扩大教育对外开放、提升教育国际合作交流水平为重要路径，以教育信息化为着力点，以争取加大教育投入、建设高素质专业化教师队伍为关键，探索建立中国特色现代学校制度，努力营造健康向上的校园文化和有利于教育改革发展的社会氛围，努力办好人民满意的教育。衷心地希望“江苏人民教育家培养工程”的实践探索能给我国推进教育发展和办学专业化、促进高端教育人才成长提供借鉴。

编委会

2020 年 11 月

自序

PREFACE

有人说:“校长的气质决定学校的品质,校长的风格决定办学的品格。”对此,我不敢苟同。也许只有你在一所学校工作了几十年,又在那里当了十几年的校长,才可能有这样的效果。但是,对像我这样的绝大多数校长而言,那是“铁打的校园,流水的校长”,不管你拥有什么样的教育思想或者教育主张,最多只能影响所在学校的某个发展阶段,既无法改变学校的过去,也把控不了学校的未来。说实话,尽管在校长岗位上已经整整干了二十多年,但是在我心中还真没有固定的“理想学校”,更没有想去办一所“我”的学校。究其原因,一是现行人事制度的限制,校长任职到期都得轮岗,再好的想法短期内也难以实现;二是深感自己能力、水平有限,也拘囿于本人的理想与追求,只想当个好教师,再说,自己性格也比较软弱,不够强势;三是受忠厚传家、善良做人的家庭教育长期熏染,不愿意、不擅长去做一些强人所难的事。

我从 1996 年开始任副校长,1999 年起连续在四所初级中学任校长,这几所学校有乡镇的也有城区的,有文化底蕴积淀很深的也有新建的,有办学层次比较高的也有相对薄弱的。一晃二十多年过去了。尽管做校长的经历也算很丰富了,但是我始终认为:校长不能把学校看成是家里的盆景,随心所欲地改造修剪,不能“以意为之,独行其是,办校长的学校”。校长的教育思想虽然源于自己的教育价值追求,但是必定扎根于教育教学实践的土壤,与学校的发展休戚相关,并与时俱进。校长只是用自己的经验和智慧,去帮助学校进一步完善,即尊重办学传统,遵循教育规律,优化管理文化,丰富教育内涵,提升育人品质。由于工作岗位的频繁调整,各所学校的情况又不尽相同,我很难理得出思路清晰、一以贯之的教育思想或教育主张。可是我非常享受在不同学校的经历,因为它们为我的职业生涯带来了很多精彩时刻,这些都成为我人生最美好的故事和继往开来的动力。

1999年,我初任校长的学校是在小乡镇上的吴江市梅堰中学。这所学校的教师主体是一群学科专业薄弱,但工作十分认真负责的民转公教师。大专院校毕业的一群年轻教师,尽管专业知识扎实,但那时还没有成为学校的中流砥柱。在这样的教育环境中,我提出了"协同"的教育主张,趁着新课改全面推进之际,我们优化学校课程设置,优化课堂教学方式,带领一所办学水平处于全区中等的乡镇学校,披荆斩棘,攻坚克难,逐渐跻身吴江初中的先进行列。学校先后获得省绿色学校、省科研先进集体、省文明单位等荣誉,还是全省第一所创建"省现代化示范初中"成功的乡镇学校。

2007年,我轮岗到吴江市盛泽第二中学任职,这是一所面临"退民为公"体制转型的学校。学校面临着一系列亟待解决的问题,既有经济纠纷,也有配合政府收回出租的店面、校舍和学生食堂等问题。适逢2008年实施绩效工资,分配方案众口难调,教师的积极性大受挫伤。面对这样一所学校,我提出了"参与"的教育主张,让师生、家长和社会相关人士参与到学校管理和教育教学中来,丰富学校育人资源,提高各级各类课程实施水平;积极开展一系列社团活动,努力推动文化建设转型升级;通过丰富多彩的校园生活,着力构建"智育与美育并举,科学与艺术并重"的办学特色。2011年学校易地新建,我们抓住有利时机,提出把"用智慧润泽诚真朴实的心灵,以美雅培育灵动秀逸的个性"作为全体师生共同追求的办学愿景,凝心聚力,团结拼搏,为学校高位发展的态势增添可持续发展的动力。

2015年,我轮岗到吴江区笠泽实验初级中学任职。这是一所新建的学校,起步维艰。师资主要来自一所撤并的三星高中——吴江区松陵高级中学。生源80%是来自全国20多个省份的新吴江人子女,因此我校是我区接受新市民积分入学的第三大生源学校。学生学习基础比较差、学业水平比较低。初一入学全区摸底,语数英三门学科在31所学校中排29名。我从一所办学水平处于区内前列的学校,一下子落到了办学水平处于全区最后的学校任职,在常人眼里似乎难以接受。不过,我还是接受了组织的安排,配合教育局处理松陵高级中学停办遗留下来的各种问题。原来高中的大部分骨干教师已选调到了其他高中,来到了笠泽实验初中的教师也各有各的想法。面对这些教师和学生,我提出"融汇"教育的主张,把不同文化背景的老师和学生作为一种重要的办学资源,运用到学校教育管理和课程教学中来。经过三年的共同努力,学校在吴江区年度综合考核中实现"爬坡式"前行,2016年获三等奖、2017年获二等奖、2018年获一等奖。

根据我的年龄和吴江教育系统领导干部任职规制,我原本打算在笠泽实验初中"善终",可是2018年秋季突然一纸调令,把我调到吴江区实验初级中学工作。吴江区实验初级中学是一所有影响力的知名学校,有优秀的教师队伍,有优质的生源群体。但是,学校育人模式和课堂教学范式没有充分地发挥学校办学优势,人力资源没有得到很好的开发,我希望通过"伙伴+"的育人模式来提升学校的育人品位和课堂品质。2017 年 5 月，“江苏人民教育家培养工程”第三期第一组在笠泽实验初级中学活动时，我向与会的导师、学员汇报了“学生小组合作、分层走班授课”教学策略，以此形成“兵教兵、兵练兵、兵评兵”的自主学习的态势。导师陈玉琨先生（华东师范大学资深教授）指出：这种育人样态与我的管理风格是一脉相通的，都是强调了“参与、合作、协同、互动，彼此影响、相互促进”，这种稳定的价值取向就是一种思想、一种主张。陈教授建议我在“伙伴＋”育人的主题下开展教育实践活动，总结提炼经验，再来凝练鲜明的育人主张。导师的点拨，让我茅塞顿开、豁然开朗。但是，还没有来得及全面展开各项教育实践工作，我又奉命调到吴江区实验初级中学工作。通过半年的调研，我觉得现在的学校不论学生的学习能力、学业水平，还是骨干教师的保有量都更胜一筹，有更好的教育教学实践基础，“伙伴＋”育人范式的运用应该具有更大的优势。

以《伙伴＋：让初中教育持续增值》为题完成拙作，不只是对我在吴江区笠泽实验初级中学工作的总结，也不仅是对现在任职的吴江区实验初级中学可持续发展的预设，更是基于我任职岗位频繁更迭，无法呈现一以贯之的办学思想和完整的治校理念的现实，把二十多年校长经历的一些想法和做法进行回顾和梳理，统整在“伙伴＋”育人的主题下进行总结，与同行分享。

从“协同教育”“参与教育”“融汇教育”到“伙伴＋”育人，我经历了一个又一个“跳跃”，每一次“跳跃”都是一次新的挑战。于是，我不得不去反复思考同一组问题：要办什么样的学校？如何推进学校发展？如何发展每一位老师，成长每一位学生？在这二十多年的校长历练中，我始终秉持“趋其势，用其优，扬其长，汇其智”的策略，努力办“大家”的学校，因势利导、顺势而为；始终坚守“学校是大家的，办学校全靠大家，办好学校成就大家”的办学宗旨。在各校任职的经历和经验告诉我，只有虚怀若谷、豁达大度，才能广开言路、广纳良才、广施良策，才能凝教师之心、合教师之力、聚教师之智，才能办好学、教好书、育好人。

最后，我还得回答两个基本问题。一是我的教育思想究竟是什么？基于我的价值取向和我的工作经历，可以告诉大家，我没有大家所希望的、丰厚的思想，有的只是一些琐碎的想法和做法，归纳起来就是：一个教育主张——办“大家”的学校；两个办事原则——因势利导、顺势而为；三个理念坚守——学校是大家的、办学校全靠大家、办好学校成就大家；四种办学样态——协同（梅堰中学）、参与（盛泽二中）、融汇（笠泽实验）、伙伴＋（实验初中）；五大治校策略——思想凝炼追求百川汇海四海承风、课程建设希望百花争艳万紫千红、教学方式提倡各显神通各美其美、师生评价主张兼容并蓄各彰其能、人际管理秉持宽严有度刚柔并济。第二个问题，那就是“大家的学校”究竟是一个什么样的样态？我心中没有十分清晰的界定和理想的学校模型，我只是感到学校应该是“乐融融的文化、喜盈盈的老师、活泼泼的学生、香喷喷的课程、响当当的教学、硬邦邦的质量”，即六个办学愿景。

目录 CONTENTS

引　言　初中学生交往缺失与伙伴危机

曾记得，原江苏省教育委员会副主任周德藩先生在不同场合讲述自己念小学时连续跳级的故事。他说这完全得益于当时的“复式教学”，一间教室一分为二，一半是低年级学生，另一半是高年级学生。老师在给低年级学生上课时，高年级学生自修；老师在辅导高年级学生时，低年级学生写作业。由于周德藩先生天资聪慧，在学完低年级课程时，居然把高年级的课程也学会了。周先生反复讲这段经历，倒不是在炫耀他的天资，也不是对那个时代教学组织方式的留恋，而是对不同年龄的孩子同室共读、互相影响的生活的怀念，也隐隐流露出对当前学生缺失伙伴的状况的感慨。

周德藩先生说的故事应该是六七十年前的旧事。就算再近一点，三十年前，我国居民的住房条件也不能与现在相比。那时，城镇的一幢房子里住了几户，乃至十几户人家，厨房、卫生间都是公用的，几乎家家都是开着门过日子。农村家庭也不像现在这样高墙大院各自生活，而是户户相连，家家相通。这种生活起居的样态，使得各家的孩子几乎朝夕相处、形影相随。当时，学校没有专门的补课辅导，社会上也没有家教机构，更没有学这学那的兴趣班。老师常常把学生组织起来，分成学习小组，选择一户住房相对宽敞一点的家庭作为小组活动的地方。课后，五六个孩子集中在一起写作业、看书、讲故事、做游戏等等，有时还会一起出去学雷锋做好事。回头看看这些学习和活动的方式，不就是现在常被教育者挂在嘴上的自主学习、合作学习、社会实践和社区服务吗？由此可见，很多现代教育教学的理念早已存在于学生的日常互动之中。那个时候，我们许多文化知识的传授、生活技能的获得和社会适应性的培育，是在伙伴之间口口相传或耳濡目染中形成的。可以说，这种伙伴交往在潜移默化中极大地影响着学生的成长。

社会的进步和经济的发展，使得人们的生活和学习方式发生了天翻地覆的变化，这也影响着学生的交往和伙伴的互动，在初中生中出现了“伙伴缺失”、伙伴危机现象，伙伴间原本的默会知识的传授缺失了平台，割裂了途径，伙伴影响渐渐被人淡忘。

2016 年夏秋，我们对苏南七所初级中学进行《初中学生人际交往现状》的问卷调查，涉及的初级中学包含了乡镇、城区不同的地域，优质、普通不同的办学层次，目的是了解目前学生人际交往的现状和心理期盼。

一、初中生人际交往现状

在《初中学生人际交往现状》问卷调查中，共下发问卷 1 500 份，回收有效问卷 1 412 份，从学生反馈的情况分析，目前初中阶段学生人际交往现状堪忧。

1. 初中生伙伴交往平台的缺失

在所有有效问卷中,有 42.63%的学生反映学校不经常组织课堂讨论、探究活动,甚至有 19.28%和 12.73%的学生认为难得组织或不组织。有 55.38%的学生不经常有分组合作学习的机会,有 6.06%和 1.24%的学生反映难得或没有参与过分组合作学习。由此,我们不难发现,当前初级中学的一些课堂教学活动还没有真正体现以学生为主体的自主合作学习,在交流方式上仅停留在师生交流,生生互动机制没有得到全面构建,课堂教学中缺少伙伴交往的机会和机制。让我们再看孩子们的课余生活,经常陪伴他们的人中,同学和父母分别占了 36.96%和 43.14%,不是同学的伙伴只有 3.21%,还有 5.32%的孩子在课余几乎没有人陪伴。每周与同学、伙伴玩耍活动超过 30 分钟,平均有一次的占比 34.49%,几乎没有的占比 26.95%。在被测试对象中,26.45%的学生与同学、伙伴的互动方式是逛街,30.78%的学生与同学、伙伴一起玩电子游戏。与父母的互动方式中,有 32.14%的学生与父母一起在家看电视,有 28.92%的学生陪父母逛街(注意:陪父母),有 10.51%的孩子和父母一起去电影院看电影,有 10.01%的学生与父母一起运动,还有 17.06%的学生几乎没有时间与家长在一起。因此,可以看到孩子的课余生活缺失伙伴互动。即便有,活动内容和方式也比较单一,女同学几乎集中在逛街上,男学生则集中在玩电子游戏上。

2. 初中生伙伴交往体验的淡化

在被测试的学生中,就课堂中的合作学习(比如讨论、探究等互动)认为对自己的学习很有帮助的占 37.21%,认为有点帮助的占 55.38%,认为没有帮助的占 6.06%,认为会影响学习的占 1.24%。对合作学习非常喜欢的占 26.06%,比较喜欢的占 44.38%,感觉一般的占了 24.72%,还有 2.72%的学生明确表示不喜欢合作学习。对合作学习会给自己的学习、生活带来的好处,有 46.97%的学生认为能促进同学间的关系更融洽,有 19. 65%的孩子认为可以帮助自己克服参与课堂教学的胆怯心理,有 3.96%的学生认为没有什么好处,有 29.17%的学生认为在合作学习中,同学讲的比教师讲的更愿意接受。在课余生活中,跟父母交流的主要话题,有 18.91%的学生主要是向父母汇报学习情况,有 49.94%的学生主要与父母分享趣闻轶事,而能与父母倾诉心中烦恼的占比只有 8. 03%,祈求家长帮助的占比只有 1.11%。与同学或伙伴交流的主要话题,有 13.97%的学生主要是解决作业中的问题,有 59.31%的学生与同学、伙伴分享趣闻轶事,只有 9. 27%的学生能与同学伙伴倾诉心中烦恼和 1.61%的学生乐意与同学伙伴交流自己的家庭生活。这些调查数据反映出学生体会不到伙伴交往给他们学习、生活带来的帮助,意识不到伙伴对他们成长的意义和价值。究其原因:一方面是我们的学校教育忽视这方面的组织、引领,另一方面是家庭的“过度监护”造成学生交往的“阻断”,使得孩子无法充分体验与伙伴交往的愉悦感、获得感和幸福感。

3. 初中生伙伴交往习惯的“虚化”

初中学生都会或多或少地出现“心理闭锁”现象,表现为疏远成年人,而热衷于与同伴交往，对同伴倾注了更多的情感和期望。但是，调查发现学生缺少良好的伙伴交往习惯的现象普遍存在。在课堂与同学合作学习，喜欢与别人讨论问题的学生占比为31.89%，比较喜欢讨论一些问题的占比为58.84%，喜欢自己思考且不与别人讨论问题的占比为9.27%。发现自己的想法与别人的见解不同时，当面反驳且积极陈述自己的观点的，占比为21.63%，乐意下课后私下与同学沟通表明自己观点的，占比为61.31%，不愿意所谓看他“发狂”的和不高兴表达自己观点的，分别占12.61%和4.45%。课余时间与同学或者伙伴经常面对面在一起互动交流的占比为37.82%，网上文字交流的占比为57.97%，网上视频交流或电话交流的占比分别为2.10%和2.60%。可以清晰地看到，60%以上的学生没有面对面的直接互动，本应该发生在真实世界的伙伴交往活动变成在虚拟的网络世界中进行。

4. 初中生伙伴交往能力的弱化

在课堂里与同学交流时，乐意认真倾听别人发言的占比76.02%，大致听听稍作了解的占比22.32%，愿意积极主动发表自己观点的占比1.24%。在课堂讨论中，愿意担任组长，主持讨论活动的占比11.37%，愿意担任发言人，代表小组发言的占比11.02%，愿意担任记录员，负责小组事务的占比14.59%，有58.71%的学生乐意做倾听者，也有3.71%的学生从不参与小组合作学习的任何活动。不难看出，许多学生在课堂合作学习中乐意当“看客”，不乐意积极陈述自己的观点和想法，这里有交往的习惯因素，更是因为孩子交往能力不济，担心、害怕心理在作祟。另外，选择性格相近或兴趣相同的人做朋友伙伴的各占41.41% 和40.05%，选择学业成绩相当的人做朋友伙伴的占11.00%，选择面貌漂亮（英俊）或才艺出众的人做朋友伙伴的占比8.65%和2.47%。这个比例基本符合初中生的年龄特征，同时也反映出一个共性的问题，即怎么培养孩子与自己兴趣不同、性格不合的人“打交道”呢？这是加强伙伴交往、增强伙伴影响过程中，不得不引起我们重视和思考的问题。

5. 初中生伙伴交往心理的期盼

尽管初中学生在伙伴交往方面存在着许多问题，但是他们对伙伴及其影响的认识还是积极的，认为伙伴对学习、生活很有帮助和有点帮助的学生占比分别为51.65%和41.20%，这几乎可以说出现“一边倒”的现象。希望父母和自己谈话，或者教师与自己交流时，能像知心伙伴一样无所不谈的占比分别高达85.04%和63.54%。希望与同学、伙伴面对面交流互动的占比67.37%，希望网络交流的只有26.95%。遇到困难时，认为最有效途径是找老师或找知心伙伴帮忙的分别是31.40%和33.13%。有痛苦（烦恼）的事，最想向知心伙伴倾诉的学生占比60.82%。有开心幸福的事，最想和知心伙伴分享的学生占比61.56%。从以上调查的数据来看，学生的心理期盼与他们伙伴交往的实际情况形成了很大的反差。一方面说明了伙伴交往存在问题的严重性，另一方面也给我们学校教育、家庭教育提出了新课题。

二、初中生人际交往缺失的原因

初中生人际交往的缺失不仅仅是学校教育存在问题,更是社会、家庭生活的发展对孩子的交往方式的巨大影响,这虽然是现代化进程的必然趋势,却也带给我们不得不面对的新问题,亟待我们破解。

1. 现代社会的交往方式悄然改变

现在是一个“机不可失”的时代,电脑、网络的普及,手机智能化的不断升级,孩子足不出户也能玩得尽兴、耍个痛快。学生可以在虚拟的网络世界里找到消遣和慰藉,满足自己“无所不能、为所欲为”的心理需求,但这容易使得现实情境中人与人、面对面的交往能力得不到健康发展,出现交友“厌恶、恐惧”现象。在现实生活中,时常会看到一些学生不肯积极参与集体活动,哪怕是家长安排的闲暇活动也一概拒绝,他们宁可在屏幕上“打得昏天黑地”。一些自控能力差的学生,甚至会逃课、旷课,乃至辍学。还有的学生为了会网友,“偷”了家长的钱,玩“失踪”。有的被网友欺骗,成为违法犯罪的帮手。初中生由于身体生理的成熟,渴望体验成人的生活方式,在网上肆无忌惮地玩“老公、老婆”游戏,争风吃醋,在不良网友的怂恿下,引发校园欺凌,等等。这种隐蔽性很强的网上交友虽然符合初中生的心理需要,但是其安全性是不容乐观的。涉世未深的初中生心气高,但驾驭实际情况的能力差,这些都是我们在教书育人过程中不可回避的问题。

2. 现代社会的家庭生活越来越封闭

首先,改革开放四十多年来,城乡居民的住房条件发生了翻天覆地的变化,过去“筒子楼”的居民集居现象基本消失,独门独户的公寓楼成为城镇居民的主要居住形式。即便是农村,随着新农村建设的推进,农民也住进单家独院或者规划整齐的楼房。住房条件的改善,虽没有了公共厨房的喧嚣,没有了夏天纳凉闲聊的时光,却给人际交往带来很大的阻碍,人们的交流空间缩小、时间减少。其次,对独生子女的过度监护,一帮长辈围着一个小孩转,尽管孩子的看护条件好了,但是孩子没有了独立与同学一起上学的机会,没有了与伙伴一起玩耍的自由,一切都是我们成人为孩子安排好了的活动。即便孩子有几个伙伴与朋友,也是经过家长“精挑细选”的对象,而不是孩子内生性的需要。再者,过去孩子们的游戏活动,一是项目少,二是需要众人参与。而现在游戏项目多,由于网络和手机的普及,人可以在虚拟世界中“单打独斗”。从上世纪九十年代电视普及到本世纪初计算机和网络广泛应用,再到现在的智能手机不断升级换代,这些现代生活方式正在改变着人与人的交往方式,同样也在影响着孩子的交往。

3. 校园生活的“失趣”和课堂教学方式的单一

尽管素质教育已经成为广大教师的共识,但是在学校实际教育教学中,学校的作为和教师的行为与素质教育的要求还存在不小的差距。一是课堂教学的方式方法还没有跟上时代的步伐,强调知识的传授和技能的训练,没有很好地展示知识发生、发展的过程，没有传授技能训练的方法，一味地“揪”，拼命地“压”。加上现在的很多年轻教师自己也是独生子女，没有认识到伙伴影响对孩子成长的价值，导致学生接触同龄人最频繁的仅有场所——校园和课堂，也成不了学生相互交往、彼此影响的平台，合作学习停留在合作解题，自主学习“沦落”为课前预习，学生体验不到合作学习的愉悦感，没有自主学习的获得感。学生学到的知识和技能不能有效地转化为学生的素养。从学校层面上看，我们习惯于有组织的正式群体的建设和管理，比如班集体建设、年级组管理等等，把班主任工作的效能、责任无限放大，却忽视了非正式群体在学生成长过程中的作用，根本看不到学生既是受教育者，也是教育者。学生之间的差异一直被当作提高教育质量的“桎梏”，用“因材施教”作幌子，想方设法地对学生进行分类分层教育，在这样的背景下，学生伙伴交往被阻断，伙伴影响的效能得不到发挥。最后，学校生活单调，缺少学生喜闻乐见的活动，学生也就没有基于项目引领、任务驱动的交往活动，其注意力自然投向了其他方面。比如少了文艺活动，那么有才艺天赋或爱好的孩子就少了交往的平台；少了体育活动的项目，那么爱好运动的孩子就少了聚会的机会；等等。

4. 学生缺少自己可以支配的闲暇时间

望子成龙、盼女成凤是中国老百姓对孩子成长的普遍期望，富裕起来的城乡居民面对家庭中为数不多的孩子（大多数家庭是独生子女），教育成了家庭对未来的“最大投资”。不但要让孩子上好的学校，而且课余也不会放松对孩子的补习，对于很多家庭来说，补习不再是针对学习困难学生的举措，而是“拔尖”行为。于是在“剧场效应”下，大家争先恐后把孩子送进补习机构，孩子的课余时间被大量作业和各种培训所侵占。家庭条件相对优越一些的家长，为了弥补自己当年的缺憾，把所有的希望都寄托在孩子身上，还要让孩子学这学那，绘画、练琴、学舞蹈一个也不能少。即便是双休日、节假日、寒暑假，孩子也没有时间、没有机会与同学互动，与伙伴交流，孩子根本不可能有想做自己的事的机会和空间，即便有，也是经过家长、老师反复“审核”后，认为不影响孩子学业的活动。

5. 大量的外来工随迁子女无法融入当地社会

这些学生的生活更加孤单、寂寞，被孤立在当地“文化圈”外。这些孩子虽然随父母来到经济相对发达的地区，但是对于他们而言，学校、家庭、周边都是一个陌生社会。由于文化背景、生活方式、学业水平与当地学生存在明显的差异，一方面他们生活在“自己的世界”中，觉得比原来的“圈子”好多了，有一种“过得去”的感觉而相对满足，加上初中学生有一定独立意识和独立生活的能力，不愿意主动融入别的“圈子”；另一方面当地的学生之间本身也是伙伴意识不强，生活在父母规划的“圈子”里，更没有主动“悦纳”别人的习惯，这就使得相当多的外来工的孩子身边没有同龄伙伴，本地的学生也减小了伙伴的选择范围。

“机”不可失，时不再来

随着智能化信息时代的高速发展，智能手机已经进入千家万户，青少年作为对新生事物接受能力较高的一类群体,更是将智能手机在学习生活中运用得娴熟自如,手机已经成了许多学生的随身必需品,离开了它就会六神无主。但“苹果手机之父”乔布斯生前却从不让自己的三个孩子玩 iPad 和手机,他说:“我们限制孩子们在家里使用智能产品。”这是为什么呢?

1. 错失身体健康发展的时机

班中小辰母亲有天来给孩子请假,因为孩子一直揉眼睛,说眼睛痒得厉害,还不停地眨,有时会有些睁不开,之前已经在吴江、苏州等地的医院看过医生,配了点眼药水,但效果不佳,所以特意网上挂了上海眼科专家的门诊。小辰是个手机控,跟同学聊起游戏来那叫一个神采飞扬,滔滔不绝,但一上课就眼神呆滞,魂不守舍。看病回来,孩子母亲恨恨地说:“看他以后还要不要这样拼命玩游戏了,他自己不要眼睛,不要成绩,我们也不管了。”原来眼科专家的结论是:都是手机惹的祸。孩子长时间地玩手机游戏,手机屏幕色彩绚丽,画面转换迅速,闪烁频繁,极易造成孩子的视觉疲劳,眼睛干涩、弱视、近视、散光等问题也就产生了。

另外,研究还证明,人在青少年时期,耳朵和颅骨的发育较不完善,还比较幼嫩,手机所产生的辐射会给青少年脑部神经带来不可逆的影响,经常使用手机的学生在理解力、反应力、记忆力上与使用手机频率较少的学生相比,较为薄弱。同时,长期使用手机还会使青少年的听觉受损,睡眠质量下降,免疫功能失调。手机的部分工作原理还是致癌因子,可能诱发白血病和肿瘤。其实智能手机的应用历史并不长,有一些危害可能还没被科学家发现。

青少年时代是人生中最重要的身体、智力发育的黄金时期,做“低头族”让自己错失健康,埋下病根,这将是终生的悔恨。

2. 错失最佳学习的时机

美国一位心理学家从全国各地的普通家庭中挑选了 100 个孩子,分成两组:50 名是接触不到手机的孩子,另 50 名是对手机痴迷的孩子。10 年后,跟踪调查的结果令人唏嘘:痴迷手机的 50 个孩子中,只有 2 位考上了大学;另一组的 50 个孩子,几乎全部考入了大学。这些考入大学的孩子里,有 16 位获得了学校的全额奖学金。看完这个实验,不禁让人感慨:一部小小的手机,就这样无情地改变了孩子们的命运?!

手机真是一个魔性的东西,有自制力的成人尚且容易着迷,何况是孩子呢?青少年的心智还处在一个成长发展的时期,自制力并不强,很难经得起智能手机的诱惑。虽然大部分学生在学校课堂上能够克制念想,不想着玩手机,可是他们在回到家后,却把极大一部分课余时间都专注在手机上,许多同学除了吃饭,几乎手不离机。作业前先跟同学聊个天,确认一下作业有哪些;作业中,遇到有点难度的题目,马上上网查询答案或找同学要答案。这样的作业态度自然养成了依赖心理,在课堂不需认真听讲,遇难题不需独立思考,那么学习能力、知识储备从何而来?临睡前,还要来一波手机娱乐,美其名曰放松,或收发短信,或看电子小说,或玩游戏,殊不知智能手机中的各种信息,不断刺激着他们的神经,使他们无法安心入睡,夜间睡眠的缺乏导致了第二天日间的精神状态不佳，从而极大地拉低了他们的学习效率。另外手机上不断刷新的信息，使得青少年逐渐习惯于超高强度的兴奋状态，很难在相对静态的日常学习环境中凝聚注意力，导致他们课堂上无法静下心来，甚至坐不住。

“少年易老学难成，一寸光阴不可轻。未觉池塘春草梦，阶前梧叶已秋声。”青少年时期的光阴最可贵，千万不能轻抛！

3. 错失树立正确三观的时机

说手机是毒品，一点也不为过。手机，让正要认知这个世界的孩子走了弯路，染上了瘾头，生了心魔。

家长跟老师反映最多、最头疼的事就是孩子玩手机了。沉浸在手机里的孩子往往不再喜欢迈出家门，整天宅在家里，成了宅男宅女。他们不再喜欢大自然的山山水水、花花草草，也就失去了欣赏美、发现美的能力，身心得不到大自然的滋养，心胸就无法开阔，情操就无法陶冶，修养就无法提高。他们也不再喜欢与人交流，只在他自己的虚拟世界中寻找伙伴，享受短暂的快乐。久而久之，他们就失去了自己的人脉圈，减弱了自己的交往沟通能力，越是想在虚拟世界中寻找自我的获得感，在现实生活中的挫败感就越强，这种恶性循环让孩子们迷失了自我，找不到人生前进的方向，三观的树立也就受到极大的影响，人生最重要的人格素养的养成阶段在此搁浅。

师长们想让孩子从手机中走出来，也可谓黔驴技穷，有的规定时限，有的没收手机，有的掐断网线，有的摔烂手机……可是，为了一部手机，孩子们是怎么回应的？有的跟家长大吵大闹，摔门砸东西；有的离家出走，跟亲人反目成仇；有的甚至不惜以伤害亲人或自己的生命相要挟……身边这样的新闻不少吧？本应以学习为主，树立正确三观的青春年华如今却因为一部手机虚度光阴，失去青春活力，什么理想目标、感恩回报、宽容自律统统抛之脑后。

手机就像是精神鸦片，已经在慢慢腐蚀我们年轻的一代。有人说，如果你要毁掉一个孩子，就给他一部手机。这不是危言耸听。法国已经把“禁止中小学生使用手机”写进法律，让我们也从自己做起，从成人做起，收起自己的手机，多多陪伴孩子、引导孩子。师长们的榜样作用也许能起到最有效的教育效果。

（由金桂华老师提供）

三、初中生伙伴危机的干预策略

帮助学生化解伙伴危机，建立良好伙伴关系，不仅能促进学生身心健康发展，也利于优化校园的教育环境，提高学校的育人品质。

1. 以开展丰富的校园活动为载体，提供伙伴交往机会

儿童时期是培养学生团队合作能力的最佳时期，有必要对他们进行分工、交往与合作等能力的培养，为其一生的发展打下坚实的基础。有目的、有组织地开展一些团体活动，多给学生提供一些与同龄伙伴交往的机会。

2. 减轻学生人际交往的心理压力,创设轻松自由的交友氛围

人与人的交往,是思想、能力、知识及心理的整体作用,任何一方面的欠缺都会影响人际关系的质量。有人际交往心理症结的学生,绝大部分对获得良好的人际关系抱有很高的期望,他们在人际交往中,自卑、以自我为中心、嫉妒、自傲、多疑等心理特征往往与希望得到别人的理解、帮助和关心,希望有人能倾听他的诉说的心理期盼是并存的。这就要求教师合理地应用疏导、沟通、宣泄等心理辅导策略,鼓励他们把内心的"话"说出来,缓解情绪压力,最大限度地减轻不良情绪,减少或消除学生人际交往中存在的问题。

3. 引导学生客观地悦纳自己和他人,构建良好伙伴关系

悦纳自己是指一个人相信自己存在的价值,认同自己的能力,并在行为上表现出一种与环境和他人积极互动的心理状态。在人际交往中,学生对自己的认知和评价直接影响他对别人的态度,从而对彼此间的关系产生重要影响。学生自我评价过低,会产生社交退缩性行为;学生自我评价过高,则会目中无人。过高或过低的自我评价都会影响人际关系。因此,教师要充分利用各种机会,有效引导学生正确认识自己,合理评价自己。学会尊重自己,更能尊重别人,悦纳自己才能奠定平等交往的心理基础。

4. 教给学生交际技巧,拉近心与心的距离

一是要学会主动结识新伙伴,积极培育自己的情趣爱好,善于发现同学的兴趣特长,志趣相投是缔结伙伴关系的基础,提升学生的素质和修养是伙伴关系能长久保持的关键。二是学会有效沟通,善于交谈、倾听的人能够发现彼此感兴趣的共同话题,就能调动交往的气氛,有助于情感的融合。

这些干预学生伙伴危机的常备措施在学校教育实践中被教师普遍运用,但是还只是停留在"就事论事"、解决特定问题的层面上。其实,学生发展主要靠自我教育、学校教育和伙伴教育。但是,初中生交往缺失、伙伴危机,使得伙伴教育通道淤塞,直接影响学校教育和自我教育的效果。特别是初中学生都会或多或少地出现"心理闭锁"现象,表现为疏远成年人,而对同伴倾注更多的情感期望和交往诉求。因而,这一时期的伙伴关系对学生发展具有不可替代的作用。就在这样的教育生态环境中,形成了"伙伴+"育人的教育范式。

"伙伴+"育人就是将伙伴影响与课程、教学、活动、评价等教育要素相融合,学生在伙伴互动过程中内化知识、发展技能、养成习惯、陶冶情操、提升品格、学会合作的育人范式。"伙伴+"是针对当前初中教育现状和初中生人际交往缺失的现实提出的一种育人新范式,是对初中生伙伴危机的干预,强调"伙伴"对孩子成长的积极作用。一是充分相信学生的经验,学生在知识与技能上的差异是学生合作学习的重要资源。"三人行必有我师焉",每个孩子都可以成为自己伙伴的"小老师"。二是教师、家长等一切教育者,都要调整心态,俯下身子做孩子的"伙伴",用孩子的视角观察世界、用孩子的立场分析问题、用孩子的言语表述观点、用孩子的方式评价伙伴,并用自己的默会知识影响孩子世界观、人生观和价值观的形成。

第一章　伙伴+：初中学生人际交往的新期待

在初中阶段，学生都会或多或少地出现“心理闭锁”现象，表现为疏远成年人，而愿意与同伴交往，对同伴倾注更多的情感期望和交往诉求。初中阶段的伙伴互动更加频繁、持久，伙伴关系也更加复杂。因而，这一时期的伙伴关系对学生发展具有不可替代的作用。

第一节　初中生生理和心理的年龄特征

初中阶段的学生，正处在身体发育的第二高峰期，随着第二性征的快速发育，他们在生理上虽然还不够成熟，但已经接近成年人了。在心理方面，也是成人感和幼稚性并存的时期，表现出种种心理矛盾的冲突。这种生理的不成熟性和心理的矛盾性，往往更需要家长、老师、同伴的帮助和引领。

一、初中生的生理发展的基本特点

初中阶段是学生身体生长发育的第二个高峰时期。其中身体外形的变化、内脏机能的成熟和性的成熟是“青春期的三大巨变”。

1. 外形的变。绝大多数学生从初中阶段开始，身高和体重都进入快速增长时期，体形和面部轮廓开始褪去儿童时期的“大头娃娃孩子相”，变得身材匀称，眉开眼阔，接近成年人的体形比例和面貌特征。

2. 身高与体重的变化。初中生平均每年可以增高 6～8 厘米，平均每年增重 5～6 千克。比较极端的，增高每年甚至达到 11～12 厘米，增重可以达到 8～10 千克。

3. 内脏机能的成熟。初中生的体能随着心、肺功能的迅速增强而快速提高，脑的发育也在 13、14 岁进入加速生长的时期。

4. 性的成熟。性的成熟和第二性征的出现。大多数女生在初中阶段已经有月经，男生出现遗精现象。初二年级的男生的嗓音、体形、体毛等副性征也陆续发生变化。当然，各种生理机能的发育水平和时间早晚是存在一定的个体差异的，这种差异本身也可能是造成某些心理压力的直接原因。

二、初中生的心理发展的基本特点

初中生的感知、注意、记忆和思维等心理品质有相应的提升,但是身心发展的不平衡构成了初中生心理发展最显著的年龄特征。

1. 生理快速发展与心理发展滞后的不平衡

青春期是从幼稚的儿童向成熟的青年期过渡的时期,初中生的生理、心理与社会关系的发展是不同步的,具有显著的异时性和不平衡性。在这一时期,初中生的生理迅速发展成熟,而心理的发展却相对滞后。他们的价值观、交往能力和策略、思考问题的方式和水平、把握社会规范的能力和经验、应对自己的心理问题的知识和技巧等各个方面,都依然停留在一个相对幼稚的阶段,需要逐渐累积、缓慢发展、在探索中前行。而且现代社会营养条件的改善,使得生理成熟大大提前,相对而言,心理发展水平滞后,身心发展不平衡、差异水平越来越大,这就造成学生的心理压力越来越大,并且这种不平衡性会贯穿整个初中阶段。

2. 独立意识萌发与独立应对能力的不平衡

生理上的急剧成熟,使初中生迅速意识到自己"已经"是一个成年人了,能够像成年人一样独立自主。他们千方百计渴望摆脱成人对其行为的监控,迫不及待地证明自己已经不是老师的"应声虫"和父母的"跟屁虫",而是一个与众不同、有自己主见的"大人"。但是,他们在生活和学习中表现出来的行为和心理发展水平却远远不够成人的标准,即缺乏独立应对问题的能力。这些处在"心理断乳期"的孩子一边在"断乳",一边也还是"恋乳"的。初中生的成人感往往只是在生活照顾和情感依赖方面比以前更独立、更希望成人放手,但是他们在精神的理解、支持和保护方面还是依赖于老师、家长的呵护。

3. 观察积极主动与心态持续稳定的不平衡

初中学生的观察、记忆、逻辑思维等能力有了进一步发展,他们能够在观察中注意到事物的细微处,能够较长时间地专注于一件事情,具备了一定的逻辑推理的能力和抽象地表达事物本质特征的能力。他们一般能够根据教学的要求,有意识地去观察某种对象和现象,如观察物理、化学的实验和生理卫生的挂图、模型等。学生能自觉地按照教师的要求和自己的兴趣去深入观察,观察的精确性也日益提高,能抓住事物的主要特点,把它和相近的事物区分开来。他们不仅能感知事物的外部属性,同时能抓住事物的主要特征和本质属性进行全面、深刻的观察,并且在这个基础上了解和掌握事物各部分之间的相互关系。不过,初中生的兴奋性较高,稳定性较差,波动性较大,两极性十分明显,容易激动,十分热情而又经常动荡、变化,容易出现冲动行为,使他们观察的持续性和效能大打折扣,他们有时还会出现情绪转移的现象。如果没有老师的帮助、同伴的陪伴,很容易出现有始无终、半途而废的情况。

4. 无意识记现状与意义识记要求的不平衡

初中学生的无意识记表现得比较明显，他们对自己感到有兴趣的、新颖的、直观的材料记得快、记得牢，而对一些比较抽象的材料，如系统的理论、公式、定理、法则等识记得就比较差。而初中阶段，教学要求不仅局限于记得牢，更要吃得透，尤其很多抽象知识的学习，要求学生具有一定的抽象思维能力，这就属于意义识记的范畴。意义识记是一种理解性的识记，教师往往要求学生对识记的材料分析综合，从而找出各部分内容之间的内在联系。因此，初中学生需要通过理解来掌握课文内容，这就促进了他们意义识记的迅速发展。但是，初中学生的抽象思维在很大程度上还属于"经验型"的，即在他们的抽象思维中，具体形象的成分仍然起着重要的作用。比如：初中学生在学习过程中，词的抽象识记是在具体形象识记的基础上逐步地形成和发展起来的。只有通过日积月累的教学训练和影响，学生才能逐步学会使自己的记忆服从于识记的任务和教材的性质，让有意识记的意识不断增强。直到初中学生开始能够用抽象公式、定理来理解具体事物，这就意味着他们的识记向理解水平迈出了新的一步。

第二节　初中生人际交往的特点

由于身体的发育和"身份"(由小学生变为中学生)的转变，刚升入初中的学生，成人感特别强烈，从头型发式、言谈举止等各个方面尽量模仿成人的样子，他们不愿意大人们把自己称为"小孩子"，不仅在家庭生活中发表自己的意见，而且开始向往成人世界和成人的人际交往生活。但是，由于涉世尚浅，经验不足，他们在人际交往中表现出来的不成熟现象比比皆是。表现在态度上，存在着淡薄、冷漠、退缩等特点；在交往目的上，功利化的倾向明显；在交往评价上，存在很不稳定的特点；在交往过程中，存在自我过度的现象。另外，实践能力和沟通技巧不足是"硬伤"，有时虽然有强烈的交往意愿，却不知道如何交往。当然，初中生人际交往随年龄增长呈非线性变化。随着心智发育的成熟和生活经验的累积，他们的人际交往总体上呈现快速向好发展的趋势。

初中生人际交往大致有以下的特点：

一、喜好结伙

在校内、班内尽管有同学互相交往的正式组织形式，如班集体、学习小组、共青团、少先队、社团等，但是初中生仍然常常因兴趣、爱好和性格等原因，在校内外结成非正式群体，这种小群体一般是在心理、动机、倾向一致的基础上自发形成的。当同学们遇到自己认为志趣相投、性格相同而谈得来的"朋友"时，他们的交往就变得密切。这时，这类因多方面的相似而结成的形式松散却行动一致的团体，大多数在学习和活动中能相互帮助，起到正式组织无法替代的作用。在这些非正式群体中，往往有一两个学生是组织的"核心",具有一定的号召力和影响力,他们不一定是同学中出类拔萃的学优生,但是他们在群体中有绝对的"威信",其一言一行可以左右这个群体的行动方式,是群体成员的"偶像"。大多数中学生都自觉不自觉地加入非正式的小团体中。每个同学在学校中都有几个相对稳定的好朋友,相互间有高度的忠诚感,在行为方面也有很大的约束力,在学习、生活中互相帮助,互相促进,也是倾诉"心事"的对象。但是,当这些非正式的群体一旦被边缘化时,往往对正式组织的行动带来负面的影响。

二、看重友谊

初中生更愿意把自己与监护他的成年人隔离开来,但是,他们常常会感到孤独和寂寞,迫切地需要别人的理解,所以学生在学习和活动中相互帮助、优势互补更容易催生交往,久而久之就慢慢地建立稳定的伙伴关系。尽管初中生交往也不例外,但是孩子由于心理上的不成熟,交往中的需要与互补等因素不占主导地位,他们往往以"友谊"作为交往的基础,即"交情"是最被看重的,"兄弟"义气、"姐妹"感情常常成为初中孩子交往的"纽带"。不计较伙伴的家庭背景、学业水平、行为习惯等,重友情、讲义气,感到友谊是人生中最宝贵的东西,初中生交往就这么单纯,感情就这样真挚,没有利益的牵挂。他们会自觉不自觉地就把满腔感情寄托到伙伴身上,于是,伙伴似乎就成了自己无话不说的最亲近的人。有研究表明,大多数人都认为自己交往持续、稳定的朋友,最多的是在初、高中学习时期结交的。但是,随着年龄的增长、升学或者转学(班)等因素,一旦伙伴间的友谊被破坏,那么他们的交往也就中断了。

三、模仿成人

信息化的高速发展让孩子们提前了解到了"外面的精彩世界",初中生大量知识的获得和技能的形成不局限于课堂,好奇心和求知欲常常促使孩子通过网络等各种渠道,利用各种机会,扩大交往的边际,获得更多的信息。加上初中生自我意识的增强和独立意识的形成,导致他们的思想方式虽然停留在儿童时代,但是行为方式已接近成人化,交往方式打破原来的班级、年级、学校界限,活动方式从组织、形式和内容都已具备成人化的雏形,社团、沙龙、选秀等等成为孩子们喜闻乐见的活动。当然,他们也不免受到成人不良习气的熏染,还会出现一些诸如男生模仿父亲偷吸香烟、打牌赌钱,女生模仿母亲涂脂抹粉、化妆打扮等现象。这阶段的学生自我意识方面逐渐确立,一方面他们急于从成人身上模仿、吸纳能显示自己"长大"的行为举止;另一方面,由于学生意志品质还很不成熟,极易出现不稳定的状态,有一点成功时觉得自己无所不能,受一时之挫时觉得自己什么都不是,在肯定自我和否定自我中彷徨。

四、回避家长

心理学上把青春期称作"第二反叛期"。初中生开始有意避开家长的管束,情愿一个人呆在自己的房间里，有话不主动讲，甚至将自己的东西上锁，对家长的反复叮咛产生抗拒情绪。逆反心理的一种表现是直接和父母顶嘴冲撞，不管父母说的是对是错，一概不接受；另一种表现是表面上虽不反抗，但内心或行动上却对父母说的置之不理。他们的抗拒对象首当其冲的是母亲，其次是父亲，也会反抗老师等接触频繁的成年人。孩子上小学时，家庭有如守护自己的城堡，不管在外边遇到一些什么不顺心的事，一回到家就觉得平安。而到了初中，父母就变成了对自己行动乱插意见、横加干涉的人。原本出自于父母对子女的关心，但孩子却认为这是家长在思想和行动上束缚自己的行为而不开心。虽然逆反心理在初中学生中都有体现，但并不是每个孩子都会在家与父母无理取闹，他们的反抗与家庭生活的方式和父母的刺激有直接关系。家长对孩子的教育方法简单、粗暴或家长绝对权威主义的家庭，孩子反抗性较明显。

五、疏远老师

对于初中的孩子，他们有了一定的自学和理解的能力，加上课外、校外的补习让学生有了获得知识的多种渠道，老师不再是知识的唯一来源或主要来源。中学生不再像小学生那样把老师视为至高无上的权威，“无比崇高”的教师形象在孩子心目中慢慢地“黯然失色”，师生关系削弱成为必然的态势。他们对老师有了新的认识，并有了更高的期待，他们对于喜欢什么样的老师也有了自己更明确而独立的看法，希望得到老师对自己的更多尊重，甚至要和老师寻求某种“平等”。另外，随着生理的成熟，初中阶段异性同学之间开始相互吸引，彼此对对方都会感兴趣。这种异性同学之间感情的萌动，既有好奇，又显紧张，自然而然，这种事情都需要回避老师尖锐的目光。

第三节　初中生对“伙伴”的自我认知

在《初中学生人际交往现状》的问卷调查中，有这样一题：“以‘伙伴对我的成长非常重要’或‘伙伴对我的成长并不重要’为题，写出自己的真实想法。两题目任选一个进行阐述，理由不少于三条，字数不少于200字。”结果，学生的选择惊人的一致，在回收的有效问卷中，绝大多数人都选择了前者。选择的理由大致有以下五点：

1. 伙伴是情感分享的知己

孩子们希望有伙伴一起分享快乐，分担忧愁。特别是外向型学生，非常想一起分享快乐，并引用“独乐乐不如众乐乐”作为自己分享快乐的理由；同时，也不想把心事憋在心里，希望伙伴能倾听、分担和鼓励，使自己释然而后变得轻松自在。调查中，多数人认为不能忍受孤独的折磨，说明他们有重视伙伴的情感倾向。朋友的关心会使自己内心更加强大。部分学生还谈到人的社会性，认为人是群居动物，自然少不了交流。

2. 伙伴是志趣相投的玩伴

初中生往往和父母有代沟,有分歧,许多事情不愿也不能对父母说,有时即便说了也是鸡同鸭讲,总觉得不能敞开心扉,顾虑太多。学校里和老师交流有所顾忌,内心有隔膜;而向朋友倾诉可以毫无保留,使自己完全放松。大家在同一个"频道"上沟通,还能在玩中学到好多东西。比如玩游戏、逛街、聊天、旅游等,还是和伙伴在一起有默契感,有依靠感,有幸福感,这是其他人无法代替的。调查中,大多数同学对择友的标准,都用"择其善者而从之,其不善者而改之"来说明其价值取向是择优向善的。对朋友的劝诫,懂得"良药苦口利于病,忠言逆耳利于行"的可贵。

3. 伙伴是砥砺前行的学友

"近朱者赤,近墨者黑",伙伴也是自己的成长环境的重要组成部分。多结交一些好伙伴能帮自己健康成长,取长补短,不断提升自我。伙伴不仅能在知识的获取上予以砥砺借鉴,更能在感情上得到更多的慰藉。有同学就觉得和优秀的学生交往能够快速提升自己的成绩,因为心中有榜样,有参照的对象,他是自己的一面镜子,能反射光辉,也能照出自己的不足。有同学反映与老师面对面有紧张感,不如伙伴间交往效果好。

4. 伙伴是困难共担的挚友

伙伴可以帮助自己解决困难、度过困难。有学生认为自己内心较阴暗,有负面情绪,有自虐的想法,甚至莫名其妙的有轻生的念头,但一想到有朋友劝解和分担,就能越过心理的难关,走出自卑的阴影。有学生认为患抑郁症的原因就是缺少倾诉对象,所以难以走出心理困境。在初中阶段,学生的困难更集中在学习上、心理上,相对而言,心理上的困难更多些。在这些困难的解决过程中伙伴的力量就显得更为重要。

5. 伙伴是合作共进的对手

有学生觉得有了朋友间的竞争,学习更有劲,更能增进友谊和感情。有些事情需要合作协调,因此能培养大家的合作精神、集体主义精神。有的同学认识到优势互补才会产生强大合力,而且欣赏对方有助于不断完善自我,让自己变得更优秀。他们还认为通过伙伴、朋友的竞争还可以塑造自我形象。这说明学生认识到伙伴存在的必要性和重要性,能够以一个开阔的视野、开放的胸襟悦纳伙伴的融入。

第四节　学校教育面临的新问题

孩子进入初中阶段,身心处在一个快速发育的关键阶段。一方面,初中学生对社会化生活有着强烈的期盼,他们希望得到独立,千方百计想摆脱成年人的管束,想自由地参与社会活动;他们希望得到尊重,无处不在的自尊随自我意识的形成而不断增强,渴求在活动中得到同伴的褒奖和认同。此时,渴望融入社会,或者期盼社会化、成人化的平等交往,应该是孩子心理发展的标志。另一方面,由于社会的变迁、家庭生活的变化、学校教育的迷茫，孩子间的人际交往缺失是一个不争的事实。而且随着通讯科技的不断进步，人们对网络、对手机的依赖会更加严重，学生也不例外，特别是意志力不强、情感发展不成熟的初中生，将会更热衷于线上的虚拟活动，忽视线下的面对面的交流互动。心理发育特征与人际交往现实危机这一对矛盾的不断失衡，就会使初中生在成长过程中心理更加焦虑，情绪越发不稳定，不但影响孩子在校的学习效能，而且影响着孩子优良品德、健康人格、积极心态的形成。这就给学校教育带来新的课题，亟待我们研究破解。

1. 如何重建师生间的信任?

理解和信任是沟通心灵的桥梁，关心和爱护是启迪初中生心灵的钥匙。学校和教师只有诚挚地、平等地与学生交往接触，耐心地了解、认识学生，以一片爱心去关心帮助他们，才能实现“心通、情融”，学生“亲其师”才会“信其道”，教师的思想观点、处世态度、价值取向才能被学生认同、接受，教师的引导才会有效果。

2. 如何让校园生活适应社会的发展?

对于初中生而言，空洞说教已经无济于事，简单枯燥的校园生活无法满足孩子心理发展的需要。特别是科技发展日新月异，社会进步与日俱进，外面的世界太精彩，如果校园生活还是那么单调，那怎么还能把孩子吸引住呢？只有开展丰富多彩的课余活动，扩大学校、班级对不同性格、不同爱好学生的吸引力，才能增加学生对学校的亲近感、归属感和荣誉感，才能让学生走得更近、聚得更拢、靠得更牢，为频繁的学生交往提供合适的时空。

3. 如何发挥学生的特长开展各项育人活动?

现在的学生知识面广，学习渠道多，他们都是带着自己的经验来学校、进课堂的。学校的教育教学活动千万不能无视孩子的能力和知识水平，学生经验差异实质上是我们组织教育教学活动的最宝贵的资源。给学生一定的任务，用信任来引导孩子，用活动来促进交往。充分利用和发挥初中生的特长爱好，以及他们的组织策划能力，通过正式的或非正式的群体来组织完成体育比赛、文娱活动、郊游寻访、研学探究等活动。让学生在自主活动中，从教师的信任中看到自身的价值，从信任中获得持久的动力，从群体互动中获得满足感和幸福感。

4. 如何转变学生的学习方式，拓展师生间学习通道?

日常教学中，老师教、学生学的一维学习通道已无法满足学生学习的需要。学校的学科课程教学使得在某一个阶段学生一般只能接触一位教师，但是，教师的教学风格、教学方式不一定适合所有学生的要求。怎么能满足学生的个性化需求呢？利用学生知识、技能上的差异，组织小组合作，通过“兵教兵、兵练兵”的方式，让伙伴彼此影响，同学“教”学相长，这种多维学习通道不仅能推动学生学习方式的转变，也能促进我们课堂教学的组织形式的转变。同时，也能进一步推动学生间的有意义交往活动的进行。

5. 如何强化纪律教育,营造良好的公共舆论?

学校、班级是有组织、有层次的群体,对群体中的成员加强纪律教育和集体主义教育是必须的,也是学生优良品德形成的基础,是社会化进程中不可缺少的环节。要通过法制与常规教育的约束力,创造良好的舆论氛围,引导各种类型的学生遵纪守法,正确处理个体与群体的关系、群体与班级的关系,努力弘扬各类群体在班级建设中的积极作用,时时抑制、化解非正式群体的消极作用。

6. 如何重视和利用学生领袖人物,发挥学生群体的正能量?

学校一方面要为学生树立身边榜样、身边楷模,另一方面要重视学生中的“自然领袖”的作用,他们是非正式群体的“凝聚核”,他们的进步会带动一批人的共同进步。学校千万不能“擒龙先擒首,打蛇打七寸”来打压学生中的“自然领袖”,相反,要好好观察、研究他们为何能成为伙伴们拥戴的“头”。摸清一些非正式群体形成的原因,根据群体的特质,为他们“量身定制”一些活动,发挥“自然领袖”的才能,不仅仅能带动他身边的“拥趸”,而且可以对整个班级,乃至整个学校的学生正常交往带来积极的意义。

从国家教育科研部门的研究来看,“中国学生发展核心素养”共分为文化基础、自主发展、社会参与三个方面,综合表现为人文底蕴、科学精神、学会学习、健康生活、责任担当、实践创新六大素养,具体细化为十八个基本要点,其中“社会参与”是学生核心素养架构中一个最重要的方面。社会参与最基本的形式就是交往,人类之所以能在几万年前脱颖而出,成为自然界最有智慧的一个物种,就是得益于信息与基因的交流,即社会化的交往活动。因为有了交往,才能使得知识与技能不断被传授、被应用,不断被积累、被丰富,使得人类进化得越来越聪明,发展得越来越伟大。所以说,人际交往能力是人类活动最基本的能力,是人们生存与发展的关键能力。当然,也是我们学校必须关注的培养目标和育人项目。

第二章　伙伴+:初中教书育人范式的新尝试

伙伴关系主要指年龄相仿或心理发展水平相当的个体间在交往过程中建立和发展起来的一种人际关系。伙伴关系在儿童、青少年发展过程中有着成年人无法替代的独特作用和适应价值。初中阶段是伙伴关系发展的一个特殊时期,进入这一阶段的孩子与父母互动的频率急剧减少,而与伙伴的交往更为频繁。伙伴关系在青少年行为、认知、情感和人格的健康发展,以及社会适应能力的形成上起着十分重要的作用。

第一节　伙　　伴

伙伴,元魏时军人以十人为火,共灶炊食,故称为"火伴",引申为伙伴。据当时《木兰诗》中记载,木兰替父从军,胜利回家,换回女装,"出门看火伴,火伴皆惊忙。同行十二年,不知木兰是女郎。"现在,"伙伴"多指共同参加某种组织或从事某种活动的人。

在现代汉语语汇中,伙伴与同伴通解。但是,我们认为"伙伴一定是同伴,同伴不一定是伙伴"。同伴有同路、同事、同学等意思。某人从甲地到乙地,中途遇到了一位陌生人,也去乙地,于是结伴而行,到了乙地各奔东西,这样的关系也称"同伴"。或者一帮人聚集起来完成同一件事、同一项工程,比如建筑工地上来自各地的工人,也称"同伴",事毕后就解散了。这种暂时构筑的"同伴关系"缺少持久性,实质上还是"陌生人",这类"同伴"和我们书中理解的伙伴,还是有些区别。

在现代语境中,口语常用"伙伴",比如称呼小孩子为"小伙伴"。在书面语言中常用"同伴",比如:同伴关系、同伴教学、同伴交往等等。在一些地区的语言习惯里,伙伴、同伴和朋友不加以区分,除亲情之外的一切关系密切的、互动频繁的人,或称朋友,或称伙伴,或称同伴。

伙伴,不同于"陪伴"。陪伴,多用做动词。陪伴者与被陪伴者,虽然人在一起,但是心也许不在一起,因为他们往往在同一个时段里、同一个空间中,却不在从事相同的工作。家长陪伴孩子做作业,却打着自己的游戏、看着自己的小说,是孩子身边的"路人"而已,能真正成为孩子"伙伴"的家长其实并不多。

伙伴,也不同于"朋友"。朋友原指志同道合的人,后泛指交谊深厚的人。构成朋友的因素很简单,一个微笑、一句问候、一次握手,有时候哪怕一个眼神,就能让你拥有朋友。但这些让你拥有的只能是普通朋友。朋友是可以升级的,对于同性朋友来说,朋友间的友情升级主要取决于性格,两个人有相同的观点、共同的爱好,就会使得两个人亲如兄弟或亲如姐妹,成为挚友和"闺蜜"。异性朋友升级,可以成为夫妻、知己等,所以谈恋爱也称"谈朋友"。对于异性朋友而言,升级的优越资源首先是容貌,然后是修养。容貌是自然的,无需埋怨、修饰和自豪。我们要注意的是修养和气质,这是友情可持续发展的根。但是,伙伴就不同了,朋友追求的是情感的平衡,而伙伴追求的除了情感的平衡,更多的则是合作的收获,利益将两个或多个人紧扣成了一个整体,它需要的不仅是信任和默契,还要坚持和智慧。朋友是情感互汇,而伙伴是智慧的融合,任何一个人的单独行动都有可能使这个整体解体。伙伴的关系很坚固也很敏感,只有利益才是伙伴可持续发展的动力。所以说:可以做朋友的不一定是很好的伙伴;一对很好的伙伴一定是很好的朋友;最好的朋友有机会升级成为伙伴;但伙伴的解散不一定能够成为朋友。

本书中的伙伴专指年龄相仿、志趣相投、性格相近、交往频繁、关系密切的初中段学生。书中涉及的"同伴",与上述"伙伴"概念通解。伙伴,不是个体独立存在,而是两个人结伙或者多人抱团。既可以是有组织的正式团体,也可以是无组织的非正式团体。所以,说到"伙伴",就涉及三个要素,即伙伴交往、伙伴关系、伙伴影响。

一、伙伴交往

伙伴(同伴)交往是指伙伴之间的互动往来,包括情感照应、物品交换、共同游戏等等,是学生人际交往中的最重要的一种形式。儿童最初几年主要限于家庭小圈子,与父母或祖辈相处,把家人作为社会化的模式。随着年龄增长,认知能力增强,儿童开始渴望走出家庭的圈子,与同龄人交友、玩耍。这种伙伴交往随儿童年龄增长而增加,成为儿童社会化进程中的一个重要因素。伙伴是儿童社会行为的强化物,伙伴的反应方式对于儿童的行为具有强化或负强化的作用。同时,伙伴也是儿童评定自己行为的一个参照物。进入幼儿期的儿童,便已开始自发地与别的儿童同一,模仿别的儿童的行为习惯。社会心理学研究发现,青少年时期的伙伴交往尤其重要。青少年时期是儿童发展的一个重要时期,同龄的伙伴们面临着同样的问题,有着更多的共同语言;另一方面,青少年想从伙伴、集体对自己的反应中发现自己、认识自己,进而完善自己。因此,这一时期的伙伴交往会影响儿童一生的发展,往往具有以下特征:

1. 内生性

根据美国社会心理学家、比较心理学家、人本主义心理学的主要创建者之一亚伯拉罕·马斯洛的原理,归属、爱和尊重的需要是人类基本需求之一,儿童也不例外。学生在伙伴交往过程中获得尊重和认可,就能满足孩子的心理需求,从而获得存在感、归属感、安全感、依赖感。这种积极的心理体验促进孩子与伙伴互动,形成"心理体验——行为矫治"正反馈链。因此,学生间的伙伴交往,不是外面强加给孩子的行为准则,而是孩子内生的心理需求。特别是初中阶段的孩子，这种需求几乎达到一个峰值。

2. 自愿性

因为伙伴交往是孩子内生的心理需求，那么表现在行为方式上必定是自愿的，交往的动机是纯粹的、态度是真诚的、行为是积极的。因此，他们乐意在伙伴交往中承担责任和义务，从而获得同伴的认可和赞许。

3. 选择性

因为伙伴交往是自愿的，那么，在"与谁交往"和"不与谁交往"方面就有了选择性。初中学生的父母、老师、同学，他们都不能选择，唯独伙伴是可以选的。他们可以选择志同道合的人成为自己的伙伴，并在伙伴交往过程中分享他们的生活经验，彼此影响，相互激励，共同成长。这种选择性实质上就是自愿性的最好的体现。

二、伙伴关系

伙伴(同伴)关系是年龄相同或相近儿童之间的一种相互协作、共同活动的关系，是同龄人间或心理发展水平相当的个体间，在交往过程中建立和发展起来的一种人际关系。

伙伴关系按照年龄来分，主要包括同龄伙伴关系和异龄伙伴关系。根据伙伴交往性质的不同，可划分为垂直关系和水平关系。前者指与那些比儿童拥有更多知识和更大权力的成人(主要包括父母和老师)的关系，后者指儿童与那些和他具有相同社会权利的伙伴之间形成的一种关系。异龄伙伴归属于水平关系，但是又具有其自身的特点。异龄指年龄相差一个龄级以上。所以，婴儿期异龄伙伴关系是指与自己的年龄相差一岁以上但并非成人的个体，二者在交往过程中建立和发展起来的一种人际关系。

Partnership 翻译成"伙伴关系"，亦译为"合作关系"。是指一种理想的社会组织模式，相对于"统治关系"的社会模式而言。美国当代女思想家艾斯勒在其《圣杯与剑》一书中首次提出，认为"伙伴关系要求人们合作并相互尊重。它包含参与、联系，并为大家的共同利益和平而和谐地工作"。它通过联系而形成一个整体的原则，不同于当今社会占据主导地位的强制性的等级服从体制；它要求公平合理、意见一致、互利互惠、民主地参与决策，积极地倾听，富有同情心地分担，相互支持，以促进共同兴旺发达；它包容并追求把人们结为一体。在伙伴关系的环境中，人们感觉自己受到了重视，有真诚的关怀和安全感。这个定义与本书主张的伙伴关系不太一致，我们的伙伴关系有以下特征：

1. 平等性

学生在家里是被监护人，在学校是受教育者。无论家长有多么民主，教师有多么豁达，都无法真正地与孩子建立起平等协商、民主决策的关系。但是，在伙伴交往中，因为同伴之间年龄相仿，经验相近，他们地位相当，相互之间的关系自然是平等的，在互动中，可以自由地、没有顾忌地发表自己的观点、建议和意见。孩子的率真在平等相处中得到充分体现。

2. 互尊性

尊重是伙伴交往的基础,有尊重才有理解,有理解才能做进一步的沟通和交流。如果一个人从内心深处尊重同伴,那他就会以一种客观的心态去倾听同伴的话语,以公平心去判断同伴的行为,他就会以客观的道德标准和行为操守去公正地衡量同伴。尊重也是提高自身素养的基石,尊重自己才能理性看待自己,才会有正确的自我认知,才能被同伴接纳和尊重。伙伴间相互尊重,才能使得同伴间情感相融,志趣相投。否则,就不能架构牢固的伙伴关系。

3. 互补性

由于家庭背景、成长经历的不同和个性特征的差异,即使最好的伙伴间也存在着许多互补的要素。在孩子交往过程中,这些互补要素实质上就是助力孩子成长的默会知识和行为技能的重要资源。当然,互补促进孩子道德、品行符合社会要求开展,就会产生“共生效应”,这正是我们教育孩子成长所需要的。反之,就会出现“掣肘效应”,不良的伙伴关系让孩子走向人生发展的“反面”。

三、伙伴影响

人们的行为在很大程度上会受到其同类或伙伴的影响。如果人们发现某种行为已经成为其同类中的一种流行行为,他们往往也就会跟着做。心理学家们将这种影响称为“伙伴影响力”(peer influence)。尤其是在面临着不确定时,这种伙伴影响力会极大增强。这就是为什么人们对周围发生的事情茫然无措时,他们通常不会询问自己已经困惑的内心,而是向外人寻求答案。伙伴对初中生成长的影响是全方位的,伙伴关系的形成对学生品德发展、自我认知、文化学习和社会适应四个方面的影响力是巨大的。

1. 伙伴对初中生品德成长的引领

品德是个体依据一定的道德行为准则行动时所表现出来的稳固的倾向与特征。就其实质来说,是道德价值和道德规范在个体身上内化的产物。从其个体的功能来说,品德则是个体社会行为的内部调节机制。在初中阶段,伙伴的影响比父母的影响更为直接。首先,伙伴关系的建立有助于学生克服自我中心现象。因为良好的品德的本质就是处理人我之间利益冲突关系的基石。当学生意识到他人利益或观点时,他们就能顾及他人的利益和想法。如果学生意识到代表社会利益的观点或期待存在时,这种观点或期待才能被内化为自己的东西,并真正去理解而受到同化。其次,伙伴互动是学生道德认知的实践平台。道德高尚还是卑劣最终要看学生的行为表现。伙伴互动对于学生来说就是具体真实生活世界的主要表现。在交往过程中,学生得到有关人我关系、矛盾冲突方面的态度和行为的自然反馈,那些积极、友善、符合社会道德准则的行为往往被伙伴接纳、认可和效仿,反之,则往往被伙伴拒绝和排斥。学生为了获得伙伴的接纳、认可,就会主动按道德准则调整、改善、矫治自己的行为,从而促进良好道德品质的形成和发展。第三,伙伴互动促进学生自律意识的增强。自律是学生道德发展的最终目标。

儿童的道德判断都是从他律到自律。他律是儿童与成人相处的产物，是强制性规范孩子行为的“工具”，是孩子受到外在约束后的结果。自律是孩子将社会道德准则内化为自己的行为操守，出于平等、自愿和认同的伙伴交往则是道德准则内化、自律产生和发展的基础，是孩子实现彼此尊重的产物。

2. 伙伴对初中生自我认知的改善

初中学生自我意识觉醒，自尊心增强，渴望个性独立。伙伴关系对孩子提升自我认知起着不可替代的作用。一是初中生更重视伙伴对自己的评价和看法，相比于父母、老师对自己的评价而言。独立愿望强烈，疏远父母，乐意与同龄人交往，寻找志趣相投、性格相合的伙伴。亲密的伙伴关系有利于初中学生建立伙伴间的和谐关系，也更容易获得社会支持，从而缓解社会生活压力对孩子的消极影响，让他们更易于亲近社会，为学生自我体验创设好的环境，搭建好的平台。二是社会背景、家庭文化和个性特征相似的伙伴，更容易建立一致的价值观，促进自尊和互信的建立。三是伙伴的接纳和互动，强化了学生的自我效能感和归属感，有利于自尊和互信的稳定性和持久性。

3. 伙伴对初中生文化学习的促进

学习过程不仅是自我勤奋努力的过程，也是一个人我交往的过程，师生互动、生生互动都是课堂内外学习活动的基本方式。其中，伙伴交往是提高学习兴趣、改善学习方式和提高学习效率的必要途径。一是伙伴是由志趣相投、个性相近的同龄人结成的非正式团体，伙伴关系超越一般同学关系。有了伙伴的影响，帮助与评价就能始终贯穿于整个学习过程，及时而又精准，使学习行为可以在激励中长久持续。二是不同学业水平和不同生活经验的伙伴在一起合作学习，知识与技能的差异就成了彼此学习的重要资源，特别是伙伴的默会知识，就会在互动过程中潜移默化地影响彼此的思维、态度、行为和价值观。三是伙伴合作学习不但把知识与技能教给伙伴，而且还把掌握知识和技能的方式方法也教给了伙伴，更重要的是伙伴之间用“学生立场、学生视角”表达自己对问题的理解和处理问题的方法，是成人很难做到的，却是更容易让伙伴接受的。何况，伙伴在教会别人的同时，对自己也是一种收获。四是建立在伙伴基础上的“学习共同体”使学习活动变得自律，使学生自主合作学习真正落实生效。

4. 伙伴对初中生走向社会的调适

初中生处在一个幼稚与成熟、冲动与控制、依赖性与独立性矛盾交织的复杂阶段，一方面他们极力摆脱成人的管束，渴望扮演成人角色，要求独立、得到尊重；另一方面，他们的认知水平、价值系统、情感态度还没有发展到可以准确看待社会问题的水准，导致他们的观点、意见常常被成人忽视，被社会排斥。结果出现两个极端，一是孩子出现融入社会的障碍，沉湎于个人的世界中不能自拔；二是我行我素，按照自己不成熟的思想方式闯入社会，茫然不知所措。因此，初中生都会面临许多社会适应问题。伙伴交往不仅仅能为孩子消除初中阶段“心理闭锁期”的寂寞，同时为他们提供一个平等交往、自愿互动的平台，是孩子真实的生活再现。伙伴的特殊关系，缓解了学生在人我活动中的各种冲突,孩子会慢慢地认识自我、尊重别人、学会自律、控制情绪。初中生的伙伴交往,成了孩子适应社会生活的缓冲带、接驳器。

5. 伙伴对初中生个性发展的调节

个性是一个人的心理面貌或心理格局,是个人的一些意识倾向和各种稳定而独特的心理特征总和,它既是一种素质,也是形成其他素质的心理基础。个性发展就是指个性品质的不断完善和发展,包括积极个性品质的形成、完善、发扬和消极个性品质的抑制、矫正、克服。首先,伙伴影响可以帮助初中生平稳度过"心理断乳期"。初中生一方面对成人漠视和疏远,另一方面渴望被理解、被接纳,伙伴影响能克服这种心理矛盾,有利于促进良好情绪的持续保持。伙伴互动中,学生学会倾听、学会理解、学会关爱、学会宽容,这些社会能力都是个性发展的显性效应。其次,不同家庭带来的不同价值观和生活态度,不仅丰富了学生对社会的认知,同时也使个性发展有了更加丰富的经验。第三,为了能被伙伴接纳、赞许,初中生会千方百计克服自己的不良个性特征,消极的影响力就会得到抑制。伙伴互动中,没有权威施压,地位平等,经验相当,给予了孩子们心理自由感和心理安全感,这时最容易擦出灵感的火花,弥补思维盲点,催生创新意识和创造能力的形成。第四,伙伴影响还能促进自我认知和道德成长。一句话来概括,伙伴对初中生个性发展的影响力不能低估。

第二节　伙伴教育

伙伴教育发源于澳大利亚,流行于西方国家。经过近十几年的发展,已经成为一种在社会发展领域内广泛采用的培训方法。它不仅应用在生殖健康和艾滋病预防领域,还可以应用在反对毒品、戒烟、反对酗酒、性别平等、妇女能力建设和反对家庭暴力等等方面。它主要采用小组讨论、游戏、角色扮演等参与性强和互动性强的方式进行培训。参与的人主要是年龄相仿、知识背景相似、兴趣爱好相近的伙伴和朋友。伙伴教育的培训中,侧重于态度的讨论和技能的培训,而不是知识的传授。其中,主持人的角色不是老师,而是话题讨论的引导者,启发大家就共同关心的话题提出建议。主持人侧重正确知识和核心信息的传达,而不是将知识的讲解作为重点。

伙伴教育可以视为小组合作学习的一种形式,它是利用青少年的伙伴压力的积极因素,对青少年进行教育的方式,强调的是对那些有影响力和号召力的青少年进行前期培训,使他们掌握一定的知识和技巧,然后通过他们,利用多种方式向周围的青少年传播知识和技能。目前它在预防艾滋病教育中应用非常普遍。对学生进行初次性教育的时机是在艾滋病传播途径主题教学中,小学高年级的学生对性方面的知识非常欠缺,用直白书面的语言解释无法让学生理解,因此,采用伙伴教育的手段进行性教育是一种比较恰当的方式。

伙伴教育的实施主要包括以下几个步骤:首先,把班级任意分成若干组,每组由上述一名伙伴教育者担当组长,每组由伙伴教育者做组内主题发言,介绍性相关知识;其次,小组展开讨论,伙伴教育者回答、澄清组内学生不明白的性知识;再次,小组报告,组间分享;最后,教师总结。

伙伴教育实施过程中可能出现一些问题,例如,一些伙伴教育者虽然能够比较大胆地表述一些观点,但对其他学生的影响并不大,主要表现为:小组内的其他学生并没有提出很有意义的问题以求解答,致使长时间陷入沉默状态;伙伴教育者并没有真正理解他们的任务,没有从关注的主要问题入手,而是机械地背诵一些虽然正确但并不实用的概念;另外,在实施过程中发现这些伙伴教育者并没有受到其他学生的尊敬、信赖和拥护,主要是因为这些伙伴教育者年龄偏大,成绩一般,在平日学习生活中表现较差,这点提示我们在选择伙伴教育者的时候,要综合考虑,而不能仅仅考虑学生的成熟性或者表达能力,最好的方法是让青少年自己选择伙伴教育者。

我那奇特的英语学习历程、方式与效果

四十多年前,由于江南水网阻隔,我就读的小学和初中分别是远离城镇的、交通十分不便的乡村小学和联办初中,教我们的老师大多数是"文革"期间的回乡青年,文化知识自己学得不是很扎实,加上没有受过师范教育,所以我和我的同学英语学得"一塌糊涂"。1979 年秋季进入平望中学就读高中,外语考试成绩个位数。当时,"文革"结束,国家恢复高考。英语虽然已经是高考科目,但是考试成绩打折计入总分。在"学好数、理、化,走遍天下都不怕"的时代,对外语学习根本没有引起足够的重视。我的外语学习成绩与数理化学业水平落差大得让人不敢相信。

值得庆幸的是,我的高中学习生涯遇到了我终生难忘的班主任王老师。进入高二学习后的一天中午,在去学校食堂的路上,王老师遇到我后,把我叫停,特地讲述了我的英语学习问题。王老师以她的敏锐嗅觉,指出英语成绩在我们不久的高考总分中可能发生计分权重变化。她分析了我的学习情况,明确指出:如果到时我的英语成绩仍然还像现在那样,就会严重影响高考总分,从而影响高考录取,这就太遗憾了。短短几分钟的分析教诲,句句在理,字字戳心,使我对英语学习的重要性幡然醒悟。

但是,高中学习已过去一年多,时光无法倒流,在外语课堂里我已经是一个"木头人"了,听不懂、读不通、记不住、背不出,知识脱节、能力缺失。在剩余的不到两年的高中学习时间里,让没有学习基础的我把外语学业水平提高到能应付高考,与其他学科的考试成绩基本相当,几乎是一件不可能的事。

那时,我们的年级中有几位同学英语成绩十分优秀,其中朱同学的英语成绩非常出众,也是我们班的英语课代表。班主任王老师故意地把我的座位安排在朱同学的旁边,并指示朱同学要督促、帮助我的英语学习。从此,朱同学就成了我的"小老师"。在他的帮助下,我一切从头开始学英语。

我清楚地记得,因为我的基础差,对英语音标、单词发音与词义理解,我实在搞不太清楚,找不到规律与感觉。朱同学耐心指点,告诉我音标与单词发音的规律,他说通常凡是发音顺的就是对的、不顺的就是错,单词的含义通常可利用词根、前缀与后缀的含义来记忆。通过解构英语单词来理解单词的含义,这一指点在我的英语学习和考试中作用真的不可小视,在日后的英语阅读,乃至多年后我的博士入学考试中都曾发挥过不小作用。

"文革"期间,城镇学生都有课余的"学毛选小组",相邻的同学聚在一起学习毛主席著作。"文革"结束后,小组依然存在,不过这时的小组学习内容已经发生改变,主要是同学聚在一起做作业、做游戏,有时还要"学雷锋"走向社会做好人好事,等等。因为我们班级中城镇籍同学大多数从小学就在一起读书了,所以这种学习小组有的已经成立了好多年。我来自农村,课余时间在教室里自修,那时还没能"挤得进"他们这种"圈子",学习靠"单打独斗"。在朱同学的引荐和帮助下,我也"走进"了其中一个课余的学习小组。在这个学习集体中,真正感受到互帮互学的魅力。一是当时学习资源十分匮乏,谁搞到一些习题,因为那时没有复印机,只能大家分工抄录,有文化的家长也主动帮我们誊抄,然后大家共享。二是同学们的学科成绩有差异,我给大家讲数理化方面的习题,他们教我英语,相互帮助在这个"圈子"里成为我们大家的自觉行为。三是我们一起游戏,作业做完后我们就开展体育活动,当时正好中国足球第一次参加"世界杯",踢足球成为我们追逐的"时尚"。我是农村孩子,以前没有运动习惯和运动技能,在与同学互动中慢慢地也开始热心体育健身活动了。四是我们的班主任王老师很关心学生的自组织活动,星期天常常会请其中的一组到她家"帮忙"干点家务,实质上在检查小组活动的情况,在师生互动中打听我们课余在干点啥。有些小组玩过了头,王老师就安排在她家、或她家附近的同学家里、或她熟悉的家长的家里活动。那时没有手机、电话,只能通过这种最原始方法来监控我们的课余生活。五是学习小组的成员来自不同社会背景的家庭,我在与同学平等互动过程中自信心不断增强,自尊心也得到极大的满足。几十年过去了,现在看来这段经历对我人格健康发展起到了积极的作用。

由于众人帮助,再加上自己学习态度转变,我的英语学习很快就有了一定的起色,成绩也有了明显提高,期末考试成绩居然及格了。高考时,我的英语成绩得了79分,这79分太重要了!对我有机会能成功进入苏州大学学习起到关键作用。进入苏州大学后,我的英语学习被编入A班学习,我明白我当时的英语成绩已不再落后。

回想我的英语学习,能在高中所剩的一年多时间中取得如此成绩,班主任老师的及时开导、朱同学的耐心帮助和同伴互帮互学是关键。现在,自己也由学生转型为大学老师几十年了。每当有学生遇到学习上的困难,向我求解。我不会直接提供帮助的,而是想方设法让有困难的学生先向他的同学、学长请教,因为学生教学生不仅把知识与技能教给了同伴,同时把掌握这些知识与技能的方式方法也教给了同伴,这是一举两得的好事。教的学生为了要教得好,也就迫使他更加深入地学习,对自己的学业水平的提高也有积极意义,这才是真正的"教"学相长。影响人的学习品质的因素是多维度的,教师教的只是学生学习的其中一个通道,而且在这个通道中,学生在并不轻松的心理环境中,学习效果就会大打折扣。而学生间的同伴互助式的学习是在平等氛围中进行的活动,人置身于轻松愉悦的环境中学习,学习灵感和学习效果自然也会提升。

(由苏州大学吴品才教授提供)

第三节　伙伴＋:教书育人新范式

为了把十八大和十八届三中全会提出的关于"立德树人"的要求落到实处,2014 年教育部研制印发《关于全面深化课程改革落实"立德树人"根本任务的意见》,提出"教育部将组织研究提出各学段学生发展核心素养体系,明确学生应具备的适应终身发展和社会发展需要的必备品格和关键能力"。发展核心素养是党的教育方针的具体化,是连接宏观教育理念、培养目标与具体教育教学实践的中间环节。党的教育方针通过培养核心素养这一桥梁,可以转化为教育教学实践可用的、教育工作者易于理解的具体要求,明确学生应具备的必备品格和关键能力,回答"为谁培养人、培养什么人、怎样培养人"的根本问题,引领课程改革和育人模式变革。

学生发展核心素养,主要指学生应具备的,能够适应终身发展和社会发展需要的必备品格和关键能力。社会参与是人的核心素养之一。社会性是人的本质属性。社会参与重在强调处理好自我与社会的关系,养成现代公民所必须遵守和履行的道德准则和行为规范,增强社会责任感,提升创新精神和实践能力,促进个人价值实现,推动社会发展进步,发展成为有理想信念、敢于担当的人。

"伙伴＋"育人就是将伙伴影响与课程、教学、活动、评价等教育要素相融合,学生在与伙伴互动过程中内化知识、发展技能、养成习惯、陶冶情操、提升品德、学会合作的育人范式。

不管是人们的日常生活,还是孩子的在校学习,离不开同事、同学,这些同事、同学关系构筑了我们生活、工作、学习的环境。"伙伴＋"育人范式凸显了在学校铸魂育人过程中的伙伴影响力和伙伴互助力。学生不仅是被动的受教育者,接受成年人的知识传授和技能训练,他们对于同伴而言也是教育者。学生生活经验、知识技能等方面的差异是重要的教育资源。"伙伴＋"育人范式就是将这些资源引入到教育的全过程中,发挥其积极的作用。学生教学生,他们就会以儿童立场、儿童视角、儿童方式平等地传授知识和技能,在这个过程中,孩子还把掌握这些知识与技能的方式方法传授给伙伴,克服了老师在教育教学过程中"站在山峰看谷底,站在终点看起点"的缺陷。其次,学生在交往过程中,从自我中心解放出来,开始认识到自己与伙伴之间的差异,在与伙伴的互动中学会倾听、学会表达、学会尊重。从育人的全过程看,人的品德品性的养成不是靠我们成人的灌输,而是孩子们在生活、活动、游戏中习得的。因此,伙伴影响、伙伴教育、伙伴学习不是学校教育的补充,而应该是学校教育的主流。

第四节　伙伴十:理论基础

一、"伙伴十"是教育教学的应然需要

中世纪,欧美一些学校出现了以班级为单位的教学组织形式。17世纪,捷克民主主义教育家夸美纽斯提出统一学校制度,主张普及初等教育,采用班级授课制度,扩大学科的门类和内容,强调从事物本身获得知识,对班级授课制进行全面总结,因而这种组织形式确定下来。19世纪,德国哲学家、心理学家、科学教育学的奠基人赫尔巴特完善了这一理论,对班级授课的课堂结构进行了架构,强调教学应该是一个统一完成的过程,提出形式教学阶段理论,将教学过程分为清楚、联想、系统和方法四个阶段。后来,他的学生齐勒尔和赖因又将其发展成为五个阶段,即准备、提示、联想、概括和运用,为广大第一线的教师提供了一个更为容易理解、掌握和运用的教学模式。苏联的教育家凯洛夫最终完善了这一理论,将其演变为五步法,即复习、引入、讲解、总结和练习。在20世纪50年代,我国中小学曾广泛采用这一教学模式,其影响沿袭至今。

现在来看,班级授课制存在诸多的问题。一是教学活动多由教师做主,学生学习的主动性和独立性受到一定程度的限制。二是学生主要接受现成的知识成果,其探索性、创造性不易发挥。三是学生动手机会较少,教学的实践性不强,不利于培养学生的实际操作能力。四是教学时间、内容和进程固定化、形式化,不能够容纳和适应更多的教学内容和方法。五是以"课"为活动单元,而"课"又有时间限制,因而往往将某些完整的教学内容和教学活动人为地分割以适应"课"的要求。六是教学强调的是统一,难以兼顾学生的个别差异,不利于因材施教。七是缺乏学生间交往互动,教师虽然向许多学生同样施教,而每个学生各以自己独特的方式去掌握,每个学生分别地对教师负责,独自完成自己的学习任务,学生与学生之间没有分工合作,无必然的依存关系。到了上个世纪初叶,美国教育家约翰·杜威看到了班级授课存在的弊端,提出实用主义教育思想。这对后来全世界的教育界、思想界产生了深远而重大的影响。

1. 杜威的民主主义教育理论

(1) 关于教育本质的探讨。杜威认为传统教育不顾及儿童的既有经验,在教学过程中,儿童被当作知识容器,因此,他提倡在教学之前和教学过程中,教师都要密切关注儿童、了解儿童、把握儿童的既有经验。儿童的已有经验,是教学的起点。在杜威的教育思想中始终强调:教育即生活;教育即生长;教育即经验的改造。他认为"教育是生活的过程,而不是将来生活的预备",所以"教育的过程即生活的过程"。之所以强调教育与

生活之间的密切关系，这与“经验”有关。杜威认为“教育是在经验中、由于经验、为着经验的一种发展过程”。杜威认为人获得的每一次经验，都与自己已有的经验重新组合，同时又成为以后获取经验的参考资料和应用工具。所以，生活的过程即是经验不断地改造与改组的过程。一切真正的教育都是从经验中产生的，教育就是经验的连续地不断地改组或改造。

（2）关于“什么是学校”的问题。杜威主张“学校即社会”。他认为“一个理想的学校，应该是社会生活的一种形式，是一个雏形的社会”，“学校必须呈现现在的生活——即对于儿童来说是真实而生气勃勃的生活。像他在家庭里、在邻里间、在运动场上所经历的生活那样”。据此，杜威的观点：一是学校本身必须是一种社会生活，具有社会生活的全部含义；二是校内学习应该与校外学习连接起来，两者之间应有自由的相互影响。因此，杜威在学校课程设置中，十分强调“从儿童的社会活动出发”。当然，杜威强调的理想学校绝不是一般社会生活的全盘照搬，而是“简化的”“净化的”社会中的社会。目的就是让青少年逐步、分阶段地适应、吸收复杂的社会文化。学校是学生交往互动的“引力”场。

（3）关于“做中学”原则的主张。杜威提出“做中学”教学原则据于三个理由：一是据于学生自然的发展的开始。在学生本性的发展上，“自动的方面先于被动的方面”，所以，要尊重学生本能的、主动的发展。二是据于学生的天然欲望的表现，因为在学生的天性中就有做事和工作的愿望。三是据于学生的真正兴趣之所在，学生对活动具有浓厚的兴趣，而“兴趣是生长中能力的信号和象征”。因此，在学生的活动中，作为家长和教师要“经常而细心地观察学生的兴趣”，发现学生的兴趣并要及时加以引导。“做中学”教学原则还强调了学生个人的亲身参与，以及从活动中获取直接的主观的经验，能够培养学生实际操作的能力，这个过程就是“伙伴互动”过程。

（4）关于“儿童中心论”的论述。“学生是教育教学的起点，是中心，而且是目的。”杜威的“学生中心论”要求教育的中心应从教师中心、教材中心转移到学生身上来。杜威认为，“这是一种变革，这是一种革命，这是和哥白尼把天文的中心转到太阳一样的那种革命。在这里，学生变成了太阳，而教育的一切措施则围绕着他转动，学生是中心，教育的措施便围绕他而组织起来。”杜威认为要体现“学生中心说”，一是学习科目设置要服务于学生生长的需要和学生的兴趣。二是要看到学生以形象思维为主，所以在教材编写上要摒弃那些抽象的、不易被学生理解的东西。三是教师要站在学生的立场上组织教学，依照学生的兴趣开展各种活动。活动中要以学生为主体，教师则以一个普通成员的身份参加进来，希望教师转变角色，即由传统的监督者与权威者转变为合作者与指导者，教师也应该成为孩子的“伙伴”。

2. 罗杰斯的人本主义学习理论

美国心理学家卡尔·罗杰斯（Carl R.Rogers）和马斯洛（A.Maslow）在20世纪60年代提出的人本主义学习理论，是对行为主义学习理论的批判。他们认为人的认知与情感是合二为一的,强调人的情感、态度和价值观对学习的深刻影响和在教育中的重要地位。人本主义的学习理论可以概括为"一基三发",即强调尊重、关心、理解和信任每一个学生,这是一切教育活动的基础;在这个基础上,教育应该是促进人的个性发展、潜能发挥和价值发现。

(1) 发展人的个性。个性是指人的情感、态度、价值观、心理特征和行为方式等的集中表现。人本主义认为有意义学习不仅是指靠智力进行认知活动,更重要的是指对个体的行为、态度、体验及个性发展起重要作用的学习,即有意义学习不仅影响学生的智力因素,而且也会使学生的非智力因素发生变化,往往情商的变化要先于智商的变化。人本主义倡导的有意义学习是基于学生兴趣的自我发起的学习,是发生在真实环境里学生积极参与的知、情、意、行合一的学习,是左右脑全身心投入的学习,同时也是进行自我评价的学习,把自我发起的学习变为自我负责任的学习。

(2) 发挥人的潜能。人本主义理论认为人生来就对世界充满好奇心,有寻求知识、探求真理的需求,天生具有"自我实现的动机"。在遇到对自己有意义的恰当的问题时,每个人都有学习、发现和丰富知识的潜能。人本主义理论对教育的探讨都是建立在学生这种渴望学习的天性上。其教学观就是充分围绕学生,以"促进学生发展"为本,通过揭示学习内容与个人意义之间的关系,把学生潜在的学习需要和学习能力激活,从而产生有意义学习。

(3) 发现人的价值。人本主义学习理论认为学习应该是激发人的情绪与兴趣的认知活动,只有学生自己产生了学习动机,才能把主动性、积极性和创造性激发出来,才会真正学到东西,早日实现自我价值。为了实现有意义学习,人本主义倡导学生自我评价,这样才能使学生有自我认同感,从而进一步调整自己的学习行为,使得自己的学习更加主动、有效和持久,学生的独立性、创造性和自主性得到提升,学生才能真正学会为自己的学习承担责任,对自己的未来发展负起责任。这样,有意义学习便自然而然地出现。

3. 加德纳的多元智能理论

在1983年出版的《智力的结构:多元智能理论》(Framses of Mind: The Theory of Multiple Intelligences)一书中,美国著名发展心理学家、哈佛大学教授霍华德·加德纳博士提出多元智能理论。加德纳博士指出,人类的智能是多元化而非单一的,主要是由语言智能、数学逻辑智能、空间智能、身体运动智能、音乐智能、人际智能、自我认知智能、自然认知智能八项组成,每个人都拥有不同的智能优势组合。

(1) 多元智能理论的学生观。多元智能倡导的是积极的学生观。认为每个学生或多或少具备八项智能中的一种或几种,只是其组合和发挥的程度不同。每个学生都有自己的优势智能项目,都有自己的智力特征、学习风格和学习方法。学校不存在差生,每个学生在某个方面或某几个方面的发展潜力,都是具有独立的智能特点和发展方向的可塑人才。所以,教师应该为学生创设多种多样的展现各自潜能的平台,给每个学生以多样化的选择,从而激发每个学生的潜在智力强项,充分发展学生的个性,使其扬长避短,把他们培养成各种不同类型的人才。

(2) 多元智能理论的教学观。多元智能理论所倡导的教学观是一种“对症下药”的因材施教观。“因材”指对学生个体差异的诊断;“施教”指在诊断的基础上,采取适合不同特质学生的教育措施。使不同学习类型和发展方向的学生都能增强自信,寻找到与自己智能特点相匹配的学习机会,最大限度地增加发挥自身智能的潜在可能性。

(3) 多元智能理论的评价观。多元智能理论认为应该摒弃以标准智力测验和学科成绩考核为重点的评价观,树立通过多渠道、多种形式考查学生解决实际问题能力和创造初步精神产品、物质产品能力的评价观。教师应该从多方面观察、评价和分析学生的优点和弱点,并把这些资料作为服务学生的出发点,选择和设计适宜的教学内容和教学方法,使得教学评价确实成为促进每一个学生智能充分发展的有效手段。

二、“伙伴十”是学生社会性发展的必然需要

我们国家的中小学校关注班集体建设,崇尚集体教育。苏联教育家马卡连柯主张集体是一个社会有机体,集体内有机构、权能、责任、各部分之间的相互关系和相互依赖,并阐述了集体的四个特点:即集体具有共同目的、共同劳动;集体联系社会、服务社会,强调组织性和纪律性,个人服从集体;集体拥有管理机构和协调机构,代表集体行使各种职能;集体有正确的集体舆论。在班集体中的人际交往,更看重个体与集体之间的互动。即便把班级中同学之间的互动看成是“伙伴互动”,而这样伙伴关系的确立,对大多数学生而言也是没有选择的、不自由的。

美国早期社会学家查尔斯库利提出了“初级群体”这个概念。他认为无论在日常生活中还是在工作场所,我们都会产生与自己关系亲疏有别、互动规则相异的两类基本群体,即初级群体和次级群体。初级群体最突出的特征就是小规模群体成员之间面对面的、直接的互动,融入了强烈的情感和强烈的认同感。因此,针对现实的班级管理中,往往有以教师为中心、不尊重或忽视学生个性心理特征和自主性的学习等倾向,清华大学教育社会学家谢维和提出了班级是“初级群体”的观点。理由在于:一是师生之间的互动通常都是一种直接的、面对面的互动;二是情感在班级的教育教学活动中,以及在班级的互动过程中具有十分重要的作用;三是师生及生生之间的交往常常是比较全面和多方面的。并提出班级作为“初级群体”有助于学生的全面和健康发展,可以更好地发挥学生的主体作用,促进教育目标的实施,可以使得班级中各种非正式群体得到较为合理的对待,从而彰显不同学生的特色和优势,增强学生的认同感和归属感,提高班级的凝聚力。南京师范大学吴康宁教授却不这么认为,他认为“班级是一种社会组织”。班级是学校为了便于开展教育教学活动、实现教育目的而特地组织起来的群体。吴康宁教授指出这种为了实现特定目标而专门建构的功能性群体就是社会组织。

其实,关于儿童伙伴交往的研究,欧洲早在中世纪就开始了。对儿童伙伴关系的研

究与人们的儿童观是紧密相连的。早期,人们没有意识到儿童与成人有不同的思想过程,当时儿童实际上被看作“小大人”。因此,人们并没有对儿童出现的心理和行为问题进行积极的研究。直到19世纪,对儿童心理发展和行为问题的研究才引起人们的兴趣。20世纪30～40年代,有关儿童伙伴关系的研究在理论、方法和实证研究上才有了较大的进步和一定的成果。皮亚杰(Piaget)在他的早期著述中,论述了伙伴关系在社会能力发展中的作用。他认为,正是由于伙伴关系中的合作与感情共鸣,使儿童获得了对社会的更广阔的认知。他还认为,通常年幼的儿童是以自我为中心的,既不愿意也不能意识到伙伴的观点、意图、感情,然而随着游戏的开始,在平等的伙伴关系建立的同时,冲突、谈判或者协商随之出现。这种冲突、协商不论指向物体还是不同的社会观点,在引发协调和平等互惠的观点中都起着重要作用。伙伴交往使儿童认识到积极的、富有成效的社会交往是通过与伙伴的合作而获得的。皮亚杰还特别强调了伙伴间的讨论和争论是道德判断能力发展所必须的。可见,伙伴交往对于儿童的社会化来说是举足轻重的一步。皮亚杰有关儿童伙伴交往的论述为西方的研究奠定了重要的基础。

大量的研究表明,不同的性别在同伴交往中存在很大差异。男孩通过伙伴的互动作业来扩展自己的伙伴教学的圈子,因此,男生通常有着比较宽泛的关系网,常常与一群伙伴保持良好的关系。而女生的关系网普遍比较弱,她们更愿意与一个最好的伙伴互动,而不大乐意身处三个人及以上的群体中活动。也许正是女生的这种两人世界的友谊,使她们特别能保持伙伴之间的关系和相互信任,在与伙伴发生冲突时,也更有可能从关系的角度去分析判断不良行为,更有可能采取比较理性的行为,运用策略和所达到的目标也更具有社会倾向性。男生则相反,他们在遇到矛盾时更注重操作、控制,这也许是因为他们伙伴间的友谊更广泛,而不在乎一两个朋友的得失。男生在冲动之下,常常会失去理智,当失去优势和竞争关系时,男孩比女孩更喜欢对伙伴施怒,甚至施暴。

虽然皮亚杰很早就提出伙伴在儿童发展和社会适应性中的重要作用,但是直到上世纪末,伙伴对学生个体发展的影响作用才得到前所未有的重视,学界才对“伙伴对个人发展和人格形成的影响大于家庭的作用”的认知形成共识。从人的成长视角观察,婴幼儿期间,孩子主要是与家庭成人交往,随着年龄的增长,孩子与成人的交往持续减少,而与其他孩童的交往则持续增加。观察证明,对于孩子而言,伙伴玩耍与伙伴间的情感体验不是同一回事。一般来说,小学生(10周岁以前)虽然与伙伴一起玩耍,但是他们更多地将情感投向自己的家庭;初中生(10周岁以后)的伙伴交往趋向占据绝对优势。综合学界一般观点,伙伴在年龄上的发展趋势是一个从简单到复杂、从低级到高级、从不熟练到熟练的过程,也是伙伴之间越来越亲密和富有内聚力的过程。

第三章　伙伴＋课程：项目引领做中学，伙伴一起动

课程是指学生所应学习的学科总和及其进程与安排。课程是对教学目标、教学内容、教学活动方式的规划和设计，是教学计划、教学大纲等诸多方面实施过程的总和。广义的课程是指学校为实现培养目标而选择的教育内容及其进程的总和，它包括学校老师所教授的各门学科和有目的、有计划的教育活动。狭义的课程是指某一门学科。

课程由标准、资源、实施和评价四个要素组成，以教材为载体指导教师和学生的教与学活动。课程是教育教学活动的基本依据；课程是实现学校教育目的、培养全面发展的人才的基本保证；课程是学校一切教学活动的中介；课程是学校进行管理与评价的标准；课程是师生联系和交往的纽带；课程是国家检查和监督学校教学工作的依据。义务教育阶段的课程标准是国家意志的体现，具有强制性和统一性。同时，义务教育阶段各课程的教材具有基础性和普适性。对于不同的学校，在课程实施的过程中，都会自觉地或不自觉地对各学科的课程进行校本化的改造和优化，以提高课程的实施水平。

第一节　“伙伴＋”育人视域下的课程观

从课程开发的主体来看，可以将课程分为国家课程、地方课程与校本课程。国家课程亦称“国家统一课程”，它是自上而下由中央政府教育部门负责编制、实施和评价的课程，是国家意志的体现。校本课程是由学校全体教师、部分教师或个别教师编制、实施和评价的课程。地方课程介于国家课程与校本课程之间，指由国家授权，地方政府教育部门根据自身发展需要开发的课程。虽然国家课程与地方课程、校本课程是不同的课程形式，但它们之间是相辅相成、优势互补的关系。在积极主推国家课程的同时，也应该允许开发一定比例的地方课程和校本课程；而推行地方课程、校本课程的学校，也不应该贬低或排斥国家课程，首先应将认真实施好国家课程作为前提。一句话，所有的地方课程与校本课程都应该是学校充分开发、利用本地区和本校的教育资源，融入国家课程的实施过程之中，丰富国家课程的内涵，让国家课程更好地落地，更有效地实施，这是回应“为谁培养人？培养什么人？怎样培养人?”的实践作答。地方课程、校本课程都不应该游离于国家课程之外，否则就会冲淡国家课程的主

体地位,加重学生的学业负担。

对课程的改造和优化,除了基于地域和学校资源外,还受到学校办学思想和价值取向的影响。办什么样的学校,课程就会呈现什么样的样态。假如学校扔不掉“应试教育”的价值取向,那么学校课程实施就剩下简单一个字:“揪”。把教学这种创造性的劳动变成了低效蛮干的“死揪”,加重了学生和教师的负担,知识传授成为教育教学的全部,技能训练也局限于解题能力的提升,地方课程和校本课程主要围绕竞赛辅导进行,甚至文体科目的课时被考试学科侵占。学校课程实施的样态也就变成了:“考什么教什么,常考常教,不考不教”,把学生的考分作为评价学业水平的唯一标准。“伙伴+”育人视域下的课程观认为:学生既是受教育者,本身也是教育者,学生在知识、技能、生活经验等方面的差异是最好的教育资源,因此对课程的校本化改造和优化应落脚在“通过丰富多彩的活动来促进学生伙伴关系的形成,利用伙伴影响来提升课程的实施水平”上。在具体操作中,在学科教学中,组织基于项目学习的教学活动,以项目引领、任务驱动,改变知识呈现的逻辑脉络、课堂训练的基本方式,来推进合作学习。其学习价值直指学生在真实场景中解决实际问题的能力,发展其关键能力,提高其核心素养。

第二节　所谓“项目学习”

项目学习,译自于英语“Project-Based Learning”(缩写为PBL)。使用中文的大陆、港澳、台湾地区以及海外华人,对“Project-Based Learning”有不同的译法,如项目教学、基于项目的学习、项目化学习、方案教学等等。对项目学习没有明确的定义,但对其概念的理解大同小异。所谓项目学习,就是指通过学生制作某一个特定的“产品”或完成某一项特定的“任务”,充分选择和利用最优化的学习资源,在实践体验、内化吸收、探索创新中获得较为完整而具体的知识,发展技能、培养习惯、陶冶情操、学会合作的学习。“项目学习”是跨学科、跨知识领域,且整合小组合作学习和自主探究学习等学习方式的综合学习。基于项目学习的教学,就是在学科课程实施过程中运用项目学习的方式来组织课堂内外的教学活动,是将“综合实践活动”作为一种教与学的基本方式,引入到其他课程中来,从而构建教与学的“新”方式。

一、项目学习的由来

100多年前,受民主主义思想影响,以美国著名教育家约翰·杜威(John Dewey)为核心的一批教育家针对工业文明给教育带来的种种问题,提出了体验式学习、做中学(hands-on)等一系列新思想、新做法,积极倡导以学生为主体的学习。很多教师都能理解吸引人的、具有挑战性的项目对学生成长的价值,他们组织学生进行实地考察、实验室研究、跨学科活动等等,丰富并拓宽了学生的课堂学习内容。“做中学”在美国教育中已经是一个长期的传统,且对全球教育发展也产生了深远的影响。

项目,英文为“project”,翻译成中文,用做动词,可以译为“设计”;用做名词,可以译作“主题”“项目”等。这一词汇最早在美国的教育领域内得到应用。约翰·杜威的学生克伯屈(William Heard Kilpatrick, 1871～1965)在1918年9月的哥伦比亚大学《师范学院学报》第19期上发表了《项目教学法:在教育过程中有目的的活动的应用》的论文,首次提出了项目学习的概念,这篇论文也被称为20世纪最有影响力的教学理论文章。克伯屈说:“我采用‘项目’这个术语,就是专为表明有目的的行动,并且特别注重‘目的’这个名词。”“项目”的本意指的是学生自己计划、运用已有的知识经验,通过自己的操作,在具体的情境中解决实际问题。

克伯屈把项目教学分为四个阶段:一是决定目的,即学生根据自己的兴趣和需要提出学习目的或需要解决的问题。目的由学生自己去确定,教师主要是指导、帮助学生进行选择,不强加自己的个人意志。二是拟定计划,即制定达到目的的行动计划,包括材料问题、工作任务分配、实施步骤等等。拟定计划也是由学生自己商量去确定,教师只对学生的计划实施情况进行指导。三是实施计划,即学生运用选定的材料,通过实际的劳作来完成任务,达成目的。四是评定结果,即教师提出评定的标准和方法,由学生自己进行评价,如行动是否按照原计划进行?预定的目标是否实现?能否根据反馈及时修改方案,确保任务的完成?学生从这个项目的实施中学到了什么?等等。

由此可见,项目教学是建立在学生兴趣与需要基础上的,将有目的的活动作为教学过程的核心或有效学习的依据,它对于打破学科体系,实现跨单元、跨学科的学习具有划时代的意义。但是,无论是杜威还是克伯屈,他们的实用主义的教育理论都是建立在民主主义的基石上的,虽然打破了工业革命对教育的紧箍咒,即一切围绕学科进行教学的传统方式,但是忽视了学科教学对人才培养的价值。可以这么说,杜威的教育思想开创了教育革命的新纪元,但是摆脱不了从一个极端走到另一个极端的桎梏。

二、项目学习的要素

项目学习包含任务、活动、情境和产品四大要素。

1. 任务

项目学习是以任务来驱动学习的。任务,即项目,它是以解决现实生活中的问题,或制作有价值的产品为内容来架构的。项目学习的任务不一定直接指向课程学习的目标,但是却将课程学习的内容和要求寓于完成项目任务的过程之中。即:学生在执行任务过程中,需要什么知识和技能,就学习这些对当前解决问题急需、必备的知识和技能,故称之为“任务驱动”。因为项目学习发生在学生现实生活和真实情景中,所以学生承担的任务往往表现为各种复杂的、非预测性的、多学科知识交叉的问题。为此,任务不但要适合学生的特点、兴趣等,而且还要考虑到学生有没有能力执行,即“跳一跳,能摘得到果子”;不但要体现综合性和开放性,并且要强调完整性和系统性。

2. 活动

项目学习是通过学生小组合作学习来完成的,以学生自主活动为主要学习途径。项目学习中的活动有以下特点和要求:一是活动要具有一定的挑战性。学生在活动过程中碰到有一定难度的实际问题,这不但能够激发学生学习的激情,并且还能促进学生理解、掌握生活中的复杂概念和技能,从而成为"行家里手",体验成功的乐趣。二是活动应该是建构性的。要让学生能在活动中获得一种学习经历,理解、建构并生成自己的知识,通过活动来促进他们对知识进行记忆和迁移。即学生通过确定问题,寻求解决问题的办法,组织合作学习,分工进行信息检索、信息分析、信息合成,并将新获得的信息与以前所学的知识联系起来,最终形成学习成果,实现知识的建构和重组。三是活动要具有个性化。它为学生提供多种参与的可能与选择,学生不但可以根据自己的兴趣选择学习项目(任务),还可以在活动中找到合适的角色,承担自己力所能及的工作,发挥自己的智力优势和经验积累。所以,项目学习适合具备各种各样智力水平和技能基础的学生,既能促进学生"扬长避短"的错位发展、个性化发展,又能促进学生"扬长补短"的全面发展。四是活动应该是开放性的。即开展课内课外、校内校外联成一体的学习活动,而在其中学生家长也是学生进行项目学习的重要"合作伙伴",他们应该为孩子提供解决当前问题的思路、办法,传授处理问题的技能、经验等相关信息。

3. 情境

所谓"情境",就是学生开展项目学习的环境。这种情景尽可能是学生生活的真实场景,或者是略加提炼的真实场景的"片段"。这样既能给学生提供更丰富、更具真实性的学习经历,又能促进学生之间以及学生和社团之间的合作。项目学习的情境不只是教室这个单一环境,实验室、图书馆、博物馆、家庭、社区等场所,都可以成为学生开展项目学习的情境。在这种开放式学习情境中,学生可以建立相互依赖和合作的关系,使学生对自己的学习充满自信,对与同伴的合作增添信任。借助信息技术,创设基于计算机网络的学习情境,是项目学习的一个十分必要的学习手段,也是一种十分重要的学习环境。无论是检索资料、交流互动、购买材料,还是获取帮助、成果展示等等,都可以在网络平台上有效、便捷地实现。同时,教师也应该意识到,物理学科教学与信息技术的整合也是当前最主要的教学策略之一。

4. 产品

所谓"产品",即学生项目学习的最终成果,或阶段性成果。是指学生在项目学习过程中获得的知识和技能,体验到的过程和方法,形成的态度、情感和价值观。它有两个层面上的意义:一是课程标准要求的,比如各个知识点的内容、实验方法、探究方式等等;二是形成学生的高级认知技能和问题解决策略,比如小组合作学习技能、生活技能、自我管理技能等,促进学生"学会学习"。产品的呈现方式是多样化的,既可以是物化的产品,比如一件学生制作的物品、一份学生撰写的调查报告、一块展示学习过程和成果的展板、一个专题网站或网页等等;也可以是非物化的东西,比如一场报告会、一台歌舞晚会、一次辩论会等等。既可以是总结性的汇报,比如就某个实际问题的调查报告及倡议书;又可以是体验性实践,比如当一回报告会的主持人、展示会的讲解员等等。教师的作用首先是为学生的项目学习研究及产品展示活动搭建平台;其次要在展示活动中梳理、归纳、训练、检测课程标准要求掌握的知识点内容;再次,通过展示活动,让学生体验学习的快乐感和成就感。学生产品的呈现可以在一个专题学习的终了阶段进行,也可以在项目学习过程中某个阶段性总结时进行;既可以是组内小规模展示,也可以是较大规模的组间展示;既可以围绕同一主题展示,又可以是不同学习主题间的相互交流与切磋。

三、项目学习的实施流程

项目学习的实施流程也并非是固定的、一成不变的,但基本的过程包括以下环节(如图 3-1 所示),各环节的特点和要求如下:

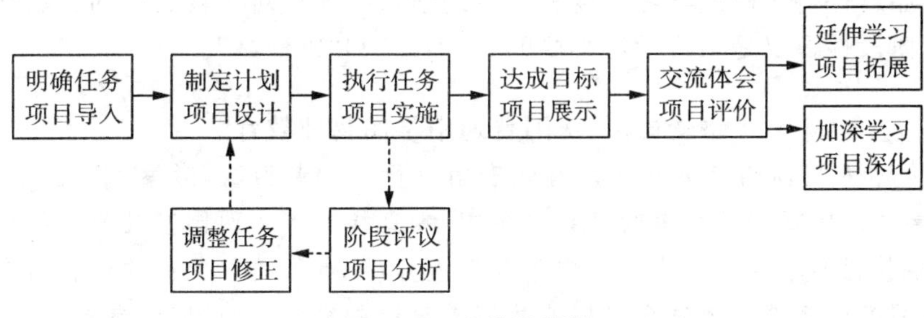

图 3-1 实施流程图

1. 项目导入。就是明确学习任务的过程。让学生知道我们要做什么,我们要做些什么准备工作。教师或在教师的指导下的学生,根据教学要求设计一项或多项任务,让学生从自己的兴趣出发,根据自己已有知识水平和能力,自主选择合适的任务。

2. 项目设计。就是制定学习计划的过程。是学生在教师的指导下,根据任务的需要,对学习进行规划的过程。它包括项目活动小组分工、学习环境的选择、知识和技能的准备。项目设计过程本身也是学生自主学习的过程。

3. 项目实施。就是学生学习体验的过程。形式上是学生在兴趣的引导下完成选择的任务,实质上是学生在任务的驱动下逐步达成课程学习目标。这个过程是项目学习的关键,它是跨学科、跨知识体系的综合学习过程。所以,在项目学习中,教学不全是发生在学科课堂之上,只有将学科教学同其他学科有机整合,适时向课外、校外拓展,才能达到事半功倍的功效。

4. 项目展示。就是展示学生自己“劳动成果”的过程,实质上也是分享学习成果的过程。这一过程通过展板展览、论文答辩、“产品拍卖”等活动,组织学生进行交流。在交流中,教师及时帮助学生进行归纳和总结,发现知识和技能上的空白,及时进行补充;

学生在与同伴的交流中、教师的补充归纳中获得系统的、完整的、并且来自实践的知识。

5. 项目评价。就是学生评价自己或同学的学习体验和成效。项目学习的教学评价形式是多元的，学生自评、同伴互评和教师点评三者相结合。在评价标准上是多样的、开放的和综合的，对结果的评价强调了学生对获得的知识和技能的掌握程度，同时还要对学生在项目学习中的贡献大小和制作产品的质量、创意进行评价。过程评价强调了学生活动中的情绪表现、投入状态、合作能力，以及对活动中学生规划的方案、设计的图表、收集的信息、制作的产品等进行评价。教师对学生的评价主要以点评为主，借此引发学生自主评价，通过评价促进学生发展，尽量避免对学生做“是否、对错、好坏、优劣”的结论性评价。

6. 项目分析与修正。就是阶段性评议与反馈调整。如果项目学习持续时间长、制作的产品比较复杂，教师要适时组织学生进行阶段性评议。通过评价，指导学生发现问题、纠正偏差、调整方案；通过评价，让学生看到自己的进步和成长，激发学生的学习热情，使学生始终保持积极的学习态度和浓厚的学习兴趣。对于较大型的、综合性较强的项目而言，阶段性评议是项目学习必要的“加油站”和“维修站”。

感受德国、法国普通中学的物理教育①

2005年本人随苏州市吴江区教育代表团一行5人赴西欧，考察了德国慕尼黑的特蕾茜亚中学和法国斯特拉斯堡的克莱贝尔中学，直接深入到两国基础教育的前沿，目睹了两国中学教育的现状。作为一名中学物理教师，笔者更关注他们的理科教育，一路考察，所见所闻感受颇深。现结合我们的物理教育谈些感受，以供同仁参考。

一、德法两国物理课程的设置体现出“人本性”

1. 尊重学生的年龄特征。低年级(相当于我国初中水平)没有单科的物理教材，两国采用的都是综合性的科学教材，内容少难度低，注重的是学生学习兴趣的激发和良好学习态度、学习习惯的养成；高年级物理采用的是单科教材，学习内容多，难度大，更注重学生学习方法的传授和科学素养的培养。

2. 尊重学生的兴趣爱好。在法国高年级中，作为选修的物理教材注重常识教育，作为必修的物理教材注重专业知识和技能教育。德国高年级中开设两门物理课，供学生选择：一门是为将来专修物理学的学生开设的物理提高课，内容深且广；另一门是为将来专修工科学生开设的物理课，内容的广度虽然跟前者差不多，但是深度上就浅得多了。

3. 尊重学生的认知规律。低年级教材的编写逻辑遵循的是学生的认知规律，因为低龄学生对事物认识更注意事物的表象，思维方式是跳跃式的，所以教学内容的呈现是

---

①《感受德国、法国普通中学的物理教育》发表在《外国中小学教育》2007年第9期上。由杨勇诚根据本人撰写的境外教育考察报告改写而成。

“剪辑成的一幅幅画面”，不强调一个教学内容与另一个教学内容的关联，相反重视想象和归纳；高年级学生的抽象思维的能力有了长足的发展，所以教材的编写注重学科逻辑，重视推理和演绎。

我们现在进行的课程改革，物理教材也基本按照这种方式设计编写。然而在实际操作过程中，低年级的教材难度下降，综合性增强，使得教师无所适从；高年级教材的模块式设计，因高考改革的滞后，实验也步履艰难。

二、德法两国物理教学的课堂体现出“人文性”

在德法两国的中学物理教育中，物理教育和人文教育像两根藤蔓相互缠绕在一起。

1. 走近历史。在德法两国的物理课堂教学中，用历史方法研究一个问题的来龙去脉的方式得到普遍重视，强调的是在物理规律发现过程中科学家所起的作用。让学生明白，有科学态度、有坚韧毅力、善于合作、勤于思考的人，幸运之神才能降临。客观存在的科学规律，被“人文”的糖衣所包裹。教师教之有情，学生学之有趣。

2. 回归自然。在德法两国的课堂教学中，利用人文教育使学生回归自然，引导学生正确认识完整的自然与人之间的和谐关系。他们的教学既引领学生近距离观察自然界的每事每物，也引领学生远距离地眺望自然界的变化和发展。不但了解物理学每个领域中各个现象之间的关系，而且还了解自然界部分和整体之间的大脉络。让学生广泛接触自然，在物理学习中懂得：人对自然不仅仅是索取，更重要的是保护；科学技术的发展给人类带来的不仅仅是财富，也带来了破坏和灾难。他们十分注重培养学生的善待自然、与自然和谐发展的态度。

3. 走向社会。教师与学生、学生与学生、学生与社会之间充满合作、理解、关怀。我们考察的课堂教学实况不多，但是所见到的课堂教学，教师都有培养学生交流合作精神的意识。要学生顾及和理解别人的困难，理解和接受别人的批评和思维方式，要客观公正评价别人的学习成果，要恰如其分地分析自己的学习状况，要客观地对待自己的观点，要用客观正确的语言表达自己的思想等等。

我国的新课程也强调科学教育的育人功能，要求物理教学渗透人文教育。但是，由于受传统教育思想的影响，加上教师自身人文素养的缺失，所以在现实的教育中，我们的人文教育游离于科学教育之外。学会对历史的尊重和批判；培养对科学问题的态度和精神；学会对生命的思考和审视；学会人与人之间的合作与交流等等，这些在我们的物理教育中，乃至在整个理科教育中仍然是弱势项目。

三、德法两国物理教学的方法体现出“多样性”

德国和法国中学物理课堂教学的多样性是我们这次考察中感兴趣的一个热点。我们普遍有这样一种观点，片面地认为“用最少的时间传授给学生最多的知识”就是“教学的时效性”的体现，于是教学过程“简单化”了，“填鸭式教学”不但迎合了应试教育的需要，而且也迎合了这种教育思潮。而在德法两国的中学教学中，往往把一个简单的教学过程“复杂化”，通过学生合作探究的方式来解决一个问题，让学生在活动中掌握知识，享受学习的乐趣。因为教学过程复杂化了，才有教学形式的多样性。这种教学形式的多样性其实质就是把综合实践活动作为一种教学基本方式运用于学科教学，从而促进学生的主动学习，组织学生合作学习。

1. 从教法上看。有教师的示范法，通过教师和学生的演示和演算来解决一个问题；有问题引申法，由一问题的解决引发对另一个相关问题的思考；有学生的研究法，即我们所说的探究性学习；有学生的历史法，即资料学习法，通过学生对历史资料的搜寻，按历史发展过程把一个问题弄清楚。

2. 从学法上看。有对话，学生之间或师生之间进行对话，在法国克莱贝尔中学，每个教师每个学期都有相当多的课时用来进行师生一对一的授课辅导；有小组学习，我们观察到这种学习方式相当普遍；独立学习，不只包括完成教师布置的作业，更多的时间用于设计实验、阅读专业书籍、撰写研究报告等等；归纳、加工、吸收各类信息；参加各种与物理学习相关的报告会、展示会和考察活动。过去，我们误认为西方的课堂教学是无序的，学生是太阳，想干什么就可以干什么。其实不然，学生活动也是在教师的引导下进行的，只不过教学方式具有多样性，满足了不同个性的学生，使他们能在不同教学场景中个性得到充分张扬。

四、德法两国物理教师的工作体现出“创造性”

在法国考察时，随同的翻译是一位60多岁的华侨（出国前，他也是教师）。他跟我们介绍他的女儿就在我们参观的克莱贝尔中学读书。他说克莱贝尔中学每科考试满分是20分，能考7～8分的学生已经是很好了。我们好奇地问他究竟是什么原因？他告诉我们：一是考试难；二是考试内容不都是老师课堂上教的。由于受国内的思维定式的影响，我们诧异地追问：从西方的教材内容上看不是很简单吗？他告诉我们：西方的老师教给学生的知识比课本上的多得多，学生学得的知识比老师教给他们的多得多。

我们观摩了一堂相当于国内高二年级的物理课，老师也是密密麻麻地写了一黑板。我们不懂法文，但从公式的演绎上看，所教的知识深度和广度不低于国内同年级的水平。我们参观了物理实验室，从器材装备来看，要完成这些物理实验，学生的知识基础不会很低。在和德国、法国同行交流中，我们重新认识了“教师即课程”的真谛。在他们心目中，教材只是提供教师教学和学生学习的基本素材和知识之间的基本逻辑关系，教师在课前首先需要针对教材提供的逻辑关系，根据自己对学科知识体系的认识准备教学内容。一个教师的课程预设一般有几套方案。在课堂上，教师根据学生的学习情绪和兴趣，在恰当的时间里拿出最合适学生学习现状的教学方案来完成整个教学。所以，在德法两国的中学物理教学中，教师传授给学生的基本知识和技能是一致的，但是每个教师传授的侧重点、处理问题的方法、实验设计的思路不一定相同。教师就是靠他们创造性的劳动，来丰富课程资源，从而形成具有鲜明特色的课程。这样，学生可以根据自己的特长和兴趣选择适合自己发展的教师。

当考试顾及不到所有教师的教学内容时，教师也就犯不着为考试而组织教学，教师的教育教学实践活动也就真正地进入了"自由王国"，教师的能动性、创造性才能得到最大限度的发挥，他们的个性特长和潜在能量才能得到最大程度的彰显。真正的校本课程在于教师把自己的教育思想、风格特长和教学经验与学科教育整合在一起，形成具有鲜明特色的学科教学。要做到这一点，需要教师创造性的劳动。如果把课程比作一棵大树，树干是国家的课程标准，树枝是现有教材，教师的创造性劳动和学生的主动学习就为这棵大树添枝加叶。

当然，德法两国学生过早地被定向分流教育、德国的学制过长等问题，值得我们研究。但是，课程设置的人本性、课堂教学的人文性、教学方法的多样性和教师工作的创造性，正是我们现实中学物理教育所缺失的。德法两国的文化背景与我们相差很大，不可能、也不应该把他们的东西简单地移植到我们的基础教育中来。但是，包容兼并一切先进的教育思想、方法和经验，再通过我们广大教师创造性地劳动，优化课程结构，提高课程实施水平，在我们的教育教学实践中还是值得提倡的。

第三节　项目学习的课程样态

学校开展项目学习有三种课程样态：一是学段型项目学习，就是某门学科在初中学段整体实施项目学习；二是阶段型项目学习，某门学科在某个阶段，确立一个主题，形成多项任务，学生在项目的引领下展开学习；三是课例型项目学习，借用项目学习的经验，重构课堂教学知识呈现的逻辑，来推动小组合作学习。这三种样态的核心问题就是充分利用学生在知识、技能、生活经验上的差异，来实施伙伴影响，实现"兵教兵、兵练兵"，从而在丰富初中生交往的同时，创造性地提升课程的实施水平。

一、学段型整体推进的项目学习

以基于项目学习的体育课程为例，学校体育是指以在校学生为参与主体的体育活动，通过培养学生的体育兴趣、态度、习惯、知识和能力来增强学生的身体素质，培养学生的道德情操和意志品质，促进学生的身心健康成长。学校体育是教育的重要组成部分，是计划性、目的性、组织性较强的体育教育活动过程。学校体育由五个主要部分或要素构成：一是以体育课为主要形式的教学活动；二是以学生体育锻炼为主要内容的课外体育活动；三是运动代表队训练和各种形式的体育比赛；四是早操、课间操和眼保健操；五是科学的作息和保健措施。从坚持体育锻炼、把健身活动作为一种生活习惯的人群看，他们都具备一两项健身活动的技能和爱好。但目前学校体育的基础性、普及性和系统性很难满足学生个性化发展的需要和适合学生未来生活的需要，优化学校体育工作，培养学生健身技能，是必然的选择。

初中体育每周三节课,两节课为学校按照义务教育体育与健康课程标准授课,另外一节课与课外活动连在一起以项目学习的形式进行。学生可以跨班级、跨年级根据学校提供的健身项目选择性地参加活动,得到培养和训练,熟练掌握一两项终生受益的健身技能和体育爱好。

1. 项目的课时安排

一节体育课加上一个课外活动,课与活动连在一起,每周一次,每次不少于一个半小时。

2. 学习项目的来源

主要有四条途径:一是教师擅长的健身项目;二是学生提供的健身项目;三是社区爱好体育健身活动的人士提供的健身项目;四是擅长某项体育健身活动的家长提供的资源。男生喜欢活动量大的并能表现其灵活、敏捷性特点,而且竞赛性强的活动,如篮球、足球、武术、田径等。女生则喜欢姿势优美、节奏感及韵律感强,能表现其柔韧、机智和美感的项目,如艺术体操、排球、技巧等。但是,学校更重视跳绳、瑜伽、徒手操、健美操、体育舞蹈等这些对场地要求相对不高,器材限制相对较少,同时学生也可以独自运动的项目。

3. 项目组织形式

项目实施按照社团组织形态,坚持学生按自己的兴趣进行选择,由参与者自主管理、自主学习。每天下午最后一课安排不同年级的数个班级同时进行,让高年级有经验的学生带领低年级没经验的同学,让技能娴熟的学生指导技能不熟练的同学,这样整个活动形态就是一个伙伴影响的过程。负责指导的人员(老师、学生、家长、社会人士)主要负责组织、管理、服务和评价,仅对关键技能进行指导,对学习有困难的同学提供帮助,体现充分的自主性。

4. 项目评价标准

没有标准的活动只是"玩玩",教育影响力极低,评价标准是课程建设的核心。学校组织并指导项目开发人员制定课程标准,根据标准开展基于项目的体育教学,同时根据标准对学生健身技能的掌握情况进行评价。评价也突出学生自评和互评。在项目实施过程中,学生会关注老师对自己的评价,但事实上他们更在乎的是同伴对自己的褒奖。因为这种来自伙伴的评价证明他融入了群体,获得了同龄伙伴的认同与尊重,这能让他产生很强的自我效能感,从而充满自信,心态变得更积极、更阳光。

5. 项目展示活动

学校搭建项目展示平台,组织相应的比赛、展示活动。对大众项目,参与人数多,应组织分组比赛;对小众项目,学校可以组织展示、展演活动。可以分班级举行选拔赛,为组织正式群体展示提供参加机会,称之为"联赛",荣誉归属于班级集体;也可以在部分班级、年级范围内举行,由学生自己组队,为无组织、非正式群体提供展示机会,称之为"杯赛",荣誉归属于孩子们自己的团队。不管是联赛还是杯赛,都是有效促进伙伴交往、伙伴影响的有效载体和平台。

与学校体育教育一样,在艺术教育的实践中,培养学生学会欣赏美、表现美,进而创造美,让学生在艺术教育中掌握一到两种艺术创造、表现技能和一到两种艺术形式的鉴赏能力,是提高学生审美情绪、审美能力的基础,也是提升学生艺术素养、使学生终身受益的教育实践活动。同样是在严格执行义务教育艺术课程标准的大前提下,通过项目学习的方式,以伙伴活动为载体,培养学生的一两项技能和一两种艺术形式的鉴赏能力。与体育不同的是:一是学校艺术教育课时有限,初中音乐、美术每周各一课,项目学习只能在课余活动进行;二是艺术活动的成本比体育高;三是在教师和家长群体中能提供艺术指导的人员相对比较匮乏。

二、阶段型主题引领的项目学习

阶段型主题引领的项目学习,即为主题单元整体学习。这个单元可以是教材上提供的现成的学习内容,也可以是在主题引领下的,将一个学期、一个学年或者一个学段的相关知识通过一个或几个项目整合在一起的跨知识领域的学习。因为发生在各科中的阶段型主题引领的项目学习没有一定的模式,所以下面以"项目引领下的伙伴式阅读教学"[①]为例,介绍阶段型主题引领的项目学习。项目引领下的伙伴式阅读教学不是游离于课堂的纯粹的课外阅读,而是与语文课堂教学紧密结合的项目化学习。它不仅将语文课本的例文作为学生阅读中的必读材料,按照主题整合在整个阶段型的项目学习之中,而且将课内与课外打通,将语文课本与课外读本整合,扩大了学生的阅读量,也给了学生更多的阅读选择权。这是语文课程及其教学方法的一种新范式。

1. 初中生阅读能力不容乐观

中考语文中,阅读理解题占的分值达到40分左右,是所有题型中占分比例最大的题型,因此,有人曾断言"得阅读者得天下"。而往往实际考试中阅读理解题最难以把握,失分率也是最高的,甚至有的学生面对一些不熟悉的考试题型一筹莫展、答非所问,由此显示的学生阅读能力的不足让教育界的领导和专家唏嘘不已。阅读理解题直接检验着学生平时的阅读水平和能力的积累,这是一种感知、吸收、理解书面语言的能力,是衡量一名学生语文综合素养的重要标准之一。初中阶段可供学生阅读的材料,内容非常丰富,题材极其广泛,学生的领悟和感知水平又参差不齐,而教师在指导学生阅读训练方面也受多种因素制约而收效甚微。因此,学生之间的伙伴式阅读越来越受到各方的重视,虽然目前还无法破解阅读能力不济的困局,但至少提供了一条可供实践的途径。

2. 项目化阅读教学策略

苏联教育家苏霍姆林斯基曾说过:"30年的经验使我深信,学生的智力发展取决于

---

① 来自朱伟老师对主题阅读教学与项目学习统整后,在小组合作中开展伙伴式阅读的教学方案。

良好的阅读能力。"我们从学生阅读内容入手,把阅读的材料划分成一些小的主题开展"项目化"阅读,强调在学生自我体验、自主探究后,通过与伙伴合作,努力提高学生的认知能力、理解能力、鉴赏能力和评价能力。

叶圣陶先生说过:"课文无非是个例子。"每一位学生阅读每一篇课文都会产生自我的认知和独特的自我体验。主题阅读教学课,就是期望能在学"一课"的基础上,举一反三地带出"一串",以课内阅读引向"内外结合"。在比较鉴别、品味赏析的过程中,利用伙伴间知识与能力的差距,互相影响,互为补充,全面锻炼阅读理解能力,不仅可以获得大量信息资源和独特感受,形成自身的价值取向,而且有利于语文素养的培育与提升。

项目化伙伴阅读教学的具体策略是:以教材中精选的一些精读课文为依托,确定教学主题,然后选择与教材内外同一主题的文本材料,作为阅读教学的辅助读物,让学生根据自身的阅历、人生经验预先进行自学,形成对本主题的个人体会或感受。带着这种体验进入课堂,和伙伴一起,围绕主题对教材进行重组、删减或补充,在有限的课时内,交流感受,聚焦观点,消化分歧,进而在伙伴交流中开展思辨性阅读,深化对主题的理解和认识。教师尽量引导学生迁移运用常用的学习方法,把握课文的训练点和关键点,感悟课文中蕴含的思想感情,让学生获得较为系统的语言积累,充实丰富情感体验,逐步内化为语文自主学习的能力,并增强伙伴间的凝聚力。

3. 项目化阅读教学设计

项目引领下的伙伴式阅读教学可以分成三个模块,按五个步骤进行。

(1) 确定主题,选择文本。

一是主题来源:按照课文单元的体例要求,或者从初中学生的兴趣爱好、学习疑难出发,有选择地确定阅读主题,见表 3-1。

表 3-1 主题阅读角度

编号	按文章内容设计主题	按表现手法设计的主题
1	**体悟真情** 感恩父母、手足情深、君子之交、微行大义	借景抒情、托物言志
2	**走进自然** 缤纷四季、唯美家乡、壮美山河、异域风景	欲扬先抑、对比衬托
3	**亲近文学** 经典名著、名家散文、魅力诗章、杂论时文	象征手法、联想想象
4	**感悟人生** 实现理想、启迪心灵、改进习惯、成长心智	开门见山、卒章显志
……	……	……

二是文本来源:围绕阅读主题,由教师提供和学生查找二者相结合的方法,对大量阅读材料进行预处理:途径一,让学生各自读自己喜欢的文本,读出自己不同的心得体会,优点是突出学生阅读的自主性和主体性,但在课堂教学讨论时涉及的面比较广,对教师课堂教学组织能力要求很高;途径二,首先筛选适量的文本作为本次主题阅读课预习的材料,这样针对性强,有利于课堂教学的组织。实践证明,项目化伙伴阅读初期应该多采用途径二的形式。

三是阅读指南:根据阅读材料,设计《阅读指南》,针对课前学习材料的阅读要求,分为通用和专用两部分,通用指一般性阅读需要的学习要求,专用是针对本主题设计的学习要求。指南可以用多种题型来引导学生有目的、有方法地进行阅读,也是小组合作中伙伴交流讨论的话题的索引。

(2) 自主阅读,领悟体会。

一是学生根据《阅读指南》自主阅读文本材料,整体感知课文内容,以圈点批注的方法读通、读懂文本。

二是从"写了什么""怎么写的""为什么这样写"深入理解文本的主题、内涵和重点,领悟文本结构。

三是结合自身的经验,在文本阅读中,体会并思考"我读后的感受或收获是什么",进一步丰富自己对文本主题等各方面的认识、感受。

以上步骤是阅读课教学开始之前主要的工作,是课堂教学成功的基础和前提。

(3) 自读课文,伙伴协作。操作要求见下表3-2所列。

表3-2　学生自读、伙伴协作的基本要求列表

环节	交流预习,提炼疑难	带题再读,合作解疑
要求	**朗读课文,正音正字** 可点名读、分角色接读、竞赛读、自由散读等,以诵读检查预习,正音正字。	教师引导学生选择部分问题,让学生再次充分阅读课文,并组织分小组讨论。
	自读自悟,圈注疑问 学生按照自己习惯,用圈点批注法自读,读出疑问和疑难,并尝试自我释疑。	小组交流,各抒己见,加深阅读理解和体会,逐步消化认识上的分歧和偏差。
	交流分享,归纳疑难 教师巡视,参与学生讨论,了解学情,以学定教,及时调整教学预设方案。	教师把握机会,通过补充、评议、诱导的方式,穿插落实知识点,引导学生对课文多角度、多层面研读,突破疑难和教学重点。如"含义深刻句段的理解"和文章中心(主题)的理解。

(4) 交流展示,比较拓展。

一是分享收获,交流感受。组织全班交流展示自己的学习收获,展示的内容包括文本的展示和情感的展示。文本展示可结合实物投影仪,品读重点语句,赏析佳句名言;

情感展示主要结合在诵读评论之中,如读自己喜欢的段落、评精彩的文段、谈自己独到的感悟。在不同伙伴群中有不同的学习体验,孩子们张扬着青春的不羁。

二是比较阅读,适度拓展。俄国教育家乌申斯基说过:“比较是一切理解和思维的基础。”教师课前引入同主题阅读资料,引导学生以小组为单位或三五人组成伙伴群,开展比较阅读,从不同文本之间、段落之间、句子之间、词语之间的差异开始,直至表现主题的方法、使用的创作手法等多个方面,展开生生之间、师生之间的对话,并在阅读互动中适度拓展延伸,在心灵的碰撞中寻找智慧的火花。

以上两个步骤是主题阅读课教学的主体,学习伙伴间的互动是教学的灵魂,来自伙伴的观点和阅读体会的分享既是学生阅读能力成长的阶梯,也是培养思辨性阅读能力的良好载体,教师要注意对小组进行充分的调动,让每一位同学都能进入一种合作与竞争的状态,并在活动中体验学习的乐趣、成功的喜悦和伙伴的情谊。

(5) 躬亲实践,自主内化。

学生在阅读分享中,自觉不自觉地对照伙伴的经验,调整修正自己的体验,或者拓展了眼界和思维,获得知识的滋养、艺术的熏陶和情感的陶冶,但是,如果要深化伙伴阅读的成果,培养阅读习惯,还需要学生在课后躬亲实践,才能把课堂上学到的阅读方法和技巧内化为自己的阅读能力,并在接下来的一个个阅读主题中不断地尝试和提高。因此,教师可以引导学生把阅读经验的内化与作文教学结合,通过开展同题作文、续编故事、仿写片段、编演课本剧等活动,引导学生学以致用,在阅读的天地中自由驰骋,在实践的历练中不断成长。此外,通过主题引领下的项目学习,学生围绕主题、以“临摹”学写、“启发”创作的习作也成为这个阶段项目学习的主要有形“产品”。

三、课例型教学程序重组的项目学习

学生不是一张“白纸”,他们都是带着自己生活的经验和体验参与课堂活动的。当今时代,高度发达的媒体为学生学习提供了众多的渠道,“碎片化”学习也能让学生积累一定的经验。同时,受“不能输在起跑线上”等观念的诱导,许多家长早早地把孩子送进各种培训机构提前学习。可以说,有相当多的学生进入课堂是“有备而来”,假如教师还是按照教科书提供的内容“照本宣科”,按部就班地组织教学,很难激发孩子参与课堂学习的积极性,头脑中“似是而非”的前概念,就会影响学生形成科学态度和物理观念。所以在实际教学中,教师千方百计地利用各种教学资源,“不择手段”地创设教学情境,目的就是激发学生的求知欲,让课堂变得更加有趣。课堂教学流程的创新,同样也是提高课堂教学有效性的途径之一。但是,教学流程的设计和优化,没有利用资源、创设情境那样简单,需要教师的教育智慧和勇气。

“项目学习”为初中学科教学提供了一种新样式。项目学习实质上就是将综合实践活动作为一种学习方式引入学科教学中,把概念建构和规律探究融入完成一项具体的“任务”或制作一个“产品”的过程中,打破教材文本的呈现方式,依照学生“操作”的需要设计学习流程,围绕"项目"实施,重新整合学习内容,课堂活动中带着"出其不意,攻其不备"的具体"任务",让学生在全新的体验中引发深度学习。"项目学习"虽然是一种跨学科知识的开放性、个性化的学习方式,却受课堂环境时空限制,课例型教学程序重组的项目学习主要借鉴"项目学习"经验,设计可控的"知识与技能""过程与方法"的教学流程与深度学习策略。下面就举几个实例加以说明。

1.《长度的测量》的同题异构

《长度的测量》是传授测量基本知识和技能的开篇,其教学效果直接影响到后续的学习。大多数初中物理教材关于本节的教学流程通常是这样的:比较—科学比较—引入"测量"概念—单位(测量标准)—测量工具—测量方法—特殊测量。但是,初中学生都已对长度测量的基本方法和基本知识有所了解,教师讲解的"度"很难把握。在实际教学中常常出现两种极端情况:一是教师无视学生已有的知识经验和生活经验,过多地讲解学生已知的基础知识,学生听得索然无味,学习缺少应有的深度和活力;二是教师认为学生已经都知道了,所以对教材内容只是照本宣科,一带而过,将时间主要放在长度单位换算和长度测量的习题训练上,把长度的测量上成了习题训练课。按教材逻辑组织课堂教学,因为没有挑战性的学习任务,这堂课几乎没有学生的互动。那么,怎样做到既合理利用学生已有的知识和生活经验,又充分发挥学习的主动性,让《长度的测量》学得生动而活泼呢?

教学案例:《长度的测量》(苏科版八年级物理上册§5.1)

提问学生:有没有人还不会使用刻度尺度量物体的长度?回答是一致的,都会。请学生讲述如何使用刻度尺度量物体长度。让学生反刍他们已有的经验。确认大家都"会"测量长度后,就布置测量任务。

1. 项目导入。基于项目学习的教学方案为本节课设计了五项自主学习任务,让学生利用随身携带的物品分组选择完成下列2～3项测量任务。

(1) 测量教室楼层的高度。

(2) 测量一枚一元硬币的直径。

(3) 测量校园中的一棵树的直径。

(4) 测量课本一张纸的厚度。

(5) 测量一根铜丝的直径。

2. 项目设计。将这些原本后续学习的东西,放到这一章第一节课开头来学习,要求学生设计测量方案,明确小组成员活动时各自承担的任务。

3. 项目实施。学生通过同伴互助、教师点拨、合作分工、实地测量,在15分钟完成各项测量任务。

4. 项目展示。教师组织学生展示自己小组所用的测量方法,启发学生交流和评价,对学生采用的测量方法给予补充和完善。在交流的过程中,教师要求学生进行两项

比较,回答以下问题:

(1) 比较五个测量值的大小,按从大到小排列。完成这项工作时,学生首先涉及"单位统一"问题,教师就可以结合当前学生的需要,结合教材讲解"测量单位"的概念,以及单位换算的方法;

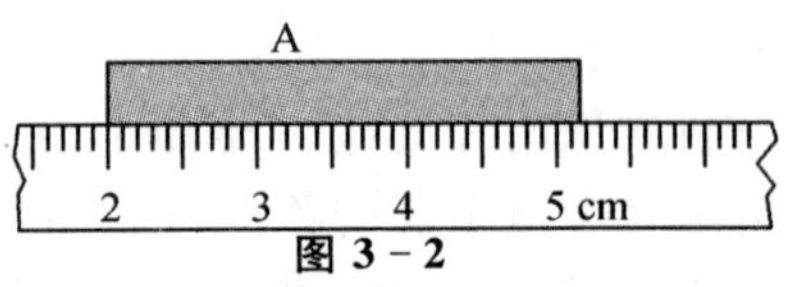

图 3-2

(2) 提问学生:会不会出现如图 3-2 所示的问题? 如何处理? 集中"力量"讲解这堂课的难点:长度测量需要估计。

(3) 将不同小组测同一个物体的测量值进行比较,发现不是完全相同,提出问题:这究竟是什么原因? 组织学生讨论。结合教材讲解"误差"知识,包括误差产生的原因、减小误差的方法。同时,讲解准确测量的方法:测量值应该等于准确值与估计值之和。

这些原本由教师讲解的知识,通过"项目学习",都在学生亲历完成项目任务的过程后,在学生解决问题迫切需要的时刻,通过学生交流讨论、教师加以指导的方式得到了有效生成。学习的过程符合学生的认知规律,以学生的实践经验为依托,以伙伴式的小组学习为载体,促进物理课堂深度学习的发生。

5. 项目评价。 通过本堂课学习,请学生完善一下刻度尺的使用方法。并用正确的方法测量物理书的长和宽。观察学生使用刻度尺度量物体长度的情况。

(由作者本人提供)

这种基于"项目学习"的教学过程"颠覆"了传统教材的安排,相比传统的教学,本节课的学习过程令人耳目一新。两种教学设计的流程如图 3-3 所示:

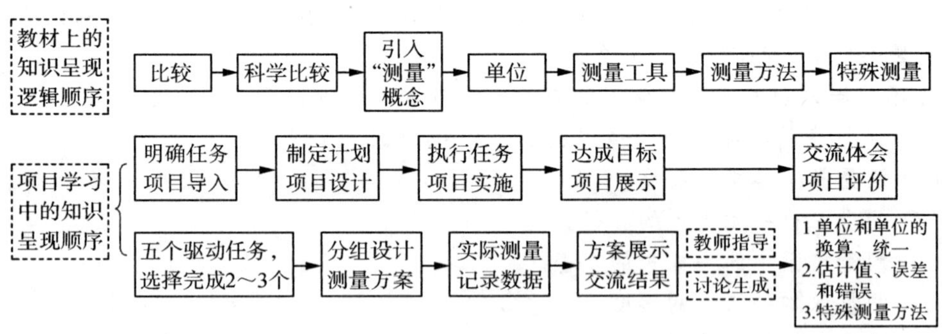

图 3-3 教学流程图

相关的教学实践告诉我们,基于项目学习的物理学习过程与传统意义上的物理课堂教学有着许多不同。基于项目学习展开的教学是以项目任务为驱动,强调学生主动设计方案,与学习伙伴合作完成任务,通过交流和展示进行评价和指导的学习活动,在这样的学习过程中,学生的主动性更强,完成任务需要手脑并用,调动多种感官开展合作交流,课堂气氛更活跃,更能凸现物理学科重视实践、关注思维发展的学科特点。

2.《电路的基本连接》项目学习课例

这类项目学习区别于学段型整体推进、阶段型主题引领的项目学习，目的就是解决当前的某个具体教学问题。既可以在课前安排学生利用课余时间完成，也可以在课堂中组织学生，通过师生讨论、实验探究等活动来完成。通过项目为学生设置驱动问题，创设解决问题的情境。同样，在解决问题中接受知识、训练技能。

《电路的基本连接》的教学目标是了解串、并联电路的连接方式和电路的基本特点。内容虽然比较简单，而这一节却是电学教学的起点，学生的学习效果直接影响着后续的电学学习。如果按照常规，按部就班、照本宣科地在课堂之中完成教学内容，学生就会感到枯燥。假如根据项目学习的要求，为学生设计“探究家庭电路连接方式”的任务，组织学生开展科学探究学习，旁敲侧击地逐步实施教学目标，那效果就会截然不同。（如表3－3所示）

表3－3　《电路的基本连接》项目学习环节一览表

学习环节	教师活动	学生活动	课程资源
项目导入	示教板创设情境，项目导入： 1. 教室里同时亮起、同时熄灭的两盏灯，你认为是怎样连接的？ 2. 你觉得教室里的灯和电扇等应该怎样连接才合理呢？画出电路图。	观察、思考、讨论，提出猜想，尝试设计电路。	制作示教板
项目设计	先启发学生探究：怎样让两个小灯泡亮起来？你有几种接法？怎样控制？请学生画出电路图。	学生设计电路图并将大家设计的电路图贴在黑板上展示，交流评价。	
项目实施	1. 组织大家分析学生展示的二灯发光电路图，指导学生对电路分类，启发学生自主建构串并联电路的概念。 2. 提供器材，指导学生对这两种电路进行实验探究，探究电路特点及开关的作用。 3. 小明房间内两灯的连接电路应该怎样设计才合理？	1. 学生展示两灯发光的电路图和实验电路板。 2. 分别对两种电路进行实验探究。总结电路特点和开关的作用。 3. 完成项目任务，小明房间内两灯的连接电路应该怎样设计才合理？画出电路图，进行展示交流。	实验器材、多媒体环境、实物投影仪等
项目展示	1. 组织学生展示吊灯和壁灯的设计电路。 2. 启发学生总结串并联电路的电路特点及开关的作用。	1. 学生展示连接的电路。 2. 总结串并联电路的电路特点及开关的作用。	多媒体课件、实物等等
项目评价	结合学生的展示，在学生自评和互评的基础上，教师适时进行点评。	学生在展示阶段性学习“产品”时，进行自评和互评。	

教学案例:《电路的连接》(苏科版九年级物理上册 § 13.2)

1. 提出问题(项目导入)。教师按下教室里照明电路的一个开关,发现两盏电灯一起亮了;再按一下开关,又发现两盏电灯同时熄灭了。教师就这个日常生活中司空见惯的现象提出问题:这几盏电灯之间是怎样连接的?

2. 让学生猜想并设计电路(项目设计)。学生分组设计两盏连接电灯的电路图。接着学生把设计好的电路图展示出来(如图 3-4 所示),进行交流。

教师指导学生根据电路的连接特点把电路分成 A、B 两套方案,引入"串联电路"和"并联电路"的概念。教师提出驱动问题:教室里的电灯连接究竟采用哪种方案?指导学生设计实验方案。

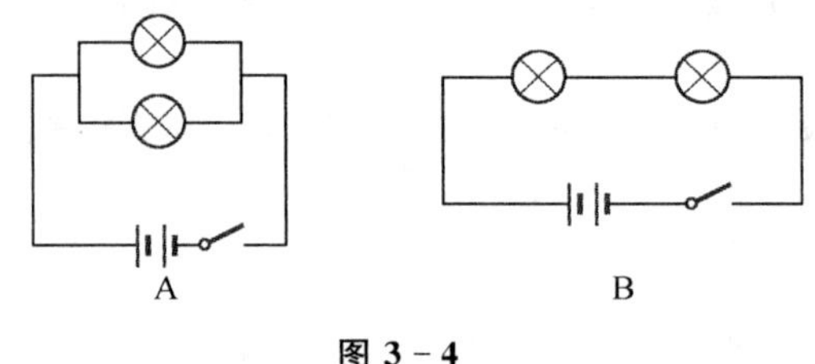

图 3-4

3. 探索研究(项目实施)。给学生两盏小灯泡、干电池、一把开关和若干导线,请学生根据他们设计的电路图,并连接实物进行探究。看一看两种连接方式在控制电灯亮起与熄灭时各有什么特点?

4. 展示成果(项目展示)。学生不难得出探究结论:教室里电灯的连接是并联。同时,教师请学生把自己探究的结果和理由写在纸上,粘贴在黑板上,然后进行分类,归纳两种电路的特点。

5. 拓展训练(项目评价)。提出问题:教室里灯与灯、灯与电扇、家里各种家用电器之间以何种方式连接?

(由作者本人提供)

在本课例中,教学首先始于一个真实的生活情境:教室中的两盏日光灯能用同一个开关控制,同时发光,又同时熄灭。基于这样的事实,提出了真实的探究任务:这两盏灯是怎样连接的?由此组织学生开展基于小组合作的项目探究学习,通过对两灯发光的电路进行理论设计和实验探索,在活动中发现并体会串、并联电路的特点,发现两种电路中开关的不同作用,最终应用所学知识完成项目任务,同时也达成了教学目标。这种以真实的任务情境为载体的项目学习方式,极大地调动了学生的学习兴趣,创新了学习方式,突出了学习的自主性和实践性,学生在活动中利用自己的经验和已备知识去接受新知识、成长新经验,移花接木地实现学习目标,不但能提高学生的学习兴趣,而且还能帮助学生深刻理解知识、牢固掌握技能,也在潜移默化中培养了学生积极探索并解决实际问题的能力，让物理学习更具深度学习的特质。

3.《美丽的西双版纳》项目学习课例

《美丽的西双版纳》是一篇充满民族风情的游记。作者以生动的笔触描绘了西双版纳神奇、秀丽的自然风光和质朴意深的民俗风情，向我们介绍了西双版纳的自然景观和人文景观，字里行间流露出热爱祖国美丽风光和少数民族文化的思想感情。本文是一篇培养学生审美情趣、提高审美能力的自读课文，在第四单元中占有举足轻重的地位。它能让学生感受到本单元"江山多娇"的同时，进一步体会本单元人文教育的情怀。在教学中可以通过自主、合作、探究学习，让学生体会富有感情色彩的语言，培养学生体验美、品味美、表现美的能力，增强保护美的意识。更重要的是引导学生领会文章用小标题巧妙布局的写法。本文紧扣题目中的"美丽"二字，描写了西双版纳的自然景观和人文景观之美，五个小标题从不同角度展现了西双版纳的美。教学时可以引导学生先从总体上寻找美丽，再围绕小标题带领学生欣赏、感受美丽，和作者一起身临其境，去了解享受着自然之美和创造了人文之美的傣家人的生活情趣、宗教信仰、人生态度，去享受本文饱含感情的、生动形象的语言。

教学案例：《美丽的西双版纳》（苏教版八年级上册第四单元的第四篇课文）

【教学目标】

1. 学习本文截取事物状态中最鲜明的片段用小标题构建文章的方法及好处。

2. 感受西双版纳自然景观和人文景观的美丽，体会作者热爱祖国美丽风光和少数民族文化的思想感情。

设计说明：本课安排在初中语文（苏教版）八年级上册第四单元《小石潭记》《记承天寺夜游》和《阿里山纪行》之后，且注有"⋆"，建议为略读课文。另外本课与前面3篇古今游记的不同点很明显：一是用小标题来结构文章；二是课文所写西双版纳的重点已经在题目中明示。因此，教学时要考虑自主阅读的安排和本文的个性特点来组织教学。据此把教学目标预设为：重点是理解小标题构建文章的方法与好处，难点是感悟西双版纳自然景观和人文景观的美丽。

【教学过程】

一、项目导入

1. 播放音乐《有一个美丽的地方》，感染学生的情绪。

2. 出示本堂课项目学习任务。

项目任务一：请你给文中的小标题重新排个序，并且说说这样排序的理由。

项目任务二：用自己喜欢的方式读出西双版纳的"美丽"来。

设计说明：此两个项目学习任务，就是把教师根据教学内容确定的教学目标转化成为学生学习的项目任务。这是项目引领学生学习的关键所在。

二、项目设计

1. 学生拟定完成项目任务的方法,然后简单交流。

2. 师生大致统一完成学习任务的方法,并且适当板书。

完成任务一的具体要求:

(1) 阅读法:读课文,理清各小标题下的内容。

(2) 交流法:同学间交流对内容的理解。

(3) 比较分析法:重新排序小标题,并说明理由。

完成任务二的具体要求:

(1) 阅读批注法:用自己喜欢的方法再次阅读课文。

(2) 找出文章中体现出“美丽”的词语、句子、片段等进行批注。

设计说明:完成项目任务的方法由学生自己来设计确定,有助于唤起学生自由下水的激情,同时真正发挥出项目学习的优势:项目引领。学生会在项目任务的引领下想方设法找到下水的路径,规划出完成任务的方法。而且在过程中会有意或无意地把学习内容和项目任务链接起来。

三、项目实施

(一)学生自主合作,教师适当提示,完成项目学习任务一。

1. 活动环节一:学生自主阅读课文,教师适当提示批注。

2. 活动环节二:同桌交流;教师巡视点拨,提示归纳小标题下叙述的内容。

3. 活动环节三:小组互动;记录下小标题排序的顺序以及这样调整顺序的理由。

(二)教师提示,学生品读探究,完成项目学习任务二。

1. 活动环节一:师生合作,用阅读批注法,读出文章第一段是如何写出西双版纳的“美丽”来的。教师提示:

(1) 师生齐读第一段文字。

(2) 提示哪些词语或句子点出了西双版纳的“美丽”,并且在原文处批注。

(3) 学生合作后交流。词语如:神奇秀丽、心驰神往、梦、醉人的暖风;句子如:有一个美丽的地方,那里彩云在飘荡;观热带雨林,涉澜沧碧水,登傣家竹楼,拍下了一张张珍贵的图片,留下了一串串彩色的记忆。

2. 活动环节二:教师提示项目任务。

(1) 回味小标题,探究作者是怎样突出西双版纳“美丽”的。

(2) 品读每一部分,探究作者是怎样写出西双版纳的“美丽”的。

提示:可以从词语方面探究,也可以从句子方面探究,还可以把握片段或细节方面探究,更可以从运用的手法方面探究……

设计说明:项目实施的过程是学生充分下水的过程。因而项目任务一,除了教师的适当提示外,应完全放手让学生自主合作交流着进行,最终形成成果“给文中的小标题重新排个序,并且说说这样排序的理由”即可。而项目任务二,其实是本文学习的难点,所以教师与学生一起先完成第一段的阅读批注,然后再围绕项目任务引领学生下水。

四、项目展示

班级分组交流,依次展示项目学习的成果;教师适当板书有关交流内容,便于学习重点和难点的归纳。

(一) 第1、2组侧重展示项目学习任务一的学习成果:给文中的小标题重新排个序,并且说说这样排序的理由。(重点环节)

1. 根据第1、2组学生的交流情况,互动统一下列认识(即学习成果要点):

要点一:就小标题内容而言,可排列为:高高望天树、悠悠野象谷、妩媚傣寨水、竹楼映蓝天、笑对生与死。理由是:作者先写西双版纳的自然景观"望天树""野象谷"和"傣寨水",再写西双版纳的人文景观"竹楼"和"笑对生死"。

要点二:就每部分过渡语句而言,可调整为:高高望天树、悠悠野象谷、竹楼映蓝天、妩媚傣寨水、笑对生与死。理由是:"悠悠野象谷"部分开头有句:"西双版纳还有一个吸引人的地方,就是热带雨林中的野象谷。"其中的"还"似乎是承接上文的"望天树"景区而写的,所以把"悠悠野象谷"提到前面。

要点三:就每部分所写内容而言,可排列为:高高望天树、悠悠野象谷、竹楼映蓝天、妩媚傣寨水、笑对生与死。理由是:各个部分都可以独立成章。

2. 最后归纳,厘清本文所写的内容、文章的结构以及这样结构的特点和好处。

通过对小标题的排序活动,我们基本上厘清了本文所写的内容。假设本文没有小标题提示每一部分所写内容的话,读者也许会感到文章所叙写的内容交叉错杂,有条理不清之嫌;正是由于小标题的醒目显示,文章截取的鲜明画面内容才能比较清晰地呈现在读者面前。所以用小标题结构文章的好处是:(板书)化繁琐为简单,化错杂为清晰。

(二) 第3、4组侧重展示项目学习任务二的学习成果:读出题目中明示的重点即西双版纳的"美丽"来。

1. 学生展示内容。(依项目活动任务顺序交流)

要点一:小标题中的词语:高高,突出了"望天树"的外形之美;悠悠,突出了"野象谷"的和谐之美;妩媚,给"傣寨水"以灵动之美;竹楼映蓝天,给人以相映成趣之美;笑对生与死,给人以人性之美。

要点二:文中的词语:(略)

要点三:文中的句子:(对文章的比喻进行评点即可)

例如:"竹楼外形像一只孔雀,又像一顶巨大的帐篷遮掩于蓝天绿地之间。"这句连用两个比喻来形容竹楼,不仅形似,给人以美和舒适之感,而且切合西双版纳孔雀多、气候炎热的实际。

要点四:运用的手法:(找出文章运用对比手法之处评点即可)

例如:"悠悠野象谷"中野象的恐怖和大象表演的乐趣形成对照;"妩媚傣寨水"中男人粗粗打谷和女人细细打谷的对照,成功地把西双版纳的自然景观和人文景观表达了出来,突出其"美丽"的特征。

2. 最后归纳：突出文章叙述和描写的重点，可以综合运用精炼的词语、生动的比喻、鲜活的片段和对照等手法。

设计说明：此设计中的要点，只是教师的预设而已。俗话说“春江水暖鸭先知”，项目展示的环节就是要让学生将下水后悟到的“水暖”说出来，把做成的项目成果充分地展示出来。教师只是在学生展示的基础上，归纳出课文内容的学习重点和难点，从而实现教学目标的真正达成。

五、项目评价

1. 拓展练习：这种用小标题结构的方法更适用于用截取法所写作的文章，请自主给初中语文第八册上册《我的母亲》所截取的4个片段各拟一个小标题。

2. 课外练笔：写一篇游记类的文章。要求：①文中用小标题结构；②全文围绕一个重点进行叙述和描写。

设计说明：全体学生在项目引领下下了水，但是不是全部真正知道了“春江水暖”呢，可以让学生运用做项目过程中悟到的知识要点进行拓展练习和课外练笔。拓展练习在于检测项目任务一的学习成果；课外练笔侧重于检测项目任务二的学习成果，也兼顾了任务一的学习成果。同时，这样的设计有助于学生再次下水，巩固项目实施和项目展示中学到的知识要点和学习方法。

【教学反思】

教师把根据文本特点而确定的教学目标优化成为项目学习任务，有助于引领学生下水，其优势是明显的。

1. 项目引领，有助于唤起学生自由下水的激情

说实在点，我们的教学有时确实有赶鸭子上架之嫌，结果呢，学生很是无奈，自然没有兴趣可言。而用项目任务来引领一下，有助于唤起学生自由下水的激情。上述设计的第一个项目任务，看似很简单，学生容易切入，适合于自由下水，让他们能用自己喜欢的方式方法自主学习，有助于学生把课文当作畅泳的地方，自觉地走进课文，走进西双版纳。可见项目引领学生下水比赶着学生上轿的味道要好上千倍。

2. 项目引领，有助于提升学生下水探究的品质

探究是一种重要而有效的学习方式和学习能力。那么如何引领学生进行探究呢？实践告诉我们：项目引领，把教学内容优化设计为项目学习任务，有助于支持学生进行真实的探究，提升学生下水探究的品质。案例中，第一个学习任务就是把本课教学内容的重点作为项目任务提出，让学生自己去探究完成，而学生在项目任务面前就必然会思考下列问题：原文小标题的顺序为什么要这样安排？我为什么要这样调整顺序？同学们又为什么要那样排序呢？诸如此类的问题思考，其实就是一场多向的探究活动，其过程必将使学生对原作内容和教学重点理解深入而深刻，这样的探究自然是真实的、有效的；如果长久坚持，必将真正形成一种一生有用的能力，探究的品质自然提升了。

总之，本课教学设计尝试着赶鸭子下水的教育，力求用项目来引领学生下水。

（由胡阿生、吴春梅老师提供）

“深度学习”是一种学生基于理解的学习，强调学生批判性地学习新知识、新技能，学习科学方法，并把它们纳入自己的认知结构中，将已有的知识、技能、方法迁移到新的情境中，从而解决实际问题。学生在生活中“碎片化”学习积累的经验或者提前学习的知识，不仅是教学的起点，也是组织课堂教学的重要课程资源。即便学生“有备而来”，教师应该用自己的教育智慧，设计曲折而有趣的真探究过程，在慢教学中让学生自主发现科学规律，而不能轻而易举让他们“挥之即去”。首先，以任务驱动为核心的“项目学习”，知识呈现的程序不再是学生心里预设的，就能吸引学生的注意力，激活学生的思维活动，将事前碎片化习得的知识与技能迁移到新情境中来解决新问题。其次，项目学习能满足初中生好表现、好争论的年龄特征，在学习过程中能让他们充分体验成功感，从而促进学习兴趣的持久保持。再次，在合作互动中，学生在知识与技能上的差异成了重要的教学资源，学习伙伴的重要作用得以有效发挥。身边榜样的力量是无穷的，学生可以相互学习，以他们自己的理解方式和训练程序与同伴交流，经验彼此影响，学习变得更有意义。同时，伙伴间在合作学习时，相互之间更易形成观点的碰撞与争鸣，更利于培养学生的质疑和思辨精神。最后，项目学习让教师成为学生发展的引领者、学生学习的促进者和学生成长的服务者，教师角色的变化使得教与学双边互动更加和谐、有效。这时，课堂教学进程不再是被教师的预设所掌控，而是被学生学习的兴趣、质疑所引领，这种“形散神不散”的课堂有效地培养并提升了学生的学科核心素养，这也正是我们需要的初中教育的良好课堂氛围。

第四节　项目学习中的人际交往

一、项目学习的交往形式

现行的初中学科教材只给出了一些教学的思路和学习的素材，项目学习把按学科逻辑安排教学程序改变为按学生认知规律安排学习内容。教材上的教学内容在项目学习中“蒙太奇”式地呈现，这就需要教师对教学资源重新进行梳理和整合。教师就需要把学生的生活作为课程建设的源泉，通过创造性劳动来设计学习项目，逐步生成和发展鲜明的课程特色，从而丰富课程内涵，达到“教师、学生和课程共同成长”的目的。

项目学习不是对现有教材的简单补充和拓展，而是对其进行全方位的整合，所涉及的不只是教学内容，还包括教学方法、教学手段等诸多教育要素。所以，在教学过程中不宜拘泥于所用的教材，不必从头到尾、按部就班地进行讲解，而是要创造性地使用好教材。首先，教师要摆脱“考什么教什么，常考常教，不考不教”这种“应试教育”下形成的施教观念。要根据教师自身教学的特点和特长，对课程有一个整体的把握，对教材有一个全面的认识，对教法和学法指导有一个完整的顶层设计和周密的教学规划。第二，要研究学生的年龄特征、学习基础和认知规律。在教学过程中，每个教学场景的创设都应由学生的学习“兴趣”所触发，教师应切实了解学生的学习需要，同时尽可能地满足学生的求知欲望。所以，教师是“导演”，他要组织和协调好整个教学活动；教师也是“剪辑师”，课程的生成就是看教师怎么去“剪取”（选择、融合教学素材），怎么去“编辑”（有效呈现教学过程）。作为教学的引导者，教师应千方百计地让学生在自己感兴趣的场景中体验学习的愉悦，在乐学中掌握知识、发展技能、培养学科关键能力，从而全面提高综合素质。假如我们把课程比作一棵大树，那么国家课程标准就是树干，而教师创造性的劳动和学生主动的学习就是在为这棵大树添枝加叶。只有融入了教师创造性的劳动和学生主动的学习，学科课程才会永远保持旺盛的生机和活力。

项目学习过程就是在真实的情境中展开合作学习的过程，所以，教师在教学过程中要充分调动学生的大脑、双手、眼睛、嘴巴，要给予学生动手操作、动脑思考、用眼观察的时间，要给予学生动嘴表达自己感受、质疑、见解的机会；要让学生在课堂上多角度、全方位地感知知识，多种感官参与交流，互相协调，提高教学效率。要达成目标需要注意以下几点：一是把传统教学手段与现代化教学手段和谐地结合起来。优化传统媒体、传统方法，适时、适度地运用现代媒体，让教学手段正确服务于教学目标。各种媒体在课堂教学中协调运用，发挥最佳效益。手段毕竟是物化了的东西，但是，启发式教学的传统法宝不能丢弃，让它在教学过程中发挥应有的作用，教师必须重视诱思和启发，任务引领和问题驱动是项目学习的最基本的策略和方式。二是让学生多动手实验（践），自悟知识。项目学习的核心就是学生利用原有的知识、技能和经验去解决实际问题、制作实用产品、完成现实任务，在活动过程中接受新知识、掌握新技能、积累新经验。所以，学生动手试试、动脑想想、动嘴议议绝不停留在“百闻不如一见，百见不如一试”的境界上了，它不仅是项目学习本身形式上的需要，而且也是学生积累成长经验、构建有意义学习的需要。三是给学生更多的话语权力，让他们多发表意见，学会思辨，敢于质疑。传统的课堂上，教师是知识的化身、教学的权威，学生在被动中接受知识，在教师的训斥下学习和训练技能。而项目学习的主体是学生，主要方式是学生的自主合作学习。给学生话语权，就是让学生把学习中的体验和见解表达出来、表达清楚。这不仅仅是项目学习本身的需要，也是学生言语能力培养的需要，更是学生主体地位是否真正落实的标志。设想：如果学生连说话的权利都被剥夺了、被压制了，那么还有什么自主学习呢？四是改变教学组织形式。项目学习改变传统的授课方式，学生从静态的学习变成动态的活动，这就迫使教学的组织形式要变革，以适应新的学习方式的需要。比如变教室为“工作坊”、变实验室为教室等，教师要全身心地深入到学生中间，缩短教师与学生、学生与学生的距离，这样才能真正建立起师生、生生交流互动的平台。

二、项目学习的伙伴影响

在教学多边活动中，教师虽然不是教学的主体，但教师是教学的组织者、指导者、参与者，对教学起着关键的主导作用。教师的主导作用与学生的主体作用并不矛盾，教师在教学中不能忽视学生在学习能力、生活经验和原有学习基础上的差异，这些差异不是组织项目学习的障碍，相反是学生进行自主学习的资源。教师可以根据学生的智能优势和学习水平上的差异分配不同的学习任务，根据经验上的差异安排学生在项目学习过程中担当不同的角色。教师不能忽视所谓的“学习困难生”，要确保学生在学习过程中，人人都有事干，事事都有人干，每个学生都有成事的可能。（如表 3－4 所示）

表 3－4　项目学习各环节中教师与学生的角色对应表

学习过程	教师角色	学生角色
准备项目	教师整合现有教学资源，形成学习项目。	组织学习小组。
导入项目	1. 教师结合学生的兴趣和能力，指导学生选择项目。 2. 根据学生学习能力和学习基础提出修订建议，让学生明确学习目标。 3. 指导学生分解学习任务。	1. 学生根据自己的兴趣和爱好选择学习项目。 2. 根据教师的建议调整、修改学习项目，明确学习目标。 3. 分解学习任务，明确小组成员的职责。
设计项目	检查学生制定的项目实施方案和学习计划，提出合理化的建议。	制定、修订项目实施方案和学习计划。聘请指导教师（可以是任课教师，也可以是其他老师，甚至可以是高年级的同学）。
实施项目	教师检查计划落实情况，针对学生学习中的疑问进行答复，提供学习方法、手段等建议，供学生参考。	学生按照学习计划和项目实施方案开展自主合作学习。
展示项目	教师帮助学习梳理新知识、训练新技能。	学生交流活动结果、呈现学习成果。
评价项目	教师提供评价标准和评价方法，组织学生自我评价和组内互评、组间互评。	学生进行自我评价和相互评价。

项目学习的课堂应该像“师傅带徒”一样，教师在跟学生一起“干活”（活动）中把要领告诉给学生后，其余的“工作”就可以放手让给学生。充分利用学生的能力水平和知识背景的差异，通过有经验的学生带领经验相对贫乏的同学，一起来完成学习任务。当学生有解决不了的问题时，才会由“师傅”出面点拨。教师的工作在整个教学过程中起到统筹全局、暗中引导、画龙点睛的作用。著名的学习金字塔理论（如图 3－5 所示）告诉我们，基于做中学、讨论和学生教学生的项目学习是真正的主动学习，也符合深度学习的特征，学习有效性好。事实证明，这种学生教学生的教学方式，其成效要大大高于教师居高临下地教学生，因为当学生把知识和技能传授给同伴时，他也把认知的策略一同传给了同伴。

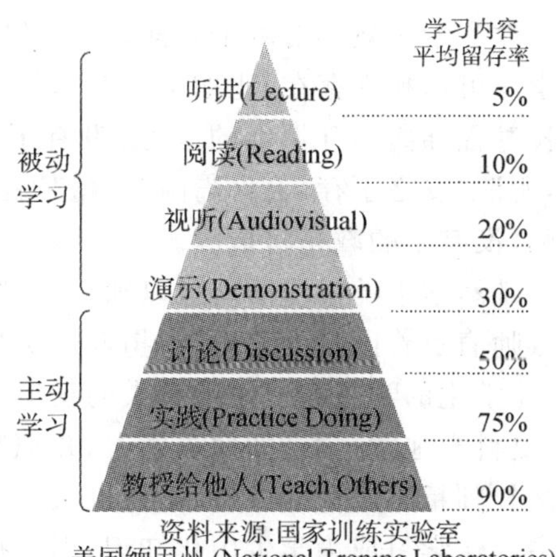

图 3－5　金字塔理论模型

第四章　伙伴＋教学:小组合作分层教,伙伴一起学

教学是由教师的教和学生的学所组成的一种人类特有的人才培养活动。通过这种活动,教师有目的、有计划、有组织地引导学生学习和掌握文化科学知识和技能,促进学生素质提高,使他们成为社会所需要的人。

教学在人类文明的传承与发展中起着非常重要的作用,不但要向学生传授系统的科学知识,训练学生形成基本技能、技巧,发展学生的智力和能力,而且还要培养学生正确的世界观、价值观和人生观,形成良好的道德品质;同时还要促进学生身心健康和谐发展,培养学生正确的审美观点和鉴赏美、表现美、创造美的知识和能力。一句话来概括,教学是学校的核心工作。

第一节　"伙伴＋"育人视域下的教学观

教和学是教学的两个方面,包括教师的教授和学生的学习。没有教师的教授,学生的学习可以独立存在,比如学生个体的自学和学生群体的自主合作学习;但是,教师的教授过程却离不开学生的学习,没有了学生的学习过程,教师的教授就没有任何的意义,所谓"皮之不存,毛将焉附"。从某种意义上说,教学与买卖相类似,没有买的卖是空吆喝,没有学的教是瞎折腾。

既然学生的学习活动可以独立于教而存在,那么为什么还需要教师的教授呢?一是教师肩负着国家的意志,承担着落实"培养什么人?怎样培养人?为谁培养人?"的重任,让学生的学习走上铸魂育人的正道。二是教师的教授能促进学生更好地学、更快地学、更科学地学,学会如何去学习,并把知识与技能转化为学生的关键能力和必备品格。三是教师精心设计学习过程,促进伙伴交往,相互激励,相互促进,使得发生在学生中的自主合作学习成为学生内化知识、训练技能的最有效的方式。四是教师在教授过程中,其思想品德、行为习惯、处世态度等默会知识将潜移默化地影响学生的成长。所以,不管是学生的个体自学还是伙伴的自主合作学习,有了教师的指导和引领,学习的效率和效果都会大大提升。

学生的学习是从现有的学习基础开始,通过教学活动,使其知识、技能、情感、态度、

价值观发展到一个新的水平的过程，这个新水平我们称之为预期目标。学习基础与预期目标之间的空间，就是学生的发展区。基于学生的学习基础，教师每堂课都要设置预期目标，教学过程就是学生从一个“楼层”跃上另一“楼层”的过程。有的教师可能完全不顾学生的学习基础，设置他心目中的“预期目标”，全然忽视在“发展区”内学生的主观能动作用，独自站在楼上把学生一个个“拽”上楼来。这种教学方式就是我们常说的“教师中心说”，尽管学生在知识与技能上达到了新的水平，但是没有一个“自主攀爬”的过程，对于孩子身心健康和谐发展以及终身学习是不利的。如果预期目标设置太低，学生通过个体自学和伙伴合作学习就能达成，“学生跳一跳才能摘得到果子”的教学不能有效实施，未能充分发挥教师的主导作用，这样的课堂也是低效的。因此，课堂教学缺失了学生的自主学习是没有意义的，但如果只有学生的自主学习，少了教师的启发指导也是低效的，“伙伴＋教师的帮助”才是课堂互动最理想的状态，才是保证课堂教学效益的基础。因此，教师在教与学双边活动中起着关键作用，在学生的全面发展过程中发挥着不可替代的积极影响。

每堂课的预期目标不能照搬《义务教育学科课程标准》。课程标准是这门学科在初中学段最后需要达到的目标，所以一堂课的预期目标实质上应当是教师将课程标准分解成阶段性教与学的目标。学生都是带着自己的经验进入课堂的，因此教师在设计每堂课的目标时，要认真分析学生的知识背景和生活经验，据此设计教学路径。大家都已经知道的知识和都已经掌握的技能，教师就不需要再啰嗦。比如，九年级物理《磁体与磁场》一节中，关于磁体的性质等常识性内容学生已经在小学《科学》中学过了，教师就可以少讲或不讲，而是改为让学生中间有经验的、有一定知识积累的学生来讲。教师这时就要组织学生开展自主合作学习，通过伙伴的积极影响，让学生在互动中自行达成学习目标。而对于本课中抽象的“磁场”概念，学生没有经验，磁场看不见、摸不着，又是一种客观存在的物质，这对于他们而言很难理解。这时，当前学习的知识与技能几乎是全新的，这就需要教师充分发挥自己的“关键作用”，设计探究活动，寻找科学证据，为学生的学习搭建“脚手架”。所以，教学是一个研究学生的过程，“以学定教、因材施教”的真谛就是在“吃透”学生学情的基础上实施“精准教学”。

现代社会媒体高度发达，碎片化的学习时刻发生，学生接受知识的渠道丰富，耳濡目染的常识已经成为学生生活经验的一部分。其次，家长对孩子的教育越来越重视，一些孩子参加各种培训班学习，进课堂前已经有了较为完备的知识储备。再则，义务教育实施三十年来，学校课程体系建设越来越完备，教育质量越来越高，前期的学校教育为后期的教学或多或少打下“伏笔”、埋下“种子”，等等。因此，学生的生活经验、知识经验和操作经验就成为教学的重要课程资源，学生间知识与技能的差异就成了学生学习的重要资源，特别是伙伴间的默会知识能够在互动过程中潜移默化地影响彼此的思维、态度、行为和价值观，这就为学生的自主合作学习和积极地发挥伙伴影响力提供了有利条件。

1. 关注学生经验。学生都是带着经验进课堂的,教师要充分相信学生的智慧,相信每个学生都有智力强项,都有知识背景,每一个学生都是课堂教学信息源,都可以当“小老师”。我们教学的起点基于学生的经验,落脚点是改造和发展学生的经验,为每一个孩子搭建展示自我的平台。

2. 丰富学习过程。教学过程不能太简单,课堂应该是充满情趣的。这种情趣不是在学生与成年人之间的互动过程中体现的,而是在同龄伙伴的交往中呈现的。过程简单往往枯燥无趣,形式多样常常会趣味深长、耐人寻味。简单对应的就是“复杂”,这种复杂绝对不是把知识弄深、弄难、弄繁,而是把过程搞新、搞活、搞精。所以,一是要让学生享受学习过程;二是在与学生的交往中,教师也要放下身段,做孩子的“伙伴”,拥抱童真、共享童趣。

3. 设置合理目标。在一堂课上要达成《课程标准》中的所有要求是不现实的。能将课程目标分解成课堂教学目标,把课堂教学目标转化为学生的学习目标,不仅是成熟教师的基本技能,也是教师智慧的一种重要体现。

4. 选择适切方法。没有一种教学方法是最好的,正如世上没有包治百病的灵丹妙药,也没有可以解决课堂教学一切问题的绝佳方法,有效课堂必定是多种教学方法的优化组合。用一种课堂教学模式统领一门课程的教学,规范一所学校的课堂,乃至成为一个区域的教学“特色”,这无疑是在抹杀教学工作的创造性,做违反教学规律的“蠢事”。教学不是“依葫芦画瓢”式的简单重复劳作,而是教师的一项创造性劳动。

5. 何谓先学后教。先学后教不能等同于预习后的教学。教学,需要一定的“神秘性”,赤裸裸的知识呈现无法激发学生学习的热情和兴趣。“先学”应该定位于教师对学生已有生活经验和知识技能的把控之上,通过课堂情景的创设帮助学生唤醒回忆,将这些生活经验和知识技能转化为教学的资源,促进伙伴影响,从而提高课堂效率。

第二节　伙伴＋合作学习

合作是指两个或两个以上的个人或群体,为了达到共同的目的而在行动上相互配合的过程。小组合作学习是在班级授课制背景下的一种教学方式,即在承认课堂教学为基本教学组织形式的前提下,教师以学生的学习小组为重要的推动形式,通过指导小组成员开展合作,发挥群体的积极功能,提高个体的学习动力和能力,达到完成特定的教学任务的目的。小组合作学习改变了教师垄断整体课堂的信息源而学生处于被动地位的局面,从而使学生的主动性、创造性得以充分的发挥。

一、小组合作学习的流程

“小组合作学习五步法”课堂教学范式,即“互查自纠、合作探究、分享点拨、梳理归纳和训练应用”五个环节。学校对五个教学环节提出了基本要求,各学科结合自身特点和学生、教师的实际情况拟定了一些课堂教学的规范和要求(如表 4-1 所示)。同时,各学科形成每堂课的“前置学习任务单”或课堂学习“说明书”等教学资料,告诉学生:学什么?怎样学习?

表 4-1 课堂教学师生活动基本要求

要求 环节	学生活动		教师活动	
	基本要求	学科要求	基本要求	学科要求
互查自纠	1. 每组设一位学科代表,由每组科代表负责检查任务单,并将检查中学生出现较多的问题或疑问提交给老师。 2. 小组组长组织组员讨论任务单完成过程中错误的地方,并纠正错误。		1. 教师应指导各组科代表如何批改任务单,并指导他们将出现的问题和提出的疑惑罗列出来,教师根据这些问题展开教学。教师根据各组成员完成情况打分。 2. 教师观察巡视各小组开展情况,并对各组的纪律和完成效果打分。对各小组中纠错的情况予以了解。	
合作探究	1. 质疑:各小组提出前置学习中出现的问题。 2. 析疑:其他小组成员进行解答、补充。 3. 归纳:总结本小组已解决的问题和未解决、准备提出交流的问题。		1. 教师对主要问题进行归纳总结。 2. 教师根据学生展示中提出的疑问完善教学内容。 3. 教师对学生回答中出现的问题进行补充、点拨,进一步完善明确。	
分享点拨	1. 每组组长根据小组讨论的结果安排两名组员参加上台展示汇报。 2. 展示学生可板书问题、习题呈现答案;可进行问题讲解;可做实验;可与其他同学进行互动。 3. 其他小组同学可就提出的问题进行答疑、补充或提出新的问题。		1. 教师按照任务单完成情况和纠错情况安排每一小组一次上台讲解相关内容的机会。根据回答的情况以及参加展示的学生情况予以打分。 2. 在学生展示过程中做好各小组的衔接工作,并及时调整探讨问题的方向,并及时点拨评价。 3. 教师点拨评价要兼顾做展示的个人及小组整体,并及时打分。	

续表

要求 环节	学生活动		教师活动	
	基本要求	学科要求	基本要求	学科要求
梳理归纳	1. 小组成员根据本课所学内容进行梳理，梳理要体现一定的知识结构。 2. 要把各部分内容中典型的方法做好归纳整理。 3. 做好典型题型的归纳工作，并通过比较、体会，整理出各种类型题目的常用解题方法和思路。		1. 老师要帮助学生学会概括、归纳、整理，对学生梳理过程中的遗漏要及时补充。 2. 尽可能通过板书或知识结构甚至是思维导图将本节内容进行组块，让学生获得的是有一定联系的知识板块。 3. 对学习重点和难点再次予以强调，对解题方法的步骤要进一步明晰。	
训练应用	1. 在课堂上结合所学内容进行一定程度的训练，达到巩固所学内容、形成一定能力的目的。 2. 课后要进行相应的能力应用训练，适当地拓展思路，进行举一反三的能力迁移。		1. 教师给予学生时间做当堂训练。并对学生讲解给予指正和完善。 2. 教师对学生的课后训练作业要有一定的分层性，满足不同层次水平学生的发展要求。	

二、小组合作学习的整体要求

组织“小组合作学习”并不是一件简单的事，第一个要做好的事情就是科学、合理、有效地组建学习小组。

1. 组内异质，组间同质

合作学习小组是一种新型的结构、功能联合体，通常由 6 名在性别、学业成绩、个性特点等方面具有异质性的学生组成，尽可能地使小组的组成体现一个班级的缩影。由于在每个小组内体现了合理差异，从而在全班各个小组之间组成了一个大体均衡、可资比较的小组联合体。组内异质保证了组内各个成员之间在各方面的差异和互补，为学生与学生之间的互助合作、取长补短和优势互补奠定了基础，有利于大家从不同的角度看问题；而组间同质又为全班各个学习小组之间在同一起点和同一水平上展开公平、合理的竞争创造了条件。

2. 任务分割，结果整合

教师在各课时要做大量的课前准备工作，要了解学生特点，吃透教材，对是否进行小组合作学习进行正确的判断。要对合作内容、自主学习、环境氛围、交流反馈、评价激励等各个方面进行系统的设计，特别是在小组合作学习的讨论时，要把握教材的重难点，有针对性地讨论，为了避免讨论成为学优生的个人表演，可以丰富讨论的形式。

在小组合作学习中,一方面,每一个人都必须为自己的学习负责,小组学习成绩的优劣与个人是否尽责密切相关。小组合作学习将小组的学习任务分解到个人,或者将全班任务先分解到小组、小组再分解到个人,使每个小组成员都承担了小组任务中的特定部分,一个人完不成自己承担的任务,不仅会影响自己的成功,而且也会给整个小组或全班的任务完成带来不利影响。另一方面,在小组的学习目标结构中,小组成员之间在学习内容和学习结果上有很强的相互依赖性。全体小组成员会形成一个"利益共同体",在这个共同体中,一个人的成功并非真正的成功,只有在小组的其他成员也达到学习目标的情况下,整个共同体才能达到目标。这样,小组合作学习改变了传统的课堂教学中单一的"输—赢"关系,在小组成员之间产生了"大家为一人,一人为大家"的"荣辱与共"的积极互赖关系。因此,在小组合作学习中,学习成绩好、能力强的学生在自己掌握了学习内容之后,就会积极地去帮助其他学生;而学习成绩较差的成员,由于集体荣誉感和自尊心的作用,也会尽自己最大的努力去学习,以保证自己所在的小组不因个人成绩的不理想而失败,从而有效地调动了全体学生的积极性和主动性,实现了资源的共享。

3. 分配角色,分享领导

在合作学习小组中,对具有优良品质的组员分配给他相应的扶助任务,即帮助一对一的帮扶对象(潜能生)。潜能生的成长优劣与对他成长优劣的评价挂钩。这样,既保证了学习小组成员之间分工明确,秩序井然,又能使个人的优势和特长得以充分利用和展示。此外,小组讨论、活动时,需要起立。完毕后,由组长呼"1、2、3"后,组员以击掌三次为信号,然后坐下。

4. 优化空间,促进交往

课堂教学中,学生课桌椅的排列方式直接影响到学生主动参与和相互合作的程度和方式。传统的课堂教学中,课桌椅的排列方式主要是一排排课桌椅朝前的"秧田式",这种课桌椅的排列方式有利于同桌的两位学生之间的交流与合作,但是再大范围的合作学习就会受到严重制约和影响。因此,小组合作学习理论认为,为了有利于学生之间的合作学习,加强学生之间的交流和沟通,最大限度地促进学生之间的相互交往和相互作用,应把班级内学生的座位以 6~8 人合组的形式摆放,使课堂从形式、氛围到组织都有利于学生开展小组合作学习。

教学案例:《欧姆定律的应用》(课堂教学实录)

一、项目导入,任务驱动

任务 1:怎样使"3.8 V　0.3 A"的灯泡正常发光

师:要使"3.8 V　0.3 A"的小灯泡正常发光,至少需要几节新干电池?

生:三节。

师:总电压是多少伏?

生:4.5 伏。

师:将灯泡直接接入电路行吗?

生:不行。

师:怎么办?

生:串联一个电阻。

师:请计算串联电阻的阻值。

生:2.3 欧。

这里的设计意图是:习题教学容易脱离学生生活和实际需要,这种去情景化的倾向让原本鲜活的物理学习逐渐失去光泽。基于这种认识,对教材内容进行重构,以项目设计的方式组织教学:出示任务“怎样使 3.8V　0.3A 的灯泡正常发光”,引导学生发现两节新干电池电压不够,三节新干电池电压又太高。这种情景很真实,且具有思维张力,学生就会想到串联一个电阻,然后进入电阻的计算,比单纯地做一道习题更能激发学生的计算兴趣。

本任务对学生知识维度的要求是掌握串联电路电压和电流的特点、正确运用欧姆定律的公式变式。

二、问题解决,思维进阶

任务 2:制作一个 2.3 欧的电阻

师(指着黑板上的电路):现在电源和 3.8 伏的灯泡都有了,就少一个 2.3 欧的定值电阻。

师(举起一个定值电阻):同学们有没有见过 2.3 欧的定值电阻?

生:没有。

师:同学们有没有兴趣做一个 2.3 欧的电阻呢?

生:有。

师:怎么做?请同学们观察桌上的定值电阻,它的核心部件是阻值较大的电阻丝。我们可以借鉴它的思路做一个 2.3 欧的定值电阻。

师:制作电阻的主要材料是康铜丝,参数是 6.8 欧/米,即 1 米长的电阻为 6.8 欧。同学们学习过电阻与长度有什么关系?

生:在材料、横截面积相同时,长度越长,电阻越大。

师:其实电阻与长度成正比关系。

师:2.3 欧电阻需要多长的康铜丝呢?怎样计算?

师(结合 PPT 讲解制作过程):首先用夹子将康铜丝的一段固定,轻轻拉直后在 33.8 cm的地方剪断,注意测量一定要准确。然后用砂皮去掉两端的绝缘漆,再绕在铅笔上,贴上标签固定起来,就做成了一个 2.3 欧的电阻。

接下来由学生制作电阻。

这里的设计意图是:当计算出电阻为 2.3 欧时,实验室没有这个定值电阻,自然就出现了一系列问题:怎么办?能不能做一个电阻?怎样做?这种原生态物理问题自然生成,解决问题的迫切需要也不是由教师强加的。项目学习过程中出现的问题往往具有这种特征。原生态问题一般难度较大,所以本环节注重了对学生的引导,具体体现在:以信息快递的方式告诉学生,在材料、横截面积相同时,电阻与长度成正比;通过展示实验室定值电阻的实物,让学生明白其制作方法,并将制作思路迁移到本实践活动中。

本任务是对电阻知识的复习,同时锻炼了学生的动手能力,创新能力也被唤醒,在情感目标上消除了学生对实验室器材的神秘感,利于培养学生对物理学习的持久兴趣。

三、实验验证,学以致用

任务3:测量自制电阻的阻值。

师:这个电阻到底是不是2.3欧呢?接下来怎么办?

生:可以测量出来。

师:如何测?

生:用电压表测出电阻两端电压,用电流表测通过的电流。

师:测电阻的原理是什么?或者说根据什么公式?

生:$R=U/I$。

师:请同学们设计实验电路。

投影学生的设计:

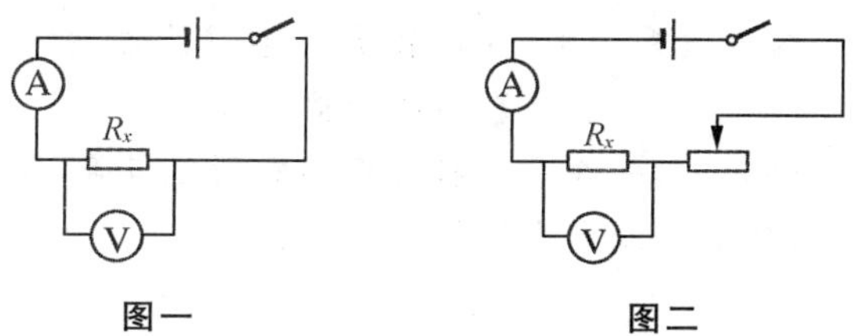

图一　　　　图二

师:这两种设计哪个更好?好在哪里?

生:第二种。滑动变阻器能改变电压和电流,可以多次测量。

师:多次测量的目的是什么?

生:求平均值,减少误差。

师:这种用电压表和电流表测电阻的方法叫"伏安法"。

由学生设计实验表格,进行实验并将数据填入表格4-2。

表4-2　测量自制电阻器阻值数据表

实验次数	电压/V	电流/A	电阻/Ω	自制电阻器阻值/Ω
1				
2				
3				

这里的设计意图是:由于有上一节探究“欧姆定律”的学习基础,在“伏安法”测电阻实验中,突出了测量原理、电路设计、表格设计的教学,舍去了实验注意事项、连接实物图等过程的引导。让学生测 2.3 Ω 的电阻,取代传统的对 5 Ω 或 10 Ω 电阻的测量。这里有两个意图:一是学生测自制电阻的阻值比测与他们无关的电阻更容易引起他们的兴趣;二是这个电阻值相对于 5 Ω 或 10 Ω 来说,能防止学生进行假测量。如当学生测 10 Ω 电阻时,第一组数据若是“1 V　0.1 A”的话,第二次测量时学生的猜想推理就会多于真正的测量,不用测也能提前猜出“电压是 2 V 时,电流为 0.2 A”,而 2.3 Ω 则可以避免这种情况,让学生不得不认真测量。

本任务主要是落实课标要求,掌握“伏安法”测量电阻的原理和方法,明确滑动变阻器的作用,知道多次测量取平均值能减少误差,在技能上要求熟练掌握电压表、电流表和滑动变阻器的综合使用。

四、教学反思、案例剖析

从教材内容安排看,这堂课只有两项内容。一是一道例题,根据分压原理,设计串联一只定值电阻器让小灯泡正常发光,计算定值电阻器的阻值;二是介绍“伏安法”测电阻的实验。这两项内容既没有关联,又都不是有挑战性的学习任务。但是,教师设计了一项动手制作电阻器的项目,并让学生想办法去测定自己制作的电阻器是否准确。就把两个没有关联的学习内容联系起来,同时提高了学习的难度。这样合作学习才能有意义地展开,学生交往才能显示出伙伴影响的价值。

合作学习是否合作得起来,关键不是看组织形式到位与否,而是看教师预设的问题有没有思维深度,设计的任务有没有挑战性。

(由白孝忠老师提供)

第三节　伙伴+分层走班

在小组合作学习中,学生互动频繁,伙伴影响得到彰显,学生知识、技能等方面的差异在互动中成为重要的学习资源。但是,当学生学习基础差异太大时,合作学习也很难得到很好的效果,因为课堂学习的各种机会时常被学习基础好的学生所“垄断”,一些学习基础相对较差的学生得不到机会,成为合作学习的“看客”。那么,怎样来克服合作学习中的这一问题呢?根据学生学习基础和学业水平,可以在一些学科教学中进行分层走班教学,让基础相当的、稍有差异的学生集中在一起学习,再由教师根据学生的实际情况组织合作学习。提出基于伙伴合作的分层走班教学主要基于以下思考:

一是素质教育的改革趋势。《国家中长期教育改革和发展规划纲要》中指出:“我们要以学生为主体,关心每一个学生,促进每个学生主动地、生动活泼地发展,为每个学生提供合适的教育,为每一个学生都能成才服务”,明确强调:“坚持以人为本、推进素质教育的根本要求,是要以学生为主体,把促进学生健康成长作为学校一切工作的出发点和落脚点”。这说明,素质教育尽管强调教育平等,但追求教育平等并不意味着不管学生的差异性,只提供整齐划一的课程和教学,而是以尊重学生的差异性、保障学生个性化的学习权利为前提的,因材施教始终是应该尊重并得以有效贯彻的基本教学原则。

二是传统教育的不合时宜。传统的学校教学模式强调教学的集体性、强制性、统一性,把千差万别的学生放在同一起跑线上,统一教学目标,统一教学进度,统一教学方法,统一考核要求。面对来自不同地区,具有不同知识水平和接受能力的学生,教师如果采取的是“千篇一律、千人一面”的教育方法,必定严重挫伤部分学生的学习积极性、主动性和创造性,限制学生的个性发展,导致各个层次的学生均不满意,基础好的吃不饱,基础差的又接受不了,甚至失去学习的信心,造成学生在学习上出现两极分化,这显然是与素质教育和新课改理念背道而驰的。

三是学生差异的客观存在。笠泽实验初级中学的学生在学习中存在基础知识状况、兴趣爱好、智力水平、潜在能力、学习动机、学习方法等方面的较大差异,部分学生偏科现象严重,表现为学生的层次多、水平参差不齐。统一编排的行政班中,一个班级里各种层次、各种性质的学生都存在,在教学过程中基本无法做到因材施教,所谓的对不同知识水平和接受能力的多层次学生进行差别化教学只能停留在理念层面。教师只能用统一的目标、进度、方法要求进行教学及考核,教学针对性差,效率低下,对学优生和学困生顾头不顾尾,不利于学生个体个性化的成长发展。

一、分层走班教学的积极意义

1. 因材施教,有利于学生的差异发展

初中教育的一项重要基础性任务就是促进学生的学习,让学生在获取知识、发展智能的同时,学会持续学习和思考、辨析、综合运用的能力。在教学实践中,学生对所学知识感知、掌握的敏感程度是不均衡的,学生在一定时期内学习能力的发展也是不均衡的。提供适合的教育,就是要实现学生差异发展的目标。适合的教育就是要因材施教、因势利导,就是要立足于人本身未来发展的需要,遵循教育发展规律和受教育者的身心发展规律,采取丰富多彩、富有活力的形式和方法,关心、关注每一位学生,让每一位学生都获得最大的提高和进步。

2. 以学定教,促进教师的教学相长

关注学生的差异,提供适合的教育,不仅仅是利于学生的差异发展,而且更有利于促进教师的专业成长。以学定教,真正体现学生的主体地位,以学生发展为本,就必须对教师提出更高的要求。要求教师更新教育教学观念,树立新课程理念,而如何将新的课程理念转化为课程实施的具体操作行为,这一任务更是艰巨。因此,课程理念不能停留在学习上、停留在口头上,必须大踏步地走进课堂、走近学生。以学定教,要求老师关注学生的"学",诸如学习动机、学习兴趣、学习内容、学习方式、学习时间、学习效果等;要求教师重新审视自己的教,诸如教学目标、教学内容、教学方式、教学时间、教学效果等。通过有效地组织对各层学生的教学,灵活地安排不同层次的教学策略,极大地锻炼了教师的组织调控与随机应变能力。分层教学本身引发的思考和学生在分层教学中提出的挑战性问题都有利于教师素养的提升和专业水平的成长。

3. 走班教学,提高课程的实施水平

分层走班制教学的实践探索,是对目前学校的高度统一的课程、基本一致的教学要求和较为单一的评价标准的一种挑战,更是上升到育人模式的转变。如何面对全面普及的基础教育现实存在和学生潜能多样性的客观需求,努力追求学生个个成才,实现学校办学多样化、教学多样性,是我们不断探索的方向。"分层走班教学"模式对学校课程体系建设、管理制度变革、办学特色形成、教师专业结构调整、教师课程开发能力等问题都提出了更高的要求,能够有效促进学校内涵和办学水平的提升。

二、分层走班的教学组织

1. 分层走班学科的确定

吴江区笠泽实验初级中学的学生中,外来务工的随迁子女占比接近 80%,这些孩子在数学和外语两科学习上的差异特别大,所以学校就首先在这两个学科中实施分层走班。一个年级十个班级,均衡编班,我们称之为"行政班",这是班集体建设的基础,是学生学习的基本组织。以五个班级为一组,每个年级分甲乙两组,每组各分 ABC 三个层次的临时班级,我们称之为"教学班"。在人们习惯思维定式中,A 等是表示最好的,C 等是最差的,我们为了保护孩子的自尊心,反其道而行之,每组中 A 层次的一个班级,是学生学业水平最低的;B 层次的两个班级,学生学业水平居中;C 层次的两个班级,学生学业水平相对高一些。

2. 教师选配和课务安排

对于 A 层次一个班级的任课教师,学校主要安排学校领导和责任心强、有教育情怀的资深教师担任,因为这些学生需要更多的帮助和鼓励,需要教师的耐心和爱心,需要教师对教学内容大幅度地进行优化和调整。如果教师缺少爱心、耐心、责任心,缺少过硬的专业素养,是教不好、管不住这批学生的。对于 BC 两个层次的学科教师安排,学校做到"两头跨":一是跨层次,即一位老师在 B 层次教一个班级,那么还得在 C 层次教一个班级;二是跨组别,在甲组教 B 层次班级,那么就得在乙组教 C 层次班级。对教师教学质量的考核采用"两比较":一是比较在同一层次中教学班级的学生学业水平;二是比较 BC 两个教学班级合在一起后的学生学业水平。这样既能保证分层教学的有效性,又能保持义务教育的公平性。甲乙两组的走班时段上午、下午"镜像"安排,比如甲组上午第二、三节走班教学,乙组就是下午第二、三节走班,一个学期后两组上午和下午的走班时段交换，这样能保证一学年中分在甲乙两组的学生，走班时段相对公平。

3. 分层走班管理考核

分层走班教学能否取得显著成效，关键在于各层次班任课教师的教学和管理。因此在配备任课教师时，要综合考虑，适人适位，并能调动每个教师的工作积极性。做到让每个学生都有可能得到最优质、最适切的教学资源，力避"好老师教好班，差老师教差班"的不当做法，防止学生对师资产生偏见和误解。

(1) 教师双岗管理：行政班与教学班并存，学生管理实行双岗管理，即行政班班主任与教学班班主任协同管理。特别要明确职责。首先要明确任课教师（教学班班主任）是教学班的核心，是教学班中教学、纪律、财物、安全管理的第一责任人。任课教师担任几个班级的教学，就相应担任几个班级的教学班班主任。对任课教师的基本要求是一岗双责：既要完成学科教学任务，又要承担起管理所任的教学班学生的责任。课后，行政班班主任负主要管理责任，与教学班班主任通力合作、信息互通。

(2) 学校对教师采用双重考核的方法：这八十名学生（以后还有定期滚动新进入的）既要回到行政班级作为考核基数，也要在临时组成的教学班级作为考核基数，对教师的教学效果进行评测、考核。

(3) 学生自主管理：相对于行政班而言，分层走班的班级称为教学班，班内设一位班长，负责教学班的班务，如上课点名、维持纪律和日常的卫生监督等工作；每个教学班各科均设多个课代表和小组长，且分别来自不同的行政班，负责收发原行政班同一层面学生的作业、加强与老师的信息交流等工作。

(4) 制度规范行为：制定相应的教学班学生守则。如要求学生自觉遵守课堂纪律，服从任课教师的管理，按指定位置就座，不迟到、不早退、不旷课，有事除向行政班班主任请假外，还要向任课教师写请假条；认真按照课时计划做好自己的课前准备工作，提前 2 分钟到达教室，下课后及时带走自己的物品离开教室；保管好自己的物品，自觉爱护所在教室的公物，公物损坏由责任人负责赔偿；认真听课，不做与学习无关的事；按时完成并上交作业；自觉认真地参加模块考试；自觉爱护所在教室的环境卫生，不随地乱吐、乱扔东西，自己产生的垃圾课后及时带走。做到走班时清理好自己的物品，保持教室环境干净。

(5) 学情反馈：每个教学班内各行政班的学生的出勤情况、听课状况由教学班班主任负责，作好记录并及时向行政班的班主任反馈，使行政班班主任及时了解学生情况，更有效地开展工作。

三、分层走班中的棘手问题

分层走班教学在实施中也产生了一些实际困难，比如，若教师在甲乙两个组任教 BC 各一个班级，虽然教育对象总共只有八九十个学生，但是这些学生来自全校这个年级的所有班级，学生来自各班，上完课各回原行政班了，这给在教学班任课的教师带来两个棘手问题,一是作业的收交成问题,二是课余的辅导难落实。怎么来破解这两大难题呢?我们最终还是发挥学生的伙伴影响力,通过学生盯学生的方式来解决。

1. 破解班级管理的难题

对于均衡编制的行政班而言,全体学生一分为五,以甲组一个行政班为例,分在A、B_1、B_2、C_1和C_2五个走班上课的教学班,相当于五个组。每个组分工,每人负责一门学科的作业收交。分工表张贴在行政班教室里。同时,分层走班上课的班级,把各班负责收交作业的负责人也列表,张贴在教学班的教室里,以备老师检查。如下表4-3、4-4所示。

表4-3　初一(1)班负责作业收交的学生名单

<table>
<tr><th>负责人</th><th>数学</th><th>英语</th><th>语文</th><th>物理</th><th>化学</th><th>政治</th><th>历史</th><th>地理</th><th>生物</th></tr>
<tr><td>A 教学班</td><td>赵一</td><td>赵二</td><td>赵三</td><td colspan="2">赵四</td><td colspan="2">赵五</td><td colspan="2">赵六</td></tr>
<tr><td>B_1 教学班</td><td>钱一</td><td>钱二</td><td>钱三</td><td colspan="2">钱四</td><td colspan="2">钱五</td><td colspan="2">钱六</td></tr>
<tr><td>B_2 教学班</td><td>孙一</td><td>孙二</td><td>孙三</td><td colspan="2">孙四</td><td colspan="2">孙五</td><td colspan="2">孙六</td></tr>
<tr><td>C_1 教学班</td><td>李一</td><td>李二</td><td>李三</td><td colspan="2">李四</td><td colspan="2">李五</td><td colspan="2">李六</td></tr>
<tr><td>C_2 教学班</td><td>吴一</td><td>吴二</td><td>吴三</td><td colspan="2">吴四</td><td colspan="2">吴五</td><td colspan="2">吴六</td></tr>
<tr><td colspan="10">注:张贴在均衡编制的行政班。</td></tr>
</table>

表4-4　甲组A班负责作业收交的学生名单

<table>
<tr><th>负责人</th><th>数学</th><th>英语</th><th>语文</th><th>物理</th><th>化学</th><th>政治</th><th>历史</th><th>地理</th><th>生物</th></tr>
<tr><td>初一(1)班</td><td>赵一</td><td>赵二</td><td>赵三</td><td colspan="2">赵四</td><td colspan="2">赵五</td><td colspan="2">赵六</td></tr>
<tr><td>初一(2)班</td><td>郑一</td><td>郑二</td><td>郑三</td><td colspan="2">郑四</td><td colspan="2">郑五</td><td colspan="2">郑六</td></tr>
<tr><td>初一(3)班</td><td>王一</td><td>王二</td><td>王三</td><td colspan="2">王四</td><td colspan="2">王五</td><td colspan="2">王六</td></tr>
<tr><td>初一(4)班</td><td>冯一</td><td>冯二</td><td>冯三</td><td colspan="2">冯四</td><td colspan="2">冯五</td><td colspan="2">冯六</td></tr>
<tr><td>初一(5)班</td><td>陈一</td><td>陈二</td><td>陈三</td><td colspan="2">陈四</td><td colspan="2">陈五</td><td colspan="2">陈六</td></tr>
<tr><td colspan="10">注:张贴在分层授课的教学班。</td></tr>
</table>

每位同学的作业本(辅导书)封面都按班级、姓名、层级做好标识,如:初一(1)班赵一A。如果是自编卷或成卷也在抬头的边上做好如此标识,出卷教师需先做好留白。如无教师特别说明的,每天早读课结束后,各班各科负责收交作业的学生必须把作业收好并送到老师办公室。午饭后,负责收缴作业的学生要到老师那里拿回批改

好的作业分发给同学。同时,老师会以便签贴的形式请他们通知哪些学生要到教师办公室进行面批、订正和辅导。为了确保需要辅导的学生能及时到办公室接受教师的面对面辅导,学校要求面批生的作业本不直接发回学生而是在接受完辅导后,再由教师发放。

2. 破解教师辅导学生的难题

因为授完课后,学生各自回自己的行政班上课了,那么任课教师就没有办法对他们的作业过程进行监控。首先在座位安排上,学校给出一个建议。见表 4-5、4-6。

表 4-5　甲组各行政班的座位安排建议表

列 行	一	二	三	四	五	六	七
1	C_1	B_1	C_1	A_1	C_2	B_2	C_2
2	B_1	B_1	C_1	A_1	C_2	B_2	B_2
3	C_1	B_1	C_1	A_1	C_2	B_2	C_2
4	B_1	B_1	C_1	A_1	C_2	B_2	B_2
5	C_1	B_1	C_1	A_1	C_2	B_2	C_2
6	B_1	B_1	C_1	A_1	C_2	B_2	B_2
7	C_1	B_1	C_1	A_1	C_2	B_2	C_2

表 4-6　乙组各行政班的座位安排建议表

列 行	一	二	三	四	五	六	七
1	C_3	B_3	C_3	A_2	C_4	B_4	C_4
2	B_3	B_3	C_3	A_2	C_4	B_4	B_4
3	C_3	B_3	C_3	A_2	C_4	B_4	C_4
4	B_3	B_3	C_3	A_2	C_4	B_4	B_4
5	C_3	B_3	C_3	A_2	C_4	B_4	C_4
6	B_3	B_3	C_3	A_2	C_4	B^4	B_4
7	C_3	B_3	C_3	A_2	C_4	B_4	C_4

这样的安排首先把班级中学习有困难的学生夹在学习基础相对好的学生之间,形成两对一的帮扶态势。对于学业水平处于中等水平的学生与基础相对好的同学,结成一对一的互帮互学的对子,为合作学习建立一个学习“场”。其次,对于 B 和 C 班两个层次的学生而言,提倡学生主动向教师提问题,只要学生向老师提出有质量的

问题,每问一次加一分,一天不超过3分(方法在本书第五章介绍);对于B、C班中不自觉的同学,通过一对一结对子的方式,让伙伴看管,有问题通过伙伴帮助的方式给予解决。再次,对于A班的学习困难生而言,在平时的学习上,由两位C班的学生帮扶,另外,每天必须到任课教师处报到一次,实行“打卡”管理,对他们进行面批作业,面对面辅导。

表4-7 Fun with English 7B Unit7 Reading(1) A brave young man 分层教学教案

<table>
<tr><td colspan="2">本章节的教学目标</td><td colspan="2">1. Revise and learn adj to describe people's actions and behavior.
2. Recognize keywords in a new context to infer general meaning.
3. Develop reading skills to help identify meaning of specific details and sequence of events.
4. Write descriptions for a specific purpose and audience.
5. Develop awareness about responsibility, personality and what young people can do to help others in the community.</td></tr>
<tr><td colspan="2" rowspan="2">本堂课的教学目标</td><td>A层次班级</td><td>B层次班级</td></tr>
<tr><td>1. To predict through the picture, title and story.
2. To skim for overall meaning and scan to obtain details in the passage.
3. To learn about fire safety and the ways to escape from a fire when in danger.
4. To enable students to gain team spirit and have a good co-operation with group members.</td><td>1. To introduce and expand vocabulary to describe dangerous situations.
2. To infer general meaning from title, picture and context.
3. To identify specific and relevant information in Reading.
4. To design an interview with Mrs Sun.
5. To enable students to gain team spirit and have a good co-operation with group members.</td></tr>
<tr><td>教学内容</td><td>教学环节一</td><td>Pre-reading
Watch a video
1. Get students to watch a video on a big fire in a shopping mall.
2. Go through pictures from the video and teach new words.
During the interaction, the teacher lists the words on the blackboard for reference.
Eg: “smoke, hurt, protect, wet, careful, save, burn...”</td><td>Pre-reading
Free talk
1. Talk about danger and potential hazards at home or other places. Ask if any students have had an accident at home. Talk about what to do in case of emergency.
2. Encourage students to draw on their own knowledge about such incidents.
Ask: Did you hear about similar incidents?
Who had the accident?
Who helped in the emergency?
How did it end? How did you feel?
During the communication, the teacher writes down relevant vocabulary for this context.
Eg: “neighbor、save、dangerous、smoke、fire、careful...”</td></tr>
</table>

续表

<table>
<tr>
<td rowspan="2">教学内容</td>
<td>教学环节二</td>
<td>While-reading
Fast reading
1. Ask students to skim the article and get a general idea.
What is the main idea of the passage? (C)
A. Lin Tao lives alone.
B. Mrs Sun is Lin Tao's neighbor.
C. Lin Tao saved Mrs Sun from the fire.
D. Mrs Sun's house was on fire.
2. Ask students to divide the article into three parts (B)
A. ①②—③④—⑤⑥
B. ① —②③—④⑤⑥
C. ①②—③④⑤—⑥</td>
<td>While-reading
Fast reading
1. Ask students to skim the article and get a general idea.
—What is the main idea of the article?
—Lin Tao was brave enough to save his neighbor from a fire.
2. Ask students to try to divide the article into three parts and tell the main ideas.
<table>
<tr><td>Part One. Before the fire</td><td>Paragraph①</td></tr>
<tr><td>Part Two. During the fire</td><td>Paragraph②③</td></tr>
<tr><td>Part Three. After the fire</td><td>Paragraph④⑤⑥</td></tr>
</table></td>
</tr>
<tr>
<td>教学环节三</td>
<td>Careful reading
1. Ask students to read the title and Part One and tell the type of article (newspaper article) and tell the names of the main characters.
2. Get students to identify statements as true or false based on Para.2.
(T) Lin Tao was at home alone on 10 May.
(T) He heard someone shouting "Fire! Fire! Help!"
(F) The 79-year-old Mr Sun couldn't get out of the kitchen because the left leg was hurt.
3. Students read Para. 3 and put the things into the right order.
What did Lin Tao do to save his neighbor?
(3) rush into the kitchen
(5) help her out
(1) run to Mrs Sun's bathroom
(2) pour water over his clothes to protect himself
(4) put a wet blanket over Mrs Sun</td>
<td>Careful reading
1. Ask students to read the title and Part One and tell the type of article (newspaper article) and confirm the name of the hero.
2. Students read Part Two and fill in the table. Then talk in pairs about what Lin saw, heard, and felt.
<table>
<tr><td colspan="2">During the fire (Paragraph ②)</td></tr>
<tr><td>Hear</td><td>He heard someone shouting "fire! fire! help!"</td></tr>
<tr><td>See</td><td>He saw a lot of smoke.
He found his neighbor in the kitchen, Her left leg was badly hurt and she couldn't get out.</td></tr>
<tr><td>Feel</td><td>a little afraid at first\no time to think about it</td></tr>
</table>
Eg: S1: What did Lin hear?
S2: He heard someone shouting for help.
S1: ...
S2: ...
3. Get students to fill in the blanks. Then take turns to show the sequence of detailed events, using "First,... Then... Later..."</td>
</tr>
</table>

续表

<table>
<tr>
<td rowspan="3">教学内容</td>
<td>教学环节三</td>
<td>Students read Para. 3 again and take turns to retell it with the help of these actions, using "First... Then... Later..."
More able student helps the weaker student.</td>
<td>
<table>
<tr><td colspan="3">During the fire (Paragraph ③)</td></tr>
<tr><td colspan="3">What did Lin Tao do to save his neighbor?</td></tr>
<tr><td>First</td><td>He quickly ran to the bathroom.
He poured water over his clothes to protect himself.</td><td></td></tr>
<tr><td>Next</td><td>He rushed into the kitchen.</td><td>rush
—run quickly</td></tr>
<tr><td>Later</td><td>He put a blanket over Mrs Sun and helped her out.
Some firemen came and put out the fire.</td><td></td></tr>
</table>
More able student helps the weaker student.
</td>
</tr>
<tr>
<td>教学环节四</td>
<td>After the fire—Choose correct answer(s)
1. Which part of his body did the fire burn? (ABC)
A. Neck. B. Arms. C. Face.
2. How long did Lin Tao stay in hospital? (C)
A. Two days. B. Two months.
C. Two weeks.
3. What did many people give him? (BC)
A. Money. B. Flowers.
C. Presents.
4. What did Lin Tao think of fire? (B)
A. Helpful. B. Dangerous.
C. Careful.</td>
<td>After the fire
Get students to answer questions and check if they have understood Part Three.
1. How long was Lin Tao in hospital?
2. What did people say to Lin Tao?
3. What did Lin Tao tell about fire?</td>
</tr>
<tr>
<td>教学环节五</td>
<td>Post-reading
Gap filling.
On 10th May, Lin Tao ________ at home alone. Suddenly he ________ someone ________ "Fire! Fire!" He ________ outside and ________ a lot of smoke coming from next door. He ________ in and ________ Mrs Sun could not get out because she ________ her leg. He quickly ran to the bathroom and ________ water over his clothes. Then he ________ into Mrs Sun's kitchen to save her. At last, Lin Hua ________ Mrs Sun out. The fire ________ Zhang Hua's neck, arms and face. He was in hospital for two weeks.
(was, heard, shouting, ran, saw, went\ rushed, found, hurt, poured, rushed, helped\ saved, burnt)</td>
<td>Post-reading
Pair work: An interview
Get students to design an interview with Mrs Sun. S1 acts as a reporter and S2 acts as Mrs Sun.
Reporter: How are you?
Mrs Sun: ...
Reporter: Where were you when the fire broke out?
Mrs Sun: ...
Reporter: What happened to you?
Mrs Sun: ...
Reporter: Was the fire very big? Was there any smoke?
Mrs Sun: ...
Reporter: How did Lin Tao save you? What did he do?
Mrs Sun: ...</td>
</tr>
</table>

续表

教学内容	教学环节六	**Group work：Discussion** 1. Divide students into groups of four and ask them to identify statements as true or false. (1) Use fire－escapes（安全出口）to run out.（ *Right* ） (2) Jump downstairs.（*Wrong* ） (3) Collect as many valuable things as possible.（*Wrong* ） (4) Calm down and be brave.（*Right* ） (5) Call 119 for help.（*Right* ） (6) Close the door and open the window when there is lots of smoke outside.（*Right* ） (7) We should use the stairs to go out.（ *Right* ） (8) Rush out and take a lift down.（*Wrong* ） (9) Put a wet towel over our mouth and nose.（*Right* ） (10) Pour water over your body.（*Right* ）	**Group work：Discussion** 1. Divide students into groups of four and ask them to discuss the article. *"What do people think of Lin Tao? Why?"* *(clever, careful, helpful, brave, hero)* 2. Encourage students to give reasons to support their ideas. The more, the better. Eg：He ran out quickly when he heard someone shouting for help. He poured water over his clothes first to protect himself . He put a wet blanket over Mrs Sun. He didn't think about his own safety when others needed his help. He wasn't afraid of the hot fire. He thought more of others than himself. …
	教学环节七	**Consolidation—Part B&C** 1. Ask students to finish Part B to check their understanding. 2. Ask students to do Part C—Pair work (1) Get students to read the conversation in pairs without checking T\F. (2) Ask students to underline the mistakes and then make corrections. (3) Check the answers. (4) Ask students to act in pairs first then present in front. More able student helps the weaker student.	**Consolidation—Part B&C** 1. Ask students to finish Part B to check their understanding. 2. Ask students to do Part C—Pair work (1) Get students to read the conversation in pairs without checking T\F. (2) Ask students to underline the mistakes and then make corrections without references. (3) Selects pairs to present the corrected conversation to the class. (4) Check the answers after the presentations.
	教学环节八	**Consolidation— Part D　Fire safety** 1. Get students to match the safety advice with the related pictures. 2. Check answers as a whole.（ABDC）	**Consolidation—Part D　Fire safety** 1. Get students to match the safety advice with the related pictures. 2. Check answers as a whole. 3. Get students to think of four more safety instructions：around the school；in the street；in the classroom；at home...etc.. Eg：Do not lean out the classroom window. Never play ball games in the street. Do not run on the stairs. Do not throw cigarette ends in grass or in the forest. Cross the street when the traffic lights are green.

续表

课堂检测	1. Word test: Part B1 on Page 83 - Match words with meanings. 2. Understanding check: Part B2 on Page 83 - Complete the conversation, Part B3 on Page 84 - Correction. 3. Ability test: Retelling with the sequent actions as reference. 4. Exercises practice: Select parts from the exercise book.	1. Word test: Part B1 on Page 83 - Match words with meanings. 2. Understanding check: Part B2 on Page 83 - Complete the conversation, Part B3 on Page 84 - Correction. 3. Ability test: Retelling\ Safety instructions. 4. Exercises practice: Select parts from the exercise book.
回家作业	**Homework** 1. Read the article again and try to retell with the sequence of detailed events as reference. 2. Present more safety measures and share with partners. Eg: Don't sleep with the stove on. \Do not swim alone in a river. Be alone at home with locking at the door. Do not talk too much with strangers.	**Assignment** 1. Retell the article according to the information table. 2. Describe an accident that could have had fatal consequences. 3. Get students to make a poster warning people about a danger such as fire. (with pictures, illustrations, advice) (On display)
教学反思	**1. 适切的分层设计有助学生学习。**本课教学内容为牛津英语 7B Unit7 reading(1) A brave young man 第一课时。根据学生学习能力的差异性,实行分层教学设计,同时推进"小组合作"教学。在分层教学中,教师施以不同的教学方法、把握不同的教学节奏、给予不同的教学评价,因人而异,因材施教,分层要求,正确对待每一个学生,从而更有利于组织教学,使学生各得其所,各展其长,各成其才。因此,分层教学能最大化帮助孩子实现个体发展。对学优生进一步发展强势智慧、学困生获得学习自信都大有裨益。如:While—reading 的略读环节,对 B 层次设计了较难的分段及概括主旨;对 A 层次提供了两道选择题,降低了难度,提高学生的融入感。While—reading 的精读细读环节,考量 B 层次的是较高的寻找细节能力及编写对话的能力;对 A 层次主要设计以难度一般的判断、事件排序等任务。又如在 Post—reading 读后输出环节,要求 B 层次学生自主创设一次采访,以及评读主角,并提供依据(依据需自行整合概括);A 层次学生仅需要完成文本缩写的缺词填空;对安全自救方式也只要做出正误判断即可。 **2. 积极的相互依存有益学生发展。**分组讨论作为合作学习的一种方式,可以为学生参与课堂学习,在讨论中表达思想和观点,以及听取合作者的想法提供机会。学生能够在小组活动中锻炼能力,丰富知识;能够培养合作精神,降低焦虑,树立自信,提高自主学习的能力。本篇通过设置编写对话 Dialogue、设计采访 Interview、评读主角 Comments、讨论自救法 Safety advice 等合作活动,倡导学生进行互动协作和自主探索的学习,激发了学生对英语学习的兴趣及持久的学习动力。在采用合作学习之前,教师做好异质分组,设计责任分工、任务和预期;进行合作沟通技巧的培训;指导学生做好合作能力自我评价和小组活动自我行为监督(提供表格),帮助合作成员间建立相互依存的互助关系。 **3. 德育渗透培养同步于能力拓展。**本篇 A、B 层次的教学设计不仅着眼于学生对本课文本知识的掌握,同时还关注学生的情感态度(本课着重培养学生安全意识以及关爱他人的情感)、生活能力(包括合作能力、协调能力及面对灾难时救助的能力)的形成和发展。学生只有具备了不同的能力和积极的情感态度才能更好地生活。本课时在 A、B 层次教案中均设置了讨论环节,使小组成员合作探讨安全问题和救助方式 Safety measures\ advice\ instructions。	

(由张红英老师提供)

第四节　教学活动中的伙伴影响

课堂教学是学校教育教学活动的“主阵地”，也应该是学生交往的主要空间，是学生生活经验、知识技能彼此影响的极佳室场。但是，我们传统的教学方式往往忽视了学生彼此相互的影响，课堂教学处于一个相对“静态”的过程，教师在主导着教学的进程，按自己的预设推进课堂教学。当合作学习真正发生时，人与人的距离缩短，面对面的形式转化，无疑为孩子们的交往提供了一个有利的物理空间。分层走班授课，让学习基础相近、学业水平相仿的学生开展合作学习，为学生提供均等的参与课堂探究、讨论、实践的机会，为学生设置相应的学习目标和学习策略。学生在伙伴面前没有压力，这无疑为学生的交往提供了一个积极的心理空间。再加上学段型项目学习的实施，学生不但可以根据自己的学业水平选择不同层次的班级听课，而且还可以根据自己的兴趣、特长选择不同类型的项目进行学习，大大增加了学生的成功体验，有利于学生学习积极性的提高。

同班同学之间，虽然还不一定是真正意义上的伙伴，但是我们在课堂教学中强化了“伙伴影响”，大大促进了同学间的交往，频繁的同学间的交往推进了一些志趣相投、个性相近、学业水平相当的同龄人形成一系列无组织、非正式群体。这些群体虽然不能全部在课堂中成为合作学习的团体小组，但是他们会默默地关注着伙伴的一举一动，会想方设法地为群体中的成员提供援助和鼓励。比起成年人的评价，初中生更看重的是同学对他的褒奖和伙伴对他的看法。而伙伴彼此了解、彼此信任，往往可以对自己同伴的评价精准而又实在。因此，有了伙伴的影响，有效的帮助与积极的评价就能始终贯穿于整个学习过程，孩子有了激励，就有了更好的学习动机。可以说，伙伴关系超越一般同学关系。小组合作学习、分层走班授课的目的就是促进学生间伙伴关系的形成，进而使之成为课堂教学、学校教育的重要资源，提高学校的办学品质，其优势主要有以下几方面：

1. 课堂中的学生交往与伙伴影响有利于培养学生的社会适应性

学生是未来的社会成员，必须具备社会人的主体性，而主体性并非是游离于社会的，个体必须融入群体之中，并自觉地为这个群体或者社会贡献自己的力量。

(1) 创造了学生相互认识、相互交流、相互了解的机会。在合作学习中，学生学会了把自我融于群体之中，小组的成员成了他或她的几个最好的朋友，他们一起学习、一起活动，使学生感到自己难以离开这个可爱的群体，从而培养了他们的合群性。这也是一个人具有社会适应性所必备的基本素质。

(2) 培养了学生善于听取别人意见的好品质。要想适应社会，能与别人密切交往，其中重要的一点就是对他人能热心帮助，真诚相待。通过小组合作学习，学生感到要想使自己在学习上有所收获，必须做到小组之间的每一个成员相互帮助，取长补短，虚心听取别人的意见,从而培养了小组成员善于倾听别人的意见、帮助本组成员共同提高的好品质,成为他们在适应社会中必备的条件。

学生交往与伙伴影响有利于促进学生的社会性发展和健康个性的养成。社会心理学认为,人的心理是在人的活动中,尤其是在人和人之间相互交往的过程中发展起来的。小组合作学习提供了更多的成员合作机会,增加了课堂上学生之间合作、互助的频度和强度,从而有力地促进了学生社会化程度的提高。

2. 课堂中的学生交往与伙伴影响有利于培养学生的自主性和独立性

一个具有自觉能动性、自主性和独立性的人,是一个对事物有自己独创的思维与见解、敢于发表自己的意见、具有社会交往能力的开放型人才。小组合作学习是培养这类人才的有效途径,小组成员能够在小组内进行充分的语言、思维及胆量的训练。通过小组成员之间的交流,他们能够大胆地将自己的见解通过语言表达出来,在交流中逐步培养学生能主动与别人交往、形成自己的独立见解的优秀品质与良好习惯。

3. 课堂中的学生交往与伙伴影响有利于培养学生的实践性和主动性

"需要满足论"认为,学校是满足学生需要的最主要场所。学生到学校里学习和生活,主要的需要是自尊和归属。小组合作学习在课堂教学中为学生创设一个能够充分表现自我的氛围,为每个学生个体提供更多的机遇。人人都有自我表现的机会和条件,使之在小组中相互交流,彼此尊重,共同分享成功的快乐,使每个学生进一步发现自我、认识自我,他们的主体地位被大大地肯定与提高,这促进了学生的全面发展。分层走班授课,更有利于学生融入属于自己的群体中间,得到同学、伙伴的接纳,在活动中更自信地表达自己的想法和做法,及时地得到组内同伴的帮助和褒奖,累积成功的体验,获得更多的自信和自尊。

4. 课堂中的学生交往与伙伴影响有利于提高学生学习的有效性

在缺少学生交往的课堂中,老师提出问题时,经常会出现两种情况:一是学生来不及思考,就匆忙地给出答案;二是学生揣测并给出教师想要的答案。在这种课堂中,学生回答的不是已经内化了的知识,而是游离于自己认知结构外的客体知识,这是一种很普遍的无意义学习现象。分层走班授课、小组合作学习,为学生创设一个用"儿童立场、儿童视角、儿童方式"接收新知识、新信息的时空,学生间已有的生活经验和知识背景在同学交往中彼此影响。在一个小的环境中,不愿思考的学生在小组学习的氛围中不得不去思考、讨论,寻找自己的答案,环境、同学的帮助、伙伴的评价激发了每一个学生参与学习的热情,使组内的每一个成员为小组的荣誉提供自己的见解,贡献自己的力量。在这个互动中,不管学生得到的结果是不完整的,还是错误的,都经过了自己的独立思考,用自己的方式进行了思辨,而后在教师的帮助下把新知识内化为自己的知识。所以,教学有效性的基础是学生自己内化知识的过程,事实证明,"填鸭式"的教学不是一条促进学生可持续发展的路径。分层走班授课、小组合作学习为促进学生自主学习提供了有效平台和实践样式。

第五章　伙伴+活动：校园活动花样多，伙伴一起玩

校园活动，顾名思义，就是在校园里，由学校或组织举办的面向全校师生涉及文化、娱乐、体育、户外素质的拓展活动及其他相关活动。校园活动的组织者可以是学校、学生社团、社会其他部门等等，但必须面向全校师生，并能在全校产生一定的影响。除了课堂教学外，校园内外的各类活动是学生生活的主要组成部分。围绕"立德树人"的根本宗旨，落实"铸品格、育新人"的育人目标，需要全面整合各项教育活动，为伙伴互动营造氛围、创设条件、搭建平台。成为伙伴的要素之一就是有相近的个性和相同的志趣，尽管课堂教学采取了小组合作学习、分层走班授课，但是由于学习内容的统一性，满足不了学生多元化的志趣。丰富多彩的校园活动就能为学生提供多样化发展的平台，这些活动不仅仅是学生学习知识、训练技能的途径，而且还能提升学生的人际交往能力，促进伙伴关系的发展，同时扩大伙伴的影响力，从而促进学生核心素养的全面提升。

第一节　兼容并蓄的主题

从活动内容上，可以把校园活动分成五类：一是主题教育类，主要传达上级精神，增强学校师生凝聚力，如学校的校庆以及庆祝各种节日的文艺汇演、入学典礼、毕业典礼等；二是体育类，为强身健体的活动，是体育课的延伸和拓展，体育活动是初中生最主要的日常活动之一；三是艺术文化类，如艺术节活动、传统文化节活动、国际理解教育活动等等，包括各种歌咏比赛、文艺汇演、电影展映、话剧（课本剧）展演、街舞大赛、辩论赛等，近几年的动漫 cosplay 在初中校园也非常火爆；四是学术类，以研究性学习为主导性学习方式的学生活动，是综合实践活动向课堂外延伸的一种主要形式；五是科技类，尽管科技类的活动中参与学生不多，但是活动内容很夺人眼球，比如机器人大赛、"金钥匙"比赛、计算机编程比赛等，这些项目虽然小众，但是影响力大。

从组织形式上，校园活动分为三类：一是由学校组织的活动，这类活动还可以分成两类：一类是形式、内容相对固定的校园传统活动，比如入学典礼、毕业典礼、艺术节、科技节、健身节等等，另一类是阶段性的主题教育活动；二是由共青团、少先队组织的活

动，比如志愿者服务活动、主题团日、队日活动等等；三是学生自组织的活动，这些活动发生在学生的日常交往之中，是学校难以把控的交往形式，学校可以做的是通过“学生社团”这种形式，将学生一些自组织的活动统整起来，提高这类活动的教育影响力。

学校活动是学生在校生活的主要组成部分，但是活动开展的形式、质量、效果跟学校的办学主张、教育思想密不可分。如果学校陶醉于“应试教育”，那么校园活动与学校教育可能就是“两张皮”，校园活动形同虚设。如果学校重视校园活动，但是缺少推进与实施的措施，也会导致学生学习负担的加重。活动既是学生生活的一部分，也是学校教育教学的主要途径。校园活动涉及校内、校外部门多，特别是阶段性主题活动，上级部门有不同的任务、项目，所以将校园活动统整起来，有机地与学校教育教学中心工作相结合，既可以不增加师生工作、学习的负担，又可以提高校园活动的影响力和教育力。苏州市吴江区实验初级中学将以下三大类校园活动规整到学校共青团和少先队麾下统一实施，规避了组织活动过程中繁文缛节、相互扯皮、无序重复等现象，如图 5－1 所示。一是“两周三礼四节”常规传统活动，分别是传统文化传承周、国际理解教育周，入学礼、青春礼、毕业礼，科技节、艺术节、体育节、阅读节；二是共青团、少先队主题活动；三是学生社团活动，包括全校艺术、人文、科技等六大类共 45 个社团组织的活动。学校把一些临时性的活动整合到学校相对固定的“两周三礼四节”中来，成为一项活动中的子项目、新主题。

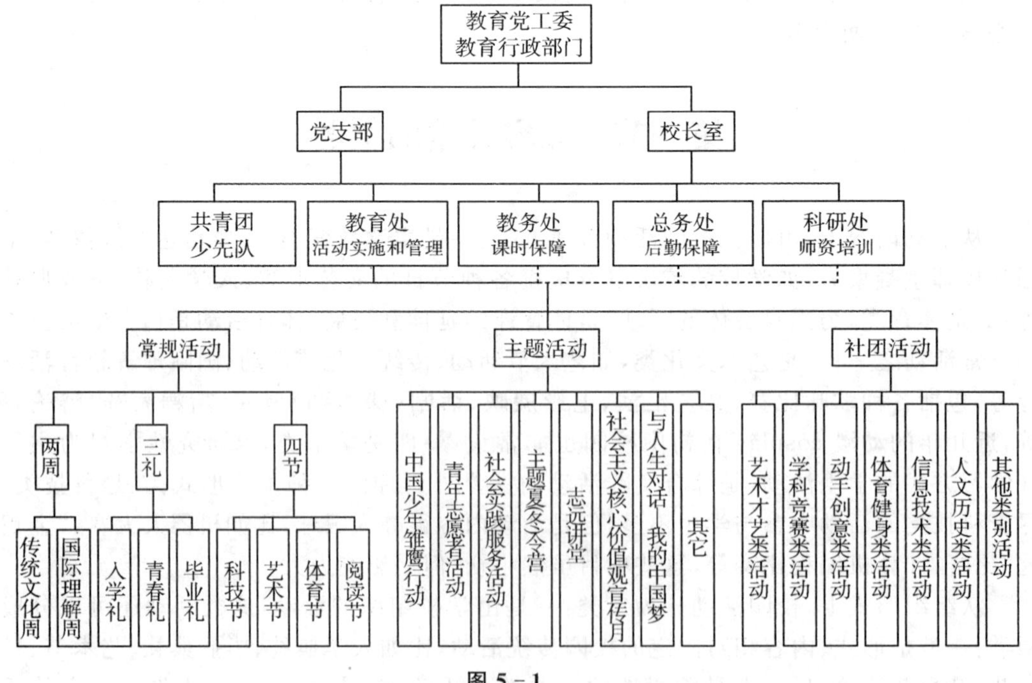

图 5－1

校园活动是学生生活的一部分,活动既能发挥学生的潜能特长,也能丰富学生的校园生活,同时也是很重要的学生交往场所,是一个彼此影响、相互学习的平台。学校需要读书声,更需要欢笑声与呐喊声。所以,校园活动应该是促进学生伙伴关系的主要抓手,也应该是扩大伙伴影响的重要方式。

第二节　民主宽松的氛围

校园需要民主宽松的氛围,才有利于学生活动的有效开展。课堂中实施小组合作学习、分层走班授课,在一定程度上促进了学生在学习过程中的伙伴关系的形成,伙伴影响力也得到有效的辐射。但是,课堂中的"伙伴"还不是真正意识上的伙伴,是在教师的期望下,或者在教师的安排下,学生成了学习的伙伴。这种伙伴关系的形成还是基于教师的"权威",是不能持久的、脆弱的,它的影响力也是有限的。在效益与效果之间,教师往往优先选择效益,他们希望课堂是有序的,以保证一堂课的教的效益,而很少关注学生学的效果。

校园活动相对课堂而言,活动空间相对开放,活动时间相对灵活,活动方式相对多样,活动内容相对丰富。如果我们还是以课堂教学的组织方式去开展活动,那么学生还是摆脱不了教师"权威"的影响,这是不明智的选择。创设一个民主的、宽松的氛围,放手让学生来组织、实施、推进校园活动,更有利于学生间伙伴关系的形成,使学生经验在活动中彼此影响,智力与技能上的强项在活动中互补,共同完成小组、团队的任务。

一、平等性原则

平等是教育民主的基础,在活动中更应该注重平等,这包括机会平等与地位平等。要注意,教育平等是"相对的平等",而不是"绝对的平等"。绝对的平等就是人们常说的"平均主义",要求在任何教育资源的配置和利用上,每一个人都得到同样的份额,既不能多也不能少。实际上,这种绝对的平等是做不到的,因为一方面我们缺乏衡量绝对平等的合适尺度;另一方面,学生智力、知识、技能差异以及他们的个性特长决定了他们在校园活动中的活跃度,活跃的学生相对于其他伙伴更容易获得机会、占有资源。学校要做的是,正视学生之间的差异,通过学生自组织和教师微调相结合的方法,促进优势互补的活动群体的形成,挖掘每位学生在活动中的潜能。具体做法有四个:一是在学校主导或者团队组织的活动中,学校一定要在活动主题下分解任务、设计子项目,这样学生就能根据他们的能力、爱好选择伙伴形成群体,群策群力去完成任务。任务或子项目一定要多样,让不同性格、特长、能力、兴趣的学生都有选择的机会。二是学生社团回归学生为主体的自组织样态,减弱教师的管理,降低社团成立门槛和对社团评估考核的门槛,有三人及以上的学生有共同的兴趣和周密的活动计划,就可以建立社团,对社团的评价要重视活动的过程而非结果,即便没有成果,只要学生愉快地、按照他们的预期活动着,学校也一定要鼓励。因为学生间的伙伴互动、隐性的默会知识的价值大大地高于社团被期望的一些显性的、物化的成果。三是降低成人在活动中的地位和影响力,活动中要倡导高年级的学生带低年级的学生,有经验的学生带没经验的学生,教师要成为学习共同体中的一员,与学生一起学习,一方面用自己的学习态度去影响学生,另一方面为学生提供必要的服务和合理的建议。四是教师要关注交往能力弱的学生,他们需要教师的帮助,给他们参与的机会。

同龄伙伴的互动保证了群体中每个孩子的地位是平等的,知识、技能等方面的差异成为学生学习的重要资源,扬长避短、优势互补,在这种样态下的互动,学生的特长更特,优势更优。

二、参与性原则

参与性原则就是要让每一个学生参与到校园活动的每一个环节中来,动脑、动眼、动耳、动手、动嘴、动身子,全身心地体验。校园活动的主题可能是严肃的,但是形式应该是活泼的,是孩子喜闻乐见的。因此学校在活动推进过程中,一是要注意活动的要求不能定得太高,太高了导致学生产生畏难情绪,也不能太低,目标太低没有挑战性,无法激发学生的参与热情,活动要求应基于学生经验水平,让他们"跳一跳能摘得到果子"。二是在活动中,学校要围绕主题分解任务,设计子项目,学生群体活动时同样要细分任务,让每一个孩子都有事做,电影《放牛班的春天》里有一个桥段,音乐老师马修在辅导合唱时,年龄最小的佩皮诺在合唱队里实在没有合适的位子,就充当老师的乐谱架。三是鼓励学生积极参与,要建立一些制度,表彰在活动中的积极分子和志愿者,他们也许不是活动最终的展示者,但是也要为他们铺设"红地毯",同时学校的表彰还要注意凸显团队,让学生有荣誉感、归属感,扩大他们在活动中的获得感。

校园活动的参与性不是仅仅局限于学生,也要求教师积极参与,还鼓励家长和社会热心人士的参与。特别是家长的参与对学生间伙伴影响起到"四两拨千斤"的功效,这不仅仅是因为家长的鼓励和支持能帮助孩子更好地开展活动,而且当家长以一个成员的身份平等地与孩子、与自己孩子的伙伴一起学习、互动时,言传身教的独特性和不可替代性就是最大的"伙伴影响"。

三、自主性原则

自,就是"自由",在一定规范内学生要有最大的自由度。主,就是"主见、主张"。自主就是让学生自由地表达自己的主见或主张。自主性就是把学生的事让学生去做,但不是放任自流,"放羊式"地开展活动。自主,既体现了以学生为中心设计活动主题,以学生为主体开展活动,同时也是对学生的规则意识的训练,从而使之达到行为自觉、自省。课堂教学由于受到教学目标、教学内容、教学时空的限制,尽管我们提倡自主合作学习,但实质上学生的自主体现是不充分的,还是在教师的影响下、安排下、组织下的自主合作。校园活动,应该相对于课堂教学更加开放,可以完全把活动的设计规划、组织实施、展示评价放手给学生操办。一是学校立主题、提要求,让学生围绕主题、根据要求去设计活动方案,对一些常规的活动,比如艺术节、阅读节、体育节、毕业礼等,还可以通过招标的方式,让学生来竞争。同时,教师为学生的规划、合计提供专业支持和帮助。学生社团,更要让学生自己去管理、自己去经营,充分发挥学生的经验和潜能。二是在组织实施过程中,要鼓励学生团队作战,发挥集体的智慧,如果项目需要辅导教师,要鼓励学生自己协商,敲定人选,由学生邀请或者由学校指派,或者与校外专门机构合作。三是展示评价也要凸显学生的自主性,用他们的视角和他们的标准对活动每个环节、每个项目、每个参与者进行评价,初中生对伙伴的评价非常在意,胜过在意教师、家长的评价。四是自主绝对不是学生个体单打独斗,而是强调让学生以他们的视角观察世界,用他们的方式去解决问题,用他们的观点去评价反省。

四、宽容性原则

教师千万不能用成人的立场去看待学习自主活动,也不能用成人的方式去评价学生的行为。学生所做的一切合理的事,可能想法很幼稚、行为很唐突、结果不尽人意,但都应该得到允许、尊重、鼓励和保护。宽容性原则是对于自主性原则的进一步说明或支持,这样才有更多的学生参与到活动中来。假如我们用成人的要求或标准去要求孩子,那么就导致活动一次就“淘汰”一批不合教师心意、不入教师期望的学生,久而久之,剩下的学生就只是一批合教师心意的“小成人”或会揣摩教师想法的“小滑头”,童真不再,童趣散尽。同时,教师的宽容行为也要传递给学生,在学生活动中彼此都应该以宽容的态度对待同伴,学会倾听,学会赞美,学会以婉转的语言来提醒伙伴,学会用真诚的态度表达自己的想法。宽容对于孩子而言也是一种需要训练的处世态度。正如联合国教科文组织所申明的那样:“宽容教育和尊重他人的教育作为民主的必要条件,应该被视为一项综合性的持久的事业。价值观特别是宽容思想不能作为狭义的教学内容加以对待;如果想把事先确定的、不易被人接受的价值观强加于人,那么这种想法最终会使它们遭到否定,因为只有被个人自由选择的价值观才有意义。因此,学校至多能为一些日常的宽容实践提供方便,具体办法是帮助学生考虑他人的观点,以及诸如鼓励就一些道德难题或需要作出伦理选择的情况展开讨论等。”

但是,作为一种教育民主化的原则,宽容不仅仅是一项教育美德,也是一种教育方式。一是发表不同声音的学生不至于受到伙伴的讥讽、歧视或责备,鼓励学生大胆表达自己的所思所想所为;二是为学生创设不同的机会,促进不同意见之间的充分交流和对话,从而达成最大可能的理解,这个过程就是伙伴彼此影响的过程;三是创造条件将单纯的宽容引向合作,从而帮助每一个人既看到自己观点的价值,又看到别人观点的意义,更看到伙伴合作的力量。

第三节　富有挑战的任务

我们期望学生在校园活动中能充分发挥伙伴影响的作用,那么就不得不注意:学生在活动中承担的任务要有一定的挑战性和趣味性。尽管校园活动的主题可能很严肃,但是我们也要尽力把活动过程搞得情趣盎然、生动活泼。一句话来概括,要用儿童的立场设计活动,要用儿童的方式组织活动,要以儿童的视角评价活动。没有情趣的活动,引发不了学生的兴趣,激发不了参与的动机。在学生活动过程中,促进了伙伴关系的形成,扩大了伙伴在学生成长过程中的影响力。活动任务除了趣味性强外,还需要一定的挑战性。太简单的任务,学生可以独立完成,根本不需要伙伴协助,伙伴间互帮互学就没有存在的价值。相反,任务目标有一定的挑战性,任务内容有一定的综合性,对于大多数学生而言,跳一跳只能碰到果子,只有团队合作才有可能摘得到果子,这时才能催生伙伴间的协作互动。

一、校园活动要有目标要求

就像课程要有标准一样,校园的每一个活动都要有一个目标要求,包括活动性质、预期目标、内容框架,以及组织实施的建议,这是活动规划设计、组织实施、展示评估的依据。没有"标准"的活动,往往是低效的,教育影响力就会大打折扣。比如我们经常看到这样一个场景,在学校传统文化体验活动中,小学生在做剪纸、编中国结、包粽子,初中生、高中生也在做。小学生、初中生和高中生参与同样的一个活动,究竟有什么不同?能回答上来的人,或者思考过这个问题的人不多。因为我们缺少课程实施的意识,而是"脚踩西瓜皮,滑到东滑到西",没有目标地开展校园活动。因此,针对初中生的能力、知识背景和经验水平,给校园活动制定一定的"标准"十分必要。

学校、共青团、少先队组织实施的项目,分别有学校主管部门组织设计活动标准,编制活动说明书。在设计和编制的过程中,一定要体现挑战性、综合性、趣味性,形式要符合初中生年龄特征。学生社团的活动"标准"可以让社团发起人设计,对招募的伙伴提出活动的各项要求,学校审核社团要不要开设的依据,不是关注发起人是不是一位学优生、是不是一位在这方面有潜能的特长生,更不是看能招募到多少人,而是看孩子提交的方案是不是可行、目标要求是不是完整。对有想法的、可行的方案,学校都要开"绿灯"放行。对于发起人组织能力比较弱,或者只有兴趣没有技能的,学校要以宽容的心态提供更多的支持,帮助他们实现自己的梦想,而不是一棍子"打死"。

二、校园活动要服务教育教学

所有的校园活动都是学校教育的有机组成部分,这里说的校园活动要服务教育教学，就是要强调校园活动要尽量围绕国家课程的实施展开，通过丰富多彩的校园活动提高国家课程的实施水平。义务教育初中学段的国家课程是国家的意志，体现“培养什么人、怎样培养人、为谁培养人”的根本宗旨，是我们学校教育“为党育人，为国育才”的核心工作。假如校园活动游离于国家课程的实施，那么不但冲淡了学校教育的核心工作，同时这样的活动与教育本身成了“两张皮”，说实话这类活动可有可无，有了说不定会加重学生学业负担。为国家课程实施服务，不是简单地把课堂教学延伸到课外，让活动成为“培优补差、提质增效”的手段，而是在活动中培育课堂教学的激活因子，或者为国家课程实施搭建学生素养提升的展示平台。比如吴江区实验初级中学的“美丽化学”社团，一批初一、初二的孩子一起做皮蛋、腌鸭蛋、制肥皂等等，在两年的活动中或多或少地接触到化学知识，这种持续的“碎片化”学习导致这波孩子对化学现象和化学知识产生特有的“敏感度”，或者说有了一些学习、探究化学现象和规律的经验，当他们升入初三开始系统学习化学时，就成了各个班级的激活因子，这时伙伴影响就有了平台。再比如阅读节，就是为语文学习提供一个展示学习成果的机会。在语文课堂学习中，阅读量毕竟有限，而且阅读的篇目是无选择性的，不是课文就是教师主导的阅读材料，对阅读的体验和感受是基本趋同的。阅读节则不然，学生三五成群按照自己的兴趣和爱好，有选择地阅读，在阅读交流的过程中，可以听到不同的体验、独到的感受，一下子放大了伙伴的影响力，同时也扩大了学生的阅读视野和阅读量。此外，艺术节不能成为艺术特长生的专属舞台，应该让所有的孩子都体验聚光灯的炽热。活动与课程教学相结合，无形中提升了活动的品质，同时对孩子的实践能力提出更高的要求，也让课堂内外伙伴关系的形成有了推手。

三、校园活动要尽量减少教师的影响

教师在教与学的过程中和学生发展的历程中起着关键作用，但是教师对学生的影响也可分为“有为”与“无为”两种情形。在校园活动中，教师可以用自己的“无为”换取学生的有为，做到“无为”中见有为，看似“无为”胜有为。初中生的年龄特征，就是千方百计摆脱成年人对他们的管束，希望自己像有主见的成年人一样做自己想做的事，教师为什么不“顺水推舟”，把校园活动放手给孩子们去操办呢？当学生离开了成年人的“指导和帮助”，接受的任务既有挑战性，又有综合性，怎么更好地完成任务呢？只能依靠伙伴合作，即便他们有办不到的事，需要请学长、老师、家长或者社会热心教育的人士来帮忙，这些请来的成年人也便成了学生的“伙伴”。师生关系转化为伙伴关系，这时成年人与学生的交流渠道就通畅了，教师对孩子的教育真正从言传转变成身教，除了知识与技能的传授，过程与方法、态度情感和价值感的传递也能水到渠成，轰轰烈烈的“说教”变成默默无闻的“引导”。师生关系的改善与伙伴关系的建立，是提高学生学业成绩的两个最基本的条件。成年人有序“撤离”，无疑给学生的任务增加了难度，但也促进了伙伴关系的形成和质的提升。

校园科技节

1. 活动开展背景

校园科技节是学校每年都要开展的活动，往往包括参观科技场馆、听科普讲座、做科技实验等科技活动。活动虽多，但因为学校学生人数多、安全问题等各方面的因素，科技活动不能使大多数人受益，显得虚而不务实。另外，科技活动长期脱离于其他学科课程，不能实现学生各方面能力的培养。

2. 活动设计思想

透视学生发展的需求，经各学科组共同研讨后，我们开始将科技活动分为三个大类：面向5%～10%学生的小发明、小论文征集、评比活动，可以与同学、老师、家长等同辈伙伴或非同辈一起完成；面向30%～40%左右学生的小制作、小创意展示活动，可以与同班同学、不同班同学组成同辈伙伴一起完成；面向全体学生的"全参与、真体验"活动，可以与所有人一起完成。三大类科技活动为学生提供了展现自我才华的高、中、低三档空间与平台，在不同层次上积极发挥学生的个性和特长，提升学生的科技素养，增强学生对科技创新活动的兴趣和能力，促进学生全面发展。

3. 活动筹办工作

学校成立科技活动组委会，采办器材和材料；整合各学科资源，选拔各学科优秀的教师辅导学生；组织力量建设专门的科技活动场，划分场地，做好必要的安全保障措施，分片专人管理，明确责任。

学校充分利用优秀家长资源，由校长室领导、德育处牵头、教务处落实，在全体家长中征集有科技特长的来当校园科技活动志愿者，开设科技节家长讲堂，结合自己的工作进行科普教育；或者与孩子一起参与科技活动，当学生的助手或辅导员；或维持活动现场秩序，做学生体验活动的"辅导员"。

学校要求所有学生至少要参与三类活动，通过发放体验卡，记录学生活动、体验的情况，并给予适当的评价和激励。

4. 活动实施要求

校园科技节三类活动实施要求和具体组织方式：

(1) 小发明、小论文(征集作品，比创新)

学校给出一周的时间，学生自主选题、研究、设计、制作或创作，可以同学合作，也可以与教师、家长联手，进行科技小发明、撰写小论文。每班根据班级人数，择优选送2～3个(有5%～10%的学生参与即可)作品。

①小发明：根据已有的科学技术知识和实际能力，在日常学习、生活、工作和劳动中，对那些使用不方便、不称心的东西，运用学过的科学知识或者通过自己的联想和创新、设计，制造出目前还没有的更称心、更方便的新物品。

作品要求：一是要新颖，作品是前所未有的或前所未知的，不是仿制或重述已有的东西，即作品是原创的或在原有作品上有较大的创新改进的实物；二是要科学，小发明的构思、设计、制作和成果符合科学原理,充分体现科技含量,做到设计新颖、成本低廉、材料节省、性能优越、使用方便;三是要小巧,小发明是中学生身边的科学,是改进日常生活中经常接触到的东西,不是去搞高深的、尖端的、难以办到的科技发明项目,作品要体现小、巧、简、易的特点;四是要实用,小发明的目的是为了应用更方便,作品应尽可能接近生活、生产实践,能够解决实际问题,有可预见的经济效益和社会效益。

②小论文:作品必须切合科技主题,内容可以是对日常生活中某种现象的观察;可以是综合实践活动研究课题;可以以课外科普阅读中发现的问题为依据,提出假设、收集证据、阐述相关规律或原理。小论文的研究结论要具有科学价值和学术水平,包括选题与成果的科学技术意义、技术方案的合理性和研究方法的正确性、科学理论的可靠性。科幻作文、绘画也归纳其中,一并征集。

本活动分别评出一、二、三等奖若干名,颁发奖品和证书。

(2) 小制作、小创意(组团参加,比创意)

学校给出一两件主要物品(比如废光盘、可乐瓶、可乐罐、藤条、竹篾、蚕茧等等),要求学生围绕这些物品,进行创意设计,加工制作成有新价值的实物。学生结伙参与,也可抱团参加,但每组人数在2～5人。一周后,学校组织现场制作,每班推荐3～4人参加。活动使用的主材料由学校提供,配件辅材和工具由活动小组自带,作品规定在60分钟内现场合作完成,当场评比。

作品要求:一是科学,作品在设计、技术上符合科学原理,制作要体现科技含量,充分利用新技术和新方法;二是艺术,作品在选题、设计、制作、美工上有较高的艺术水平,可视性强,有一定的收藏保存价值;三是创意,作品体现动手能力,体现作者想象力和创造性,立意新颖;四是环保,充分利用废旧物品、材料,作品体现节约思想和环境保护意识。

本次比赛分别评出一、二、三等奖若干名,颁发奖品和证书。

(3) 全参与、真体验(全员参与,比体验)

学校利用周五一天的时间,集中开展趣味性科技活动。每个趣味活动拥有独立的场地和负责的学科组,每个学生都可以报名参加,活动辅导老师、家长和学生志愿者进行活动管理,把等候和体验安排得有序和安全。

表5-1 体验项目及活动要求

体验项目	活动设计或道具制作	活动要求或比赛规则
纸飞机	现场以1张A4纸为原材料,制成一架纸飞机,不得用胶水、粘性胶带等东西,只能通过折纸做到预期的形状。	在操场上放飞,选手只有一次放飞机会,从纸飞机离手的投放点到最后落地为止的长度距离为其成绩。

续表

体验项目	活动设计或道具制作	活动要求或比赛规则
手指搬运	用管状物体模仿竹蛇的制作方法制作至少有3节手指和一节长臂的抓手,手指长度不限,长臂长度不小于80厘米。手指左右两侧穿细绳,拉左侧绳子手指向左侧弯曲,拉右侧绳子手指向右侧弯曲,拉动左右细绳进行伸握操作。 限定条件:(1) 每一手指最少要有3节。(2) 可以一臂一指,也可以一臂多指;可以单向蜷曲,也可以双向蜷曲。(3) 操作的绳子必须通过长臂管。(4) 必须在2分钟以内完成10个瓶子的正确搬运才有成绩。	每个参赛队1人。操作做好的长臂抓手时,有效手臂长度不小于60厘米。另一只手拉绳子,用蜷曲的机械手指握紧前方装满水的饮料瓶,从甲桌搬运到横向距离1米远的乙桌上,瓶子不能倾倒。如果倾倒或把放好的瓶子碰倒,用机械手扶正有效,或者让裁判员放回甲桌重新搬运;如果落地,让裁判员放回甲桌重新搬运,搬运10个竖直放好的饮料瓶用时短者胜出。
铁丝运球	可以任意用铁丝造型,制作一个运载乒乓球的容器。 限定条件:(1) 只能用一根3米长的铁丝,能短不能长,铁丝粗细不限,铁丝上不能有任何其他物质,不能用铝丝或铜丝。现场制作前检验铁丝是否合格。(2) 运输过程中只能用手接触铁丝容器,不能接触乒乓球,手托、抱、拿、抓乒乓球运输为犯规,犯规一次扣10个乒乓球。(3) 自带工具钳子。	每个参赛队1人。比赛分两个时段:前10分钟现场制作容器;后1分钟用制作好的容器从甲盆中装乒乓球,运到10米远的乙盆里,只能运输2次,途中掉落的乒乓球不计数。1分钟计时结束,乙盆里乒乓球个数多者胜出。如果在1分钟计时结束时,没有完成第二次运输,就以第一次运输乒乓球的个数记数。
胡萝卜塔	学校给每组提供一根大小基本相同的胡萝卜和数量相同(150根)的牙签、一把美工刀。用胡萝卜块作节点,搭牙签塔。	小组发扬团队精神,明确分工,切胡萝卜、设计结构、削牙签,集思广益、密切协作,创造框架结构,搭出又高又稳的胡萝卜塔,比谁搭得更高。
趣味多米诺	(1) 四人参赛,自行设计图形。(2) 在2米×2米的水平地面进行比赛。(3) 比赛自裁判员发出"开始"口令时开始倒计时,参赛者在10分钟内完成图形摆放、搭建。(4) 选取一个队长,对图形进行简要的寓意说明。	10分钟摆放时间结束后,进行推倒测试,以实际推倒数目为准。不使用其他工具。
高空掷蛋	(1) 将一个采取了一定保护措施的鸡蛋从一定高度上扔下,使其自由下落。在鸡蛋不破的前提下,进行评比。(2) 每支队伍2~5人,有三次尝试机会,取最好成绩记录(三次中哪次鸡蛋破裂则视为比赛结束,即只提供一枚鸡蛋)。(3) 学校提供鸡蛋,而不提供其他任何材料,由参加活动的队伍自主设计,充分扩大学生自由发挥的空间,但材料的环保性、制作外观等作为评分要素。	坠蛋高度分别为二楼、三楼、四楼。在鸡蛋不碎的基础上,高度高者胜出。

续表

体验项目	活动设计或道具制作	活动要求或比赛规则
纸质承重桥	(1) 2～4人组队参赛。(2) 纸桥制作要求：纸桥跨度不少于200毫米，桥面距离桌面高度不少于80毫米，宽度不少于70毫米，桥墩直径小于20毫米。制作材料只能使用同一数量的A4纸(15张)、胶水、窄胶带。可以在桥上加少量装饰物，以增加美观。	把纸桥放在桌子上，在纸桥中央放置重物，从承重300克开始。选手可以要求继续加重物，每次50克，每支队伍限加载5次，且每次加载后要求保持10秒或以上时间。承重为评判标准。
草木拓染	(1) 学校提供本校社团从校园植物中提纯出来的红黄蓝三色染液、工作台、椅子和染盆(不锈钢)，其余由参与者自带。(2) 2～4人组队参加，可以是学生和学生，也可以是学生和家长。(3) 自带一块白色的100厘米×150厘米的棉布或绸布，在限定时间内采用任何的方法和技巧，自行创作、染色、加工处理完成一件成品。(4) 要求参赛选手携带自己的围裙和工作服。在报名前，必须将自带工具的清单提交组委会接受审核。	比较拓染图案的清晰度和图案设计的创意。

5. 活动“五四”评价

(1) 五星评价。评价是为了让学生看到自己的进步和继续努力的方向，他们在活动中的表现，边上的伙伴都看到眼里、记在心里，当然，也不能忘了老师和父母的意见也很重要！

表5-2　“小发明/小制作/真体验”评价单

姓名________　班级________　辅导者________

评价标准	自我评价	同学评价	老师评价	家长评价
参与活动的积极性 ☆☆☆☆☆				
团队合作 ☆☆☆☆☆				
技能掌握情况 ☆☆☆☆☆				
活动耐心与毅力 ☆☆☆☆☆				
活动成果质量 ☆☆☆☆☆				

每个学生在报名参加活动时,都会得到一张五星评价单,根据活动情况做好评价。在活动结束后,由班主任回收统计,放入学生成长档案。

(2) 四卡激励。海阔凭鱼跃,天高任鸟飞。每个学生都应该成为翱翔蓝天的雄鹰。学校设计、印刷4种卡片——破壳卡、成长卡、展翅卡、翱翔卡。3张破壳卡可以换取1张成长卡,3张成长卡可以换取1张展翅卡。依此类推,每1张卡片也可以换取相应的纪念品。"展翅卡、翱翔卡"由科技活动组委会直接管理,"破壳卡、成长卡"则发到每个趣味活动项目的管理者手中。活动项目的管理者根据学生参与活动的情况,酌情派发给学生相应卡片。学生可以去组委会那里兑换高级卡片。科技节活动结束后,学校根据学生获得的卡片数量和等级,对学生进行表彰。

6. 活动体验反馈

这次的校园科技节,让老师和同学们都沉浸在科技的乐趣中,最大限度地丰富了学生的校园文化生活,为学生伙伴间互动搭建了平台、疏通了渠道。

(1) 三大类丰富多彩的科技活动,在满足各种学生的需求的同时,更实现了多种形式的伙伴互助学习。小发明、小论文活动促进了学生与家长间的互助交流,这种交流是非同辈间的学习交流;小制作、小创意活动,以小组为单位,现场完成一件作品,促进了学生与学生间的互助交流,这种交流是同辈间的学习交流;全参与、真体验活动,以趣味性的活动,吸引不同班级、不同性别、不同年龄的学生参与,促进了学生良好的人际关系的建立,推动了伙伴关系的进一步发展。

(2) 各个学科组参与到科技节活动中来,教师参与活动的组织、管理和辅导,丰富了教师的科技教育经验,使科技真正融进整个学校课程之中。开发出《机器人》《生活中的物理》《趣味化学实验》等一系列科技校本课程,在学校科技节活动中得到全面展示。

(3) 科技节活动让师生关系、生生关系更加融洽,伙伴合作互助进一步发展,将学生的兴趣发展为志趣,结群而不散,发展为各种各样的科技社团,如金点子社、司南社、OM社、创客社、编程社、电子百拼社、天文社……科技实践活动已然成为学校随时随地开展的活动,不再拘泥于某一个课堂、某一个地点、某一个特定的时候。

沈逸旸:学校的科技节活动让我对科技有了更加具体生动的认识,在我心中种下了科技的种子,我会努力地浇灌它,呵护它,让它茁壮成长,让它的芳香时时刻刻伴随我,督促我,让我成为一个真正的科技少年。

凌逸菲:我参与了一个科技小课题的研究,使我受益匪浅,让我的自信心和对科技的兴趣都有所提高,也让我的能力有所施展,促进了人与人之间的沟通与交流,我觉得自己正在慢慢地学习着、成长着。

沈佳慧:本次科技节活动让我懂得了许多关于科学染色的知识,知道了温度、时间竟然对染色效果会有那么大的影响。看着我们的科技成果,我们都十分满足。我相信这次科技实践，对于我们小组的每一个人来说，都是一次宝贵的经历。在以后的学习过程中，我会更积极地去探索知识。

张伊宁：落红不是无情物，化作春泥更护花。在科技节的这几天里，我们感到激动的同时还有些疲惫，但是最为辛苦的并不是我们，而是为科技节辛勤劳作、统筹规划的组委会和老师们。从构思活动方案到维持会场纪律，再到为我们打气加油、提供后勤服务与保障，他们在尽心尽力地使这次活动办得更精彩，大实验的每一分子都在不同的角落贡献着自己的力量。

任金金家长：看着孩子兴致盎然地参加科技活动，从中不断地探索、不断地学习和进步，使自己成为一个更优秀的人，作为家长，我也是感慨万千。活动使孩子的世界拓展了很多，他变得细致和严谨，不仅丰富了孩子的校园生活，更让孩子的能力得到全方面的提升，我真心地感谢学校开展这样的科技活动。

朱伊人家长：我曾经以为，进入初中我们家长和孩子就越来越难玩到一起了！不过，学校的科技节提供了这次机会，寓科技于游戏，玩的同时，更学到了知识，增长了能力，真希望科技节再继续开展下去，让我们能和孩子一起收获更大的成就感！

（由顾志荣老师提供）

第四节　发挥特长的活动

在课堂教学中，教师除了积极地开发学生潜在的能力外，还要关注学生的全面发展，关注学习困难生的进步和提高，使得每一个学生都能完成国家课程规定的学习任务，并达到课程标准要求的学习目标。培优、提中、补差，就是齐抓共管，都不能放松。但是，校园活动指向的是学生的特长和智力强项。也就是说，学生基于自己的能力、水平和经验，只要选对了项目，在活动过程中每个人都是优秀生。因此，参与活动的学生绝对是“强强联手、珠联璧合”的合作。学生在活动中想方设法把自己的特长、潜能淋漓尽致地发挥出来；另一方面也在伙伴的特长、潜能的影响下，潜移默化地提高自己的弱项，这种提高不再是强迫性的，而是浸润式的。

在一个学生乐队中，会拉小提琴的绝对不会去吹长笛，会吹长笛的也不会去拉小提琴，他们都是选择自己擅长的技能、经验参与音乐作品的演奏。教师、家长不会强制学生丢掉技能强项，去“恶补”各自的弱项，也不会通过乐队的演奏活动，提高他们不擅长的技能，而肯定是通过一系列的活动使得其各自的强项越来越强、优势项目越来越优。但是，说不定在一段时间的活动中，拉小提琴的学生向伙伴讨教吹笛子的技能，通过一定的训练也掌握了另一种乐器。这种技能的培养或者弱势能力的提升，不是因为要完成任务而逼着学生去学、去练，完全是受伙伴的影响，由兴趣而引发。所以,校园活动应该为孩子营造一个“扬长避短、优势叠加、特长荟萃”的氛围,只有这样,孩子才有成功感、获得感和幸福感。

一、活动主题可以单一,但是内容必须丰富

开展校园活动,要有民主宽松的氛围,让学生积极参与,自主选择,充分活动。但是,学校必须要有项目可以让学生选择。比如,大合唱比赛,形式单一,那么曲目能不能让学生自选呢?或者,能不能把大合唱列为整个艺术节展演的一个子项目,让学生选择呢?所以,在校园活动开展的过程中,学校要有内容丰富的“菜单”,开列学生喜闻乐见的项目,尽量照顾到不同孩子的兴趣、能力、特长。但是,在学校实际教育中,我们还是习惯于统一性,不分男女、不分年龄、不管孩子喜好,活动声势浩大,但是效果不佳,轰轰烈烈走过场。这种样态就是一种强制,而不是学生的自愿。吴江区实验初级中学在“国际理解教育周”活动中,让学生选择要展示的国家,指导他们通过研究性学习了解该国的地理、经济、文化、风俗,设计展示方案,制作展板,购置相应的物品,如国旗、国徽、民族服饰、生活器具、食品等等。这个准备过程就是一个伙伴互动过程,他们会选择自己熟悉的国家,有的学生会选择一些已经旅行过的国家,然后根据自己的特长来选择研究性学习的任务,懂音乐的研究这个国家的艺术,爱历史的研究这个国家的历史沿革,“贪吃”的研究这个国家的美食等等,用己之长,尽其所能。学校利用半天时间,为学生提供一个展示的平台,举办一个“周游列国”的嘉年华。学校还搭建一个中央舞台,让学生走秀,展示各国的服饰、舞蹈和歌曲。没有主持、没有安排,想演就演、想唱就唱,无须粉墨即可登台。很多没有什么准备的学生在同伴的簇拥、鼓动下,登台“亮相”,体验一番当“星”的感觉。主题由学校确定,项目由学生选择,形式由学生设计,内容由学生准备。展示过程看似是一个“乱哄哄”的嘉年华,实际上让伙伴影响达到高潮,是酝酿已久的激情“爆发”,让孩子酣畅淋漓享受自主学习带来的快感。

二、活动要求可以延续,但是评价必须多元

学校对一些传统活动的组织框架、内容要求、预期目标可以相对固定,但是评价标准要多元、开放、包容,千万不能评个一二三等奖就了事,而是针对孩子的表现,去发现他们的潜能,通过评价激励孩子把潜能发挥出来,把特长做得更“特”,通过评价让每一个孩子都有获得感和成功感。每个学生选择自己承担的任务,只要能完成,都应该受到褒奖。伙伴影响都是从彼此擅长的技能、熟悉的知识背景开始的,也就是说,我是被你的特长所吸引、钦佩、折服,学生青睐的必定是对方的长处。

在家庭日常生活和学校教育教学中,家长和老师都会用孩子的短处与伙伴的长处比较,“你怎么不能像某某同学那样……”“别人都能做到的事,你为什么不能做到?”有这样一个实验,将跳蚤放在玻璃杯子里,它能轻而易举地跳离杯口。接下来实验人员用

玻璃片把杯口盖住，跳蚤每一次腾跃都重重地撞在玻璃片上，越努力撞击得就越厉害。经过无数次的努力，经历无数次的失败，跳蚤开始“怀疑”自己的能力，我不行我真的不行，跳蚤开始慢慢地学“乖”了，调整自己每一次跳跃的高度。当实验人员把玻璃片拿走时，跳蚤再也跳不出杯口。不是跳蚤没有这个能力，而是跳蚤心理暗示“作祟”，导致“颓废”。学生也是一样，如果他们没有发挥才能的空间，结果就会像跳蚤那样“失去”应有的能力和特长。校园活动要成为孩子释放天性、施展才华的平台，相对于课堂教学，校园活动应当更加开放、更加自由，在校园活动中伙伴的互动是最积极的影响。因此，教师的工作就是要让每一个学生感到自己有才干、有潜力，并且一定能取得成功，让他们在互动中得到关注和尊重。

国际理解教育周

21 世纪，各国的开放程度越来越高，彼此间的交往愈来愈密切，不同文化背景、不同种族、不同宗教信仰和不同国家、地区的人们之间的交流和合作，需要尊重、包容和共享。开展国际理解教育，拓展学生国际视野，培养具有全球意识、跨文化交际能力的人才，成为教育国际化的核心所在。

为更好地推进国际理解教育，使学生了解并热爱中华优秀传统文化的同时，尊重、了解其他国家、民族、地区的文化及风俗习惯，了解世界多元文化，尊重差异，快乐学习，培养有国际视野的现代人，吴江区实验初级中学设定了国际理解教育周。

1. 活动主题。以“开放、包容、共享”为主题，围绕世界名胜、各国节日、中外饮食、国际礼仪、艺术欣赏、宗教信仰和时事政治七个内容，通过诗歌朗诵、歌曲演唱、舞蹈表演、世界各国文化展、假期游学分享会、国际课程推介会等活动，伙伴间分享国际知识，培养学生关注、研判、实践的意识。

2. 活动目标。七年级学生通过开展国际理解教育初步了解当今世界的政治、经济和文化状况，能够包容和尊重不同的民族文化、价值观和生活方式，能够在信息化时代背景下搜集了解国际热点信息；八年级学生通过开展国际理解教育养成较强的民族自豪感、社会责任感，进一步提升容纳多元文化的意识和态度，掌握一定的国际礼仪知识，具备初步的跨文化交际技能；九年级学生以此增强国际沟通与交往的实践能力、外语应用能力、跨文化沟通能力、信息处理能力、创新能力和良好的心理素质。

3. 活动内容。全校各班级利用课余时间围绕主题、针对目标开展一周的研究性学习，最后一天下午为成果展示活动，即国际理解教育“嘉年华”。

(1) 七年级学生以班级为单位，结合综合实践活动选择一个主题、围绕一个国家展开研究性学习，开展一场校级《世界各国文化展》，进行成果展示，形式不限，邀请家长和同学参观。

(2) 八年级学生以假期旅行团队为单位,整理"带着课题去旅行"研学资料和旅行经历,汇总成研学体验册,并通过学校微信公众号分享旅行体验,以讲旅行故事的方式分享研学成果和旅行体验,并邀请同学、家长一起来参与。

(3) 九年级学生以研究性学习小组为单位,寻求学科与国际理解教育相结合的切入口,努力将国际理解教育周活动与国家课程学习结合,综合各国地理、历史、政治、经济、教育、文化知识开展研学活动。最后通过国际理解教育课程推介会与同学分享研学成果。

(4) 除了分年级的主题活动,还有跨年级、班级的社团活动。依据 Outlook English 社、美联英语社、"Drame Housh"、日韩社、模拟联合国等社团自身的资源和优势,利用社团活动时间编排戏剧,进行表演、舞蹈、绘画、演唱、英语演讲等方面的比赛活动,并通过网络第一时间进行分享。

4. 展示活动。国际理解教育周活动的最后一天下午 14:30～16:45 为全校性展示,是一场以学生为主体的"嘉年华",学生可以尽情地享受校园活动的愉悦。

表 5-3　国际理解教育周展示活动安排表

活动时间	活动内容	活动地点	责任部门
14:30～15:30	初二假期游学学生家长恳谈会	国际理解中心底楼会议室	校长室
14:30～16:45	各国文化展示活动	操场	初一年级组
	"带着课题去旅行"成果分享会	国际理解中心二楼报告厅	初二年级组
	国际课程推介会	综合楼二楼报告厅	初三年级组
	大舞台展示	操场	相关社团

5. 活动评价。为检查学生是否积极参与,是否在活动中有收获,全面评价国际理解教育周活动是否达到预期目标,学校在活动前向每一个学生发放"研学单",要求学生做研修计划。特别是针对没有展示任务的学生,在展示活动中要积极参与、认真观摩,选择自己感兴趣的主题深入学习。活动结束后上交"研学单",由班级分成研学展示者和观摩学习者两类上交学校教务处。学校安排专人对学生的活动、学习情况给予评价反馈。

表 5－4　国际理解教育周活动研学评价单

<table>
<tr><td>班级</td><td></td><td>姓名</td><td></td><td>研学时间</td><td></td></tr>
<tr><td>研学足迹</td><td colspan="5">（初一年级开设的每个展位都有印章，参与活动并回答问题，就有机会盖章。用展位印章将足迹记录下来。）
我认为最好的展位（汇报、课程、节目）是＿＿＿＿＿＿＿＿＿＿＿＿＿＿＿＿＿。
我这么认为的原因是：＿＿＿＿＿＿＿＿＿＿＿＿＿＿＿＿＿＿＿＿＿＿＿。</td></tr>
<tr><td>研学分享</td><td colspan="5">（把你收集到的有价值、有意义的内容记录下来，与同学分享。如版面不够，请另附纸。）</td></tr>
<tr><td>研学（实践）感想</td><td colspan="5">（整理一下你研学或实践活动的过程，反思一下得与失。如版面不够，请另附纸。）</td></tr>
<tr><td>评价管理</td><td colspan="5">（这次活动，你的表现如何？来听一听大家的评价吧。相信你也会给自己一个合理的评价。可以从参与活动的积极性、坚持与毅力、成果收获等方面进行评价。）
我给自己的评价是：＿＿＿＿＿＿＿＿＿＿＿＿＿＿＿＿＿＿＿＿＿＿＿
同学给我的评价是：＿＿＿＿＿＿＿＿＿＿＿＿＿＿＿＿＿＿＿＿＿＿＿
父母给我的评价是：＿＿＿＿＿＿＿＿＿＿＿＿＿＿＿＿＿＿＿＿＿＿＿
老师给我的评价是：＿＿＿＿＿＿＿＿＿＿＿＿＿＿＿＿＿＿＿＿＿＿＿</td></tr>
</table>

6. 推优表彰。结合研学评价单，在公平、公正、公开的基础上，开展形式多样的评选活动，评选出“十佳成果汇报”“最佳节目”“十佳展位”“最受欢迎课程”和“优秀外交官”等，颁发证书与通报表扬，并在学校微信公众号上进行事迹推介。

7. 推进策略。在很长一段时间里，中小学的国际理解教育只是组织学生境外游学，或者接待境外学生来访，是局限于少数学生间的互访互动。设立国际理解教育周活动，目的是通过课程实施的方式，让每一个学生都参与进来，并获得相关知识和交往能力。

（1）学校设定活动主题和基本目标，活动内容和活动方式全部交给学生，让学生自己通过伙伴互动集大家智慧，汇各自特长，去组织研学活动、选择展示方案。

（2）学生活动时需要的道具和服饰，由国际理解教育课程共建单位资助。

（3）展示活动“嘉年华”的组织交给学生，特别要重视大舞台的设置，让想唱的、想说的、想跳的，能在伙伴的簇拥下即兴展示。此外，尽量满足初中生的年龄特征需求。

（4）学生不会因为学校对他们信任而认真投入到研学活动之中，因为学校要检查、考核,学生才会认认真真地参加活动。所以,学校要向全体学生发放"研学评价单",进行检查评估。其次,通过推优评选,引导学生不但要积极参与,而且要动脑筋、想办法,展示最好、最美的学习成果。

(由顾志荣、钱花美老师提供)

第五节 充满竞争的合作

竞争是个体或群体间力图胜过或压倒对方的心理需要和行为活动,目的在于追求富有吸引力的目标,因此,其积极作用是能使人振奋精神,奋发进取,促进社会进步,提高学习活动的效率。对于群体间的竞争而言,有了竞争就会形成共同的目标,催生群体内部组织化和结构化,及时交流,彼此理解,相互配合,形成更强的凝聚力和战斗力,从而使得成员更有荣誉感和归属感。

学生中群体与群体之间、群体中各成员之间,理想的状态应该是既有竞争,又有合作,两者并存才能营造千姿百态的校园生活。事实上,竞争与合作相互依赖,缺一不可。合作能有力地协调人际关系,提高工作效率,竞争反过来也能促进合作。比如,一支球队在比赛,他们与对手之间是竞争关系,为能战胜对方,球队内部必须有很好的合作,上场队员要密切配合,为投手(射手)创造机会。一个群体内部要有良好的合作,必然也需要成员的竞争,内部成员的竞争会使得群体组织力量更强大。

毫无疑问,合作是伙伴互动,但竞争同样也是伙伴影响。提高校园活动中的伙伴影响力,合作是基础,竞争也不可缺少,否则校园就没有激情,活动就没有活力。

一、激发动机

学生面对有一定难度、富有挑战性的活动项目时,如果引入竞争机制,那么就能更好地唤起孩子们的动机。学生在竞争的环境中互动,自尊和自我实现的需要变得更为强烈,就会产生原始的冲动,对于校园活动就有更加浓厚的兴趣。由于初中生的年龄特征,他们在意别人对自己的评价,乐意在公众面前"秀"一把,所以将竞争机制引入到校园活动中来,就能满足孩子跃跃欲试的愿望。假如激情在整个活动中持续地保持,就能使得学生克服困难的意志更加坚定,争取成功的信念更加明确。所以,校园活动要积极引入竞争机制,能用竞赛的方式展开的活动就要组织各种比赛,不适合以竞赛的方式展开的活动也要有评比表彰的程序。否则,学生缺少参与活动的动机,活动就丧失激情,效果也就大打折扣。另外,人都是有惰性的,不管是成年人还是孩子,并不都会因为组织者有这样那样的期望,就很乐意、很自觉地参与活动,而是因为组织者要检查、要评比,大家才会认认真真地参与活动,完成自己承担的任务。竞争有助于克服惰性。

二、全身动员

竞争会使得学生处于一种应激状态,产生强烈的情绪体验,刺激肾上腺体分泌激素,血糖升高,从而使全身肌肉产生一种紧张感,全身各器官和组织也都动员起来,应对当前的任务。这种紧张感对于学生参与活动是有益的,能够帮助学生集中注意力,调动脑、眼、耳、手等生理器官,心无旁骛、专心致志地学习。同时,学生为缓解自身应激情绪,会不由自主地与伙伴倾诉、讨论、求助、合作,希望在伙伴的帮助下完成自己承担的任务,这就大大地促进了伙伴关系的形成和巩固。不管是集体还是个体,都会在竞争中动员所有力量,全力以赴,充分发挥内在潜力与创造力,力争使自己在竞争中立于不败之地。学生在互动中受到集体荣誉感的召唤,在伙伴的鼓励、影响和带动下,一些原本把学习置于身外的学生,将会把学习逐渐内化为自己的自觉行动,即学生会对自己的学习负起责任来。一是学生为了完成任务,在收集资料、处理信息、分析思考的过程中,将会获得属于自己的能灵活运用的程序性、综合性知识;二是学生在强烈的任务归属感推动下,将会充分发挥自己的潜能和智慧,多角度地思考解决问题的方法,大大发展高层次思维能力,思维品质将会得到提升;三是学生们自我激励、自我引导、自主进行伙伴活动,将会把新获得的知识技能应用于复杂问题的解决,而成为独立思考者和自主学习者;四是学生在小组合作中,彼此支持帮助,分享经验成果,将会形成合作竞争意识和团队精神,必将成为有效的合作者;五是学生们不仅在伙伴互动中积累了丰富的学习经验,而且还会在实践过程中发展彼此接纳和尊重、赢得自信与信任、乐于挑战和创造、积极参与和合作、体验成功与价值等积极的情感态度。

三、扬长避短

扬长避短,就是用其所长处,避其所短处。美国著名管理学家杜拉克指出:“有效的管理者择人任事和升迁,都以一个人能做些什么为基础。所以,他的用人决策,不在于如何减少人的短处,而在于如何发挥人的长处。”世界上没有不存在任何缺点的人,管理者用人的要诀之一,就是如何发挥人们的长处,而不是寻找十全十美的“完人”。校园活动也一样,伙伴群体的形成或项目团队的组建,也应该见人之长、用人之长,而不是念念不忘其短。否则,势必会产生歧视人、压制人的现象。在“强强联手、优势互补”的群体中,团队中的每一个成员都是或者都可以成为“最佳成员”,都能发挥他的一技之长。在活动中,学生根据伙伴的特长分工合作,协调互动,所以成员都能够从自己的智能优势出发,找到合适的角色,承担相应的任务,在学习中人人都能品尝成功的喜悦,更加增添了学生的自信。所以,活动不只是团队与团队、群体与群体之间的竞争,团队或群体之中的每一个成员都不是“看客”,自然也是竞争的合作者,团队的成功取决于每一个成员的认真工作,责任与使命促进学生间伙伴关系的形成和巩固。通过竞争,个体对自己的特点和能力有了进一步的认识,因此能客观地评价自己,扬长避短,精益求精。即使遇到失败,遭到挫折,也能寻找原因,争取“东山再起”。对于群体而言,为了在竞争中保持不败,扩大赢面,争取压倒对手,就要调动各个成员的智能优势和技能特长,研究最优化的应对策略,这时知识、技能、经验上的差异成为伙伴互动的重要资源。

四、引导优化

在校园活动中引入竞争机制,会导致有的学生一心想要战胜对手,在交往过程中不能对竞争对手进行客观、公正的评价,且对竞争对手的优势、特长等视而不见,甚至采取妒忌、贬低和仇视的态度,这不利于与他人建立良好的人际关系。在活动中频繁地进行竞争,容易产生紧张、忧虑、自卑等消极情绪,不利于个体的身心健康。因此,在竞争过程中,教师要注意引导孩子知己知彼,尊重对手,做到“场上是对手,场下是朋友”。组织者更要注意,不同的主题活动中,参与活动的学生群体成员要根据活动要求和学生特长适当调整,这次活动我们是对手,下次活动就是伙伴,进而消除竞争带来的负面影响,让竞争与合作都能成为伙伴交往的平台。学校在校园活动中开展比赛,也要从孩子的年龄特征出发,提高活动的娱乐性和趣味性,让孩子释放心情,享受快乐。最后,竞争不能演变成“竞技”,层层筛选,只奖励几个获胜者,而要采用多元评价的方式,对活动中有良好表现的、特长充分展示的、服务精心负责的、组织周密细致的学生和学生群体都给予表扬,让更多的学生在活动中有所得、有所感。参加竞赛的学生由于心理压力大,求胜心切,产生了怯场与失误,学校也要指导周边的伙伴给予谅解和鼓励,消除心理阴影。竞争与合作,在校园活动中都能促进伙伴交往,基于初中生的心理特征,更多人喜欢竞争,所以适度引入竞争能激活学生,但是会交往、会合作还是未来社会对人的最基本要求之一。

第六章　伙伴＋班级：集体教育建互信，伙伴一起乐

班级是学校为实现一定的教育目的，将年龄相同、文化程度大体相近的学生按一定的人数规模建立起来的教育组织，也是学校行政管理的最基层组织。17 世纪初，随着西方文艺复兴和资本主义的萌发，工业生产日趋规范，需要大量的有文化的劳动力，教育开始以班级授课的方式进行。1632 年，捷克教育家夸美纽斯出版了《大教学论》，对班级授课制进行了系统化论述。近三百多年来，班级一直是学校的基本单位，班级教学是现代最具代表性的一种教育形态，整个学校教育功能的发挥主要是在班级活动中实现的。班级不仅是学生接受知识教育的资源，也是学生社会化的资源、学生进行自我教育的资源。

马卡连柯(1888～1939)，苏联著名教育革新家、教育理论家、教育实践家和作家，他的通过集体进行教育的主张持续影响着我们今天的班集体建设，影响着学校的育人方式。马卡连柯认为通过组织健全、合理的教育集体来教育学生，是培养社会主义新人的主要方法。他指出，教育的任务是培养集体主义者，绝对不能将学生看作是受训练的材料，应视他们为社会的成员、社会活动的参与者和社会财富的创造者。他特别强调教育者对集体及集体中每个成员的教育和影响应是同时的、平行的，集体首先应成为教育工作的对象。马卡连柯还提出了尊重和严格要求相统一的教育原则，认为对人的尊重和对人提出严格要求这二者是统一的。

第一节　班级活动伙伴交往的不足

教育社会学认为班级就是属于孩子们的一个社会形态。因为一个常态的班级存在着组织结构，履行一些社会职能，有自己的共同愿景、发展目标，班级成员都有各自的角色担当，有成员间的竞争与合作等人际互动。这些现象都是社会关系的缩影和投射，深刻地影响着学生社会化的发展。

一是班级是学生最主要的学习、交往和其他各种活动的环境，班级组织结构和人际关系是社会组织及社会关系的反映，班级情境中的活动和师生关系、同学关系的处理，实际上为学生参与社会生活和处理社会关系提供了学习和实践的平台及机会。二是班

集体各种活动的开展，为学生提供了多种实践的机会，在活动中学生往往被归属于不同的群体，分别扮演不同的角色，承担不同的任务，受到不同的期待，得到不同的体验，收获不同的成功，这些对学生社会性的发展都产生积极的影响。在教育实践中会发现，长期担任班干部的学生在班级生活中普遍具有较强的获得感和成功感，不仅能积极地组织和参与班集体的各项活动，而且还善于要求伙伴服从自己的权威，共同完成班集体的各项活动。所以，担任班干部的经历对提高他们的组织能力、协调能力具有很大的影响，也为他们今后的社会实践和生活奠定了一定的基础。三是良好的班级人际关系对班集体的形成和发展具有非常重要的意义，对学生个体的成长也有积极的影响，因此班级管理过程中我们需要培养良好的人际关系，反过来，一个优秀的班集体也能为学生良好的人际交往提供轻松、愉快、和谐的心理氛围。四是伙伴互动最主要落脚在班级自我教育管控能力的提升上，学生从他律到自律离不开伙伴的监督、评价、包容。实践证明，一个自我教育管控力强的班集体除了有共同的班级愿景、完整的班级制度、活跃的班级组织外，也一定有顺畅的伙伴交往、和谐的人际关系。

但是，对于学生而言，班级形成不是自发的，成为班集体的一员是不可选择的，班级愿景的形成往往受到班主任（成年人）价值取向的左右，班级活动中的"伙伴"也不是真正意义上的伙伴，只是学习的"合作者"。因此，班级中的伙伴影响对孩子成长的积极影响大多数情况下没有得到完全的开发和利用。

一、班集体建设中的目标单一、活动形式单调，班级活动缺少选择

学校班集体建设因为过度地强调学校的价值追求，集中体现校风、学风建设，导致班集体建设的目标固化、缺少丰富的内涵。加上班级管理的主要责任者班主任缺少创造性的工作，导致班级活动形式单一，常常用同一种方式开展不同主题的活动。有的班主任不顾孩子的年龄特征，用成年人的方式来组织孩子们的活动。这就导致了学生没有选择的余地，被动参与班级活动是很难培育真正的伙伴关系的，因为伙伴必定是志同道合、趣味相投的一群人。马卡连柯要求教师在教育过程中经常给学生指出美好前景，即给学生提出一个或几个需要经过一定努力才能完成的新任务，吸引集体中的每一个成员为完成新任务、实现新前景而积极参与班级活动，由近及远、由易到难地开展活动，由简单的原始冲动和满足出发，发展到最高的责任感培育和自我实现的目标达成，从而使整个班集体朝气蓬勃、永葆活力。

二、班集体建设中成员的排他性，使得一些学生失去了参与的机会

在教育实践中，孩子的行为习惯和思维方式不符合班级的主流文化，往往就会被班集体排斥，获得活动的机会就少。特别是一些不善于表达、交往能力比较弱，甚至有交往"恐惧"的孩子，在班级互动中成为"另类"，他们身上的特长和优势就没有机会在伙伴互动中显现出来。相反，一些适应能力强的孩子，在班级活动中就可能占尽"天时地利

人和”的机会，获得更多的社会实践机会。尽管我们在努力为孩子营造一个公平受教育的机会，但是在现实教育中，学生获得的机会是不均等的。这种不均等的机会往往会阻断伙伴间的有意义的交往。

班集体建设中对非正式群体的忽视，使得重要的伙伴资源得不到很好的利用。传统的视角中，常常把班级中的非正式群体看成一伙“不正经学生”，看成是班集体建设的“消极因素”。他们不但受到班集体的排斥，而且受到教师不遗余力地打压，千方百计采用同学孤立、家长劝阻等方式让他们“散伙”。其实非正式群体中的学生互动是真正的伙伴活动，学校要创造条件让积极型的非正式群体更好地发挥作用，同时因势利导，教育和引导中间型、消极型的非正式群体向积极方面转化，推动班级整体的进步。非正式群体的功能具有正式群体所不具备的特殊性。如果非正式群体与班集体的目标大体一致，那么这个群体将会对班集体产生正面的促进作用。反之，这个非正式群体就会起到负面的影响。班主任和任课老师必须充分认识到这一点，才能积极地发挥其正面的作用而尽量控制其消极的负面影响。

三、班集体建设中活动形式的封闭性，影响着学生间的伙伴交往

教师出于对学生的保护，担心学生在择友互动中受到不良影响而影响孩子个体成长和班集体建设，所以，在班集体建设中往往局限在自己的“一亩三分地”中经营，不希望自己班级的学生与其他班级互动，甚至禁止学生串班，不允许学生跨年级、跨学校联动，对学生与年龄相差比较大的伙伴互动持完全否定的态度。这些想法虽然是善意的，但是这个不行那个不行，不但导致学生交往渠道减少，而且加重了学生交往的压力。事实上初中生择友，不是像成年人一样，把利益放在第一位，也不是像我们期望的一样，先看清对方的品行对自己的影响是正面的还是负面的，而是说得来、看得惯、玩得起就能成为伙伴。所以，用成年人的视角和方式规范孩子们的交往，阻断了真正意义上的伙伴互动，是得不偿失的举措。因此，班集体建设应该是开放的、包容的，教师既要鼓励学生跨出班级与跟自己“志同道合、志趣相投”的人结为伙伴，把他们互动中的积极因素运用到自己班集体建设中来，同时，也要引导学生在伙伴交往中克服消极因素，从而帮助学生提高知人识人的社会化能力，培育正确的价值观和处世态度。

四、班集体建设中的成人化倾向，使得伙伴交往不“纯洁”

尽管班级就是一个小社会，但是这毕竟是一个属于孩子的“社会”，一切活动方式、行为、准则可以模仿现实社会，但是教师不能完全以成年人的方式来建设班集体，还是要用孩子的“游戏”方式来让他们体验现实社会的人与人之间的交往与互动。但是，在初中班集体建设中，成人化的倾向比较严重。比如，班级干部的固化，没有轮流担任的机制，尽管有的班级采用值日制度，但是没有从根本上做到资源共享。又比如，学生的结伙不是以兴趣、爱好为基础，而是为利益的“争斗”而抱团，孩子游戏的“恶作剧”虽没

有了,团体利益"争斗"的"宫廷剧"却时常在上演,甚至他们追逐的还不是真正的小团体利益,而是这个团体中"领衔人"的个人利益。再比如,在班级选举中,出现各种形式的贿选作弊的现象。出现这些问题的原因,一是当今社会现象向学校的渗透,学校不是可以完全被封闭的地方,社会不良观念和行为方式在影响着孩子;二是学校育人方式的机械化和简单化,不去研究今天孩子的身心成长的水平、特点,而是按老方法、老套路对孩子进行管理和教育,缺少与时俱进的新方式、新方法;三是教师缺少创新工作的方法,缺少儿童立场和儿童视角,没有根据孩子的年龄特征树立适合的价值取向,只是简单地用成年人的要求去说教,对于不懂世事的孩子就仅仅把成年人的行为方式照搬到他们的交往互动之中;四是缺少真正意义上的伙伴互动,孩子没有自己的活动方式,就会被不应该属于他们的活动方式所取代。这些现象导致当前班集体建设中孩子伙伴交往不"纯洁"。世故,不是一种孩子身心品行成熟的标识,伙伴交往的不纯洁是我们班集体建设面临的新课题和新挑战。

第二节　集体教育促进伙伴交往的策略

在班级授课制为主导的学校教育中,如何在强化集体教育的同时,促进伙伴影响,催生伙伴教育呢?破解这个问题,不仅仅为了应对学生人际交往缺失的现实问题,也是对当下集体教育的补充,更是育人方式返璞归真的理性选择。

一、聚焦集体与尊重个体

集体意识是班级发展成为班集体的标志,培养学生的集体意识是建设优秀班集体的基础。集体意识表现为学生对班集体目标和规范的认同,将自己自觉归属于班集体,对班集体的活动自觉参与,对班集体的形象自觉维护。学生的班集体意识对于班级任务的完成、发展目标的实现、学生良好行为习惯的养成、自我管理制度的形成以及班集体凝聚力的增强等都具有重要的作用。树立班级精神与培育集体意识,要基于初中生的认知水平和年龄特征,要统一思想,同时要针对班级学生的家庭背景和文化底色,提出班级精神的"关键词"或是"主题词",让班级精神有形,让集体意识说话。比如,吴江区笠泽实验初级中学的外来务工随迁子女占了学生总数的近八成,班级里的学生来自十多个省、市、自治区,学生学习基础差异大,学业水平整体不高,某班级提出的班级口号是"互帮互学、携手共进,让我们每天进步一点点",有班级提出的奋斗目标是"从三静(净、敬)到三自"[即学习环境要安静、遵守纪律课堂要安静、做事待人要文静,环境要干净、作业要干净(不拖拉作业)、做人要干净(个人行为、品德),敬畏生命、尊敬老师、敬爱伙伴;从学生常规管理入手,通过班集体建设,促进学生行为自律、学习自主、生活自理能力的形成]。班级精神和集体意识的培育,绝对不是孩子内心的需要，而是我们教育者对受教育者的期盼，是育人目标的具体化的实践活动，是国家意志的体现，具有强制性。对初中学生靠说教是很难形成班级的精神和集体意识的，需要学校在班集体建设过程中吸引学生的参与。最有效的途径就是通过伙伴关系的建立。在互动与交往过程中，学生的言行得到伙伴的肯定和褒奖，就会强化他的行为方式，使他变得越来越好；相反，他的言行得到伙伴的排斥或批评时，为了融入集体中来，他就会不断矫治自己的行为方式，尽可能与大家的期盼一致。从而在教师的引导下，班级思想统一，步调一致，正气昂扬，精神提振，学生从参与中获得成功的体验，获得荣誉感，进而产生归属感，这时集体意识就自然形成。班级是个集体，集体对学生成长的影响至关重要，聚焦班集体建设，一方面需要伙伴活动，另一方面优秀的班集体也能促进学生良好的交往。

在聚焦班集体建设的过程中，要密切注意培养学生的自主精神，使学生成为班级的主人。在班级管理中充分尊重学生的主体人格，信任学生，鼓励学生积极“参政议政”，千万不能将学生划成三六九等，千万不能在学生中形成“管”与“被管”两个群体，更不能在教师（成年人）刻意的安排下形成少数学生的“权威”。平等、民主、参与、包容是班集体建设的核心价值，也是伙伴交往的基本准则。对于一个新组建的班级，学生之间从陌生到熟悉，从交往到影响，从影响到共进，这个过程需要教师的组织、引领，更需要学生在日常生活中自然聚集、自然形成，这样才能克服班集体建设中“被伙伴”的套路，真正成为班集体建设的一分子。集体意识不是在教师的刻意经营下形成的，而主要依靠学生在他们的生活中以他们的方式构建。一切独立于班集体的伙伴关系是没有教育力的，班集体建设缺少真正的伙伴关系也是没有生命力的。所以，既要引导学生正确处理个人与集体的关系，引导学生关心集体，关心同学，团结协作，共同发展，又要鼓励孩子间彼此尊重、平等互动。

二、完善制度与培育文化

建立和完善班级的规章制度，既是为学生提供参与班级活动及处理班级事务的基本准则，也是为学生提供基本的行为模式和评价自己及他人的基本标准，使班级学生的言行有章可循、有据可依。这是培育学生民主法制意识、遵纪守法习惯的重要手段，也是提高班级教育管理工作效率、优化班级教育管理效果的重要策略。但是，制订制度是班级管理的手段，更是促进班级价值取向、思维模式、行为习惯和处世态度养成的措施，即制度建设的目的就是要培育班级文化。所以，制度建设仅停留在教师的想法与做法上，对于初中生管理与教育而言是远远不够的，从他律到自律的蜕变源于制度约束，成于伙伴影响。在“伙伴+”育人视域下的班级文化培育，要有利于伙伴关系的建立，要促进伙伴影响，让学生的成长在伙伴互动中实现。

建设班级文化首先要有目的、有计划地按照教育方针和学校培养目标，精心设计系列化育人活动，引导学生逐步确立正确的人生观、价值观、世界观，培养学生集体荣誉感和归属感,为班级文化培育夯实思想基础。其次,要重视班级正确舆论环境的培育,发挥制度的调控作用,通过学生协商互动建立规章制度,营造和鼓励学生积极参与班级事务、自觉执行规章制度的舆论氛围,促进由他律走向自律的过程发生。第三,强调赋予班级物质环境以文化内涵,发挥其对班级学生的陶冶作用。体现班级文化的装饰、活动场所的建设都要与班级文化建设要求一致。比如,吴江区笠泽实验初级中学开展小组合作学习,那么教室的桌椅放置要有利于学生课堂交流。第四,要把班级的活动分解成小组活动,小组的每个成员都要承担一定的任务,形成大家有事干、有事大家干的局面,让学生知识、技能、经验上的差异成为孩子合作学习的资源。第五,建立有利于伙伴影响的评价方式,既要有结果性评价,让学生有获得感,同时更要重视学生的过程性评价,观察学生在伙伴互动过程中的态度、情感和作为,以及合作水平与竞争能力,引导学生学会真诚待人、互相帮助、互相支持、团结协作,正确处理好竞争与合作的关系。第六,学会包容是合作的基础,也是伙伴互动的必要条件和目标追求,学会倾听伙伴的意见,准确表达自己的想法,当出现意见分歧时,要学会角色换位来思考问题,而不是刚愎自用,死扛自己的主张,不肯让步、不肯妥协。第七,既要培养班级学生共同的兴趣和爱好,使学生之间有更多的沟通交流,增强班集体对学生的吸引力和影响力,也要发展好学生个体的特长与优势,伙伴互动是特长与特长彼此影响,优势与优势相互融合,只有学生个体的特长、优势得到充分发展,才有班级文化的特长与优势。

班歌——我们的最爱

"青春的旋律里,我们不明白,我们到底是大人,还是小小孩……"

"我们的三年级二班充满阳光,处处洋溢着师长之爱、师长之爱,多少拼搏的记忆模糊,多少美丽的往事如烟,唯有师长的培育之情,时时拨动生命的琴弦,永驻心海……"

《我们的三年级二班》的嘹亮歌声,激起了台下观看演出的师生一阵阵雷鸣般的掌声,我们的班歌——《我们的三年级二班》,将中原油田第十五届中小学"文化艺术节"的开幕式演出推向高潮……

作为一名初中学生,我为生活、学习在中原油田第十五中学三年级二班,感到由衷的快乐和自豪!

升入初中三年级以来,我们又增加了物理和化学两门新课程,预习、上课,作业、考试,将我们的学习生活塞得满满的,操场上不见了我们矫健的身姿,喜欢读的课外书落上了厚厚的尘土,星期六、星期天也难得潇洒和快乐,一个个青春的面庞失去了少男少女应有的亮丽光彩……新接任我们班主任的段惠民老师,好像猜透了我们的心思,一上任就采纳同学们的建议,成立了三年级二班男、女生篮球队,还带我们去兰考最贫困的农村"观光""游览"……

特别让我们兴奋的是:段老师让我们自己作词、自己作曲,谱写反映我们的学习生活、抒发我们自己的思想、体现我们精神风貌的“班歌”。这可是我们长这么大，连听都没有听过的新鲜事！一下子，全班同学来了精神，身为语文课代表，我更是希望自己能为班歌作出歌词……放学后，同学们都走了，我还在教室里奋笔疾书，下晚自习回到家，顾不得刷牙、洗脚，我就坐在书桌前斟字酌句，就是上下学的路上，我的大脑也没有停止过思考，我努力着、酝酿着、修改着……一天夜里，我梦见学校召开全校师生大会，集合时，我和同学们自豪地唱着由我作词的班歌，“好好学习，天天向上，长大后为祖国的强盛献力量……”兄弟班的同学都羡慕地看着我们班……真带劲！

一星期后，我们纷纷交上自以为满意的歌词……随后的日子里，每当看到段老师走进教室，我就目不转睛地盯着他，心差不多要提到嗓子眼，急切地期盼却又十分担心地等待他宣布歌词创作的结果。可一连几天，段老师好像忘却了这件事，若无其事地上课、布置作业……唉，真急人！有几次，我真想问问段老师，是不是把班歌的事忘记了，可话到嘴边，又咽了回去。也许，今天或者明天，老师就该宣布了，那么多天都过去了，别急，说不定老师还没选好，再等等。又是一个星期过去，唉！也真是……慢慢地，大家以为段老师也许是一时的心血来潮，班歌不会有结果了，我也和大家一样，不再想这件事了。一天自习课时，我们正忙着作业，不知什么时候，段老师已站在讲台上，“同学们！”我们吓了一跳，段老师眉毛向上翘着，眼睛眯成一条缝，眨了几下，不紧不慢地说：“今天，我和大家商量一个事，同学们创作的班歌歌词，确实太好了！真的很难取舍！经过两个多星期的工作，目前还没有定下来，这段时间，我和教你们音乐的石英老师，还有几位语文老师，初评出了徐琳同学的《我们的三年级二班》、陈素媛同学的《青春的风采》、赵俊芳同学的《拼搏》等三首候选歌词，现在，我投影在屏幕上，请同学们认真审读、品味，而后呢，请大家举手表决……”没等老师把话说完，我的眼泪就顺着面颊流了下来……老师还说了些什么，我一个字也没有听见。全班同学认真地、庄严地投出自己神圣的一票，最后，徐琳同学创作的歌词《我们的三年级二班》胜出。大家鼓掌通过！共同修改、定稿之后，段老师又问我们，“乐曲怎么谱？”大家异口同声地说：“还征集！”这下，班里的几位小“音乐家”——“二胡演奏家”刘海珍同学、“古筝演奏家”王璐璐同学等个个跃跃欲试……最后，还是钢琴已过八级的郭慧娟同学谱出的乐曲技高一筹，征服了我们……

现在，每当行走在上学、放学的路上的时候，每当学习疲惫、课间嬉戏和休息的时候，我们都会不由自主地小声哼哼“成绩单是悲与喜的转换键，成与败我们依然痴心不改”，也时常会听到“天天的上下学，我们急不可耐，不知何时我们能长成栋梁之才”……

旋律优美的班歌、鼓舞人心的班歌、催人奋进的班歌，我们全班同学的最爱！虽然我创作的歌词落选了，但唱着我们中学生——我的同学自己作词、谱曲的班歌，那种自豪之情总漾在心头，久久不去！

（摘自河南段惠民老师的报告）

一首班歌,一个班名,一面班旗,一枚班徽,一件班服甚至一句班级的口号,都可以作为一个班级文化建设的载体,它展现着一个班级的独特风采,同时也寄托着每一位同学心中对未来成长的美好希望。而且,征集、设计的过程给同学们提供了展示特长、个性的舞台,让同学们群策群力,以班级为荣,为班集体增光添彩,从而增强了班级的凝聚力。

三、优化活动与促进交往

学校大多数活动的开展基于班级,也就是说班级是学校的基本组织单位。优化活动,主要是优化活动的组织与实施的方式,从而促进学生互动,让伙伴影响充分地发挥出来。一是强化小组合作意识,以班级为单位整体参与活动,声势虽大,但是会削弱伙伴影响,许多学生是被动的,或者参与的活动不是自己喜欢的活动,或者是在活动中没有办法展示自己的"才华",没有充分的获得感。强化小组合作,就是将活动任务分解,让三五成群形成的小组成为承担活动中一项或几项任务的小单位,这样学生更有归属感和责任感,有选择必有特长展示的机会,有选择意味着尊重学生意愿,使自主性得到彰显,有选择就有了责任与担当。伙伴对学生个体的评价时刻发生在活动中,学生不断在同伴的鼓励与监督下把事做得更好。二是分组要注意成员优势互补,同时要求成员的学习能力基本相当,这样伙伴互动有基础,伙伴之间可以获得学习与实践的机会。如果小组中学习能力相对强的学生居多,那么就会造成学习能力相对差的学生失去参与机会,成为活动的"看客"。三是培育相对稳定的合作学习小组,基于学生的兴趣、爱好和彼此包容度,不论是课堂学习,还是课外活动,不论是校内,还是校外,小组成员保持基本不变,这样的群体对伙伴的影响力不可估量。四是要"开门"借力办活动,鼓励学生利用身边的伙伴资源一起来办活动,家长、社会热心人士、隔壁班同学、高年级的学友,都可以成为合作学习的成员,鼓励学生与有一技之长、有丰富经验的大小"伙伴"合作,一起完成当前的任务,在做中学,学中做,边学边做。打破边际办活动,是扩大伙伴影响的主要渠道,哪怕是学生的网友,也可以成为活动中的伙伴。千万不要因噎废食,本想要保护学生不受负面干扰,结果把班级外的好人、好事排除在外。事实上,教师百般防范,但学生离开学校,与班级外、学校外的伙伴还是有密切的互动,与其跟处于我们学校管理盲点中的伙伴交往,还不如学校主动将部分互动纳入班集体建设中来,也许这些人士的参与能为孩子架起学校与现实社会之间的桥梁。五是要相信学生的能力,大胆放手让学生去操作,教师应该把自己放在组织者、帮助者的位子上,不要对学生的活动指手画脚,即便活动效果不如人意,达不到我们预期的要求,只要学生活动充分,心情释放,我们都要包容和接纳,都要为孩子点赞。尽管初中生能力有限,但是这个年龄段的孩子渴望摆脱成年人的管教,追求自我体验,我们为什么不顺势而为呢?即使孩子失败也实现了经验的积累,只要方向性、人身安全没有问题,我们就可以大胆放手,让学生做自己喜欢的事,让学生做自己擅长的事,这样的伙伴互动才有价值。

班级活动分解到小组轮流举办

班级活动想要形式多样,丰富多彩,必须全体动员,让同学们八仙过海,各显神通。学校一般每月有一个主题,要求各班根据主题组织一次活动,德育处进行检查和评比。以前,我都是把这样一个光荣而艰巨的任务交给班委,并且专门成立了以文娱、宣传委员为核心的"主题班会活动小组",这样确实能保证活动的质量,在评比中每次均能得个不错的分数。但"主题班会活动小组"的同学太辛苦,一次次活动设计下来已有"江郎才尽"的感觉,活动形式难有突破。显然这种做法只重视少数学生实践能力的培养,明显排斥了其他学生的参与,不利于全体学生发展。为了改变这种状况,我把班级活动分解到小组轮流举办。开学初,根据学生自由组合和班主任适当调整相结合的方式成立7～8个旗鼓相当的小组,选好组长,以抓阄的方式排好一学期的活动顺序。具体活动主题由组长确定,如果学校有主题活动,就服从大局。组长组织小组成员商量讨论,初步确定活动方案,至少提前一周把活动方案在班级中进行公示,征求全班同学意见,意见收集后再做修改,最后由组长对成员进行分工,共同完成这次班级活动。到期末对各小组组织活动的情况进行评比,评出"最佳创意奖""最佳组织奖""最佳团队奖"等。因为每次活动都集中了全体成员的智慧,做到分工明确,人人为活动出谋划策,而且,我们的孩子还特聪明,会充分利用身边的资源,动员父母和哥哥姐姐参与进来,所以一次次刷新了活动的形式,每次活动都让同学们很期待。比如,进行"我与绿色同行"主题活动时,同学从污水处理厂拍了一段污水处理的视频展示给大家看,让大家意识到保护水资源的重要性;进行"感恩"主题教育时,学生把父母请到了现场,让父母用照片、日记的方式呈现了一个孩子从孕育到慢慢长大这个过程中,爸爸妈妈都为我们做了些什么,讲述了爸爸妈妈的喜怒哀乐都是紧紧围绕着孩子的成长的,同学们在重温自己成长的过程中深深理解了父母的辛苦;还有同学利用父亲是交警的便利,带着大家去交警大队参观,看警示图片,听交警叔叔讲交通法规,让安全警钟长鸣;也有同学组织大家去放风筝,去野炊,在亲近大自然、愉悦身心的同时,将课堂上学到的知识运用到活动中去,更好地体验生活,提高实践动手能力。

这种活动举办方式赢得了广大学生、甚至家长们的一致好评,学生们个个奋勇当先,积极主动地展示自己的能力和才华,擅长交流沟通的、能言善辩的、组织能力出色的、文字基本功扎实的、艺术素养更胜一筹的、生活经验丰富的、身体素质特强的,同学们都在活动中找到了自己的位置,班级活动为他们提供了发挥特长的舞台,也增强了同学们的自信。孩子们在活动中共同学习,共同成长。

(由金桂华老师提供)

四、关注弱势与发展特长

班级中总有一些弱势群体,一是交往能力低下的学生,二是存在一些非正式的群体。根据多元智能的理论,几乎没有各方面的智力都是超群的人,这方面能力强,那方面能力也许就相对弱一些。交往能力相对弱的学生不等于没有智慧、没有特长、没有优势、没有思想。所以,在学生交往过程中,培养这些学生的交往习惯和交往能力需要教师更加密切关注,要主动在小组活动中引导大家倾听他的意见和建议,要鼓励他表达自己的想法和主张,如果他们正好是操作能力强的学生,教师要指导伙伴把展示的机会让给这些同学。知识学习、技能训练,离开老师的关注,学生完全可以在伙伴的指导下进行,但是人的交往能力的培养离不开教师的帮助,千万不能让孩子在伙伴互动中受挫太多。

吴江区笠泽实验初级中学2014级有一位冯姓学生,行为自由散漫,厌学情绪严重,学业水平极差,在课堂不是睡觉就是捣乱,老师"施尽"各种办法,他依旧我行我素,弄得任课老师一筹莫展,只好到校长室里来,请校长教育教育。我没有训斥他,也没有开导他;而是让他面对面静坐。他精神好的时候,我不睬他;他精神萎靡的时候,跟他唠唠叨叨地聊天,不让他打瞌睡。早上由班主任领来,傍晚由班主任带回班级。两天后,自由散漫惯的孩子如坐针毡,度日如年,鼻涕、眼泪哗哗地掉,希望校长宽容一些,让他早点回班级上课。我说:不行!至少连续静坐30天,如果缺1天,那么就要补1天,加罚2天。

两周过去后,孩子倒是习惯了,我却有点坐不定了。正好在网络上学习photoshop技术,拿出厚厚的一本教材,跟着网络视频,边阅读边操作。这个冯同学看着我笨拙的操作,吃吃地笑着,我瞪了他几眼,他实在忍不住说:校长,你不要看那么厚的书了,有问题你问,我来教你。我觉得奇了怪了,这么繁多的操作,难道他真的都会?于是,我就学习进程,一个接一个问他问题,他熟练地示范操作给我看。这时,我意识到这个孩子薄薄的课本虽不想看,但是,厚厚的photoshop技术,却能很好地掌握。他到底是一名学优生,还是一位学困生呢?假如我们学校有这门photoshop技术课程,也许他就是一名出类拔萃的优秀生。想了良久以后,我做出一个看似十分"荒唐"的事。我告诉他,你不要进教室学习了,去微机房当信息技术老师的助手,行吗?孩子知道我要"释放"他,而且同意他不去教室上课,一口答应下来。

信息技术教师一般要任五六个班级的课,说实话,一个学期下来,学生的人与名还不一定对得上号,加上课堂教学以操作为主,而且学生操作微机的能力差异很大。所以,信息技术的课堂一般都是乱哄哄的。冯同学到位后,他以"特有影响力"(同学都知道他是个"差生",不敢惹他)把课堂管得井井有条,同时他在课堂中的辅导以学生的理解方式教伙伴操作。一个老师人见人烦、学生人见人怕的人,当他找到自己的兴趣点和能发挥才干的环境,他就是一位"学优生"。

学校还鼓励他申报社团,但是"坏名声"在外,招募不到伙伴,大家看见他总是有点害怕,心有余悸,家长也不同意让自己的孩子与姓冯的同学为伴。没有办法,我主动地成为他的第一个学员。因为校长都信任他,一些有相同爱好的人开始陆陆续续地加入他的社团,人不多,但比没人来"应聘"要好。经过两个多学期的互动,大家对他不再定位于"十恶不赦"的捣蛋鬼,而是一名有"才华"的伙伴。

还有一位姓桑的同学,是外来务工人员的孩子。由于父母很少关心孩子的生活和学习,他调皮捣蛋,在班级里属于"人见人怕"的"坏学生",教师拿他也没有好的管教办法。但是,在一次学生户外实践活动时,我发现这孩子能烧得一手好菜,我当众大大夸奖了他。于是,我就花了760元专门在食堂后厨为他安排一个"工作坊"。每当学校要招待客人,我掏钱请他买菜、做菜,请他掌勺当大厨。1～2个小时六菜一汤,色香味形有模有样。动筷前,我都要把孩子叫到客人面前,请他介绍这些菜是怎么做出来的,并让他自己先尝,谈谈今天做的菜味道如何,鼓励他自我评价一番。做一餐饭,孩子行为可以"太平"几周。发现他开始有行为"出轨"的预兆,马上通知他"明天有客人来了"。就这样,经过一个多学期的引导,本来就很淳朴的孩子其自尊心、自信心逐步树立起来,行为习惯慢慢变好,开始被人注意、被人尊重、被人接纳,逐步融入班级集体之中。

(由作者本人提供)

第三节　非正式群体的引导与教育

非正式群体,一直被当做班集体建设的"绊脚石",他们的聚集不是因为我们班集体建设的主动召唤,而是基于某种爱好,因志趣相投才聚在一起。这种群体可以说是班集体建设中的弱势群体,因此被正式群体排斥。但是,也可以是班集体建设的强势群体,因为它们比正式群体拥有更强的凝聚力、知行一致性等特质。它们是真正意义上的"初级群体",成员间的关系是真正的伙伴关系。管控得好,有助于班集体建设中伙伴关系的形成,可以积极发挥伙伴影响,促进学习;失控,则会成为班集体建设的桎梏。

非正式群体的形成使得成员具有一体感,伙伴彼此能和谐一致,在其乐融融的状态下,达成群体共同的目标。非正式群体形成的主要原因:一是满足心理需要。初中生之所以会形成非正式群体,是基于一种心理需求。人类不是孤独的有机体,一个人所有需求的满足是要与他人合作的,人为了保证其生理、心理成长历程的需要,最有效的方法就是将自己所有的资源与他人结合在一起。因此,个体与他人的互动关系是不可避免的。对于初中生来说,除了正式群体之外,还需要非正式群体满足其社会化进程的各种需求,特别是学生个性化的需求。二是满足沟通需要。非正式群体具有快捷、通畅的信息沟通渠道,在非正式群体中,其成员在相互平等、尊重的基础上,可以毫不忌讳地相互交流。因此,学生借助这样的通道,能够了解伙伴的心理状态及感受,同时也可以相互倾诉困惑。从这一点来看,非正式群体成为学生,尤其是心理重压下学生的"安全阀"。

三是性别因素及接近性因素。由于性别的差异，男女生有着明显不同的兴趣和态度，因此在班集体内，男女生常常会形成不同的非正式群体。空间位置也是非正式群体形成的因素之一。班内座位靠近的学生，或者家住得比较近的学生，由于经常在一起探讨问题，自然就容易形成小群体。

非正式群体具有一些基本的特征：以某种利益、观点和爱好为基础，以感情为纽带；有较强的内聚力和行为一致性；群体的首领对其他成员拥有精神上的话语权力；有自我约定的奖惩制度和手段；成员之间有一条比较灵敏的信息传递渠道；有较强的自卫性和排外性；等等。

如果非正式群体的价值取向、目标、行为规范与班集体一致，会对班集体建设有着积极的影响。首先，满足成员的需要。非正式群体成员有各种需要，有些需要通过班集体本身可以得到满足，但还有一些很难从正式群体中获得。而在非正式群体中，成员之间的这种非正式关系、自发关系使他们在这方面的空白得以弥补。其次，增强组织的凝聚力。非正式群体的形成主要是源于心理性、情感性因素的需要，成员间的关系由其特定的行为规范来调节，并且非正式群体一般都有自己的“群体领袖”。“群体领袖”所具有的影响力往往是被其成员认可的，这与那些由规章制度形成的、带强制力的班纪班规的影响力是不一样的，前者相对来说更具说服力。第三，有益于组织成员的沟通。非正式群体成员之间交往十分频繁，信息传递十分快捷。正式途径的传递是主要途径，但方式过于单调，具有强制色彩，不易被成员认可，甚至产生相反的效果。相对于正式途径的信息传递方式，非正式传递方式表现出来的自然性特点使得信息的传递更为快捷、内容更丰富，易于引起学生的共鸣而使传递获得更好的效果。第四，有助于班级目标的实现。非正式群体最基本的优点之一就是它辅助正式群体去完成工作。非正式群体本质上可以作为对正式群体的积极支持，它在实现班级目标的过程中有着不可或缺的作用。

但值得我们重视的是，非正式群体也有偏离班集体、偏离正确舆论的时候，这时就要求我们教育者适度介入，适度引导，将其纳入班集体的发展轨道。要让非正式群体发挥最大教育价值，需要班级管理者对非正式群体给予认可、支持、理解和指导，激发出非正式群体成员的潜能，努力培养班集体与非正式群体之间的合作、依赖关系，从而更有效、更快捷地达成班集体建设的各项目标。

1. 正确认识班集体中的非正式群体

非正式群体的存在和发展有其必然性，它是初中生身心发展和成熟过程中的必然产物，同时，它对满足孩子在社会、心理和生活上的各种需求具有独特的不容忽视的作用。因此，学生中自发形成了小群体是一种正常现象。这些非正式群体是伴随着班集体形成而产生的，价值取向是基本一致的，伙伴在这种融洽的、相互尊重的环境中身心得到愉悦，在某种程度上有稳定班集体的作用。班集体的行为规范与行动计划是预先建立的，有可能难以适应动态建设中的所有问题。而非正式群体则是动态的，具有伸缩性、自发性和重组性，有时会有助于班集体做出决定，或者弥补班集体所作决定的缺陷。

非正式群体在信息沟通上快捷、通畅、且富有弹性,伙伴间的团队合作与动态应变能力很强,能帮助班主任在决策时作出正确的抉择。当然,非正式群体中伙伴间的交往内容和倾向有不可避免的消极性。不同的小群体有完全不同的性质,会对学生产生完全不同的影响。因此,必须认真地调查分析非正式群体的形成、性质及其变化过程,从而找到对策。

2. 尊重、信任、爱护非正式群体的成员

对于对立型的非正式群体,班主任应当更多地关注、接近和亲近他们,发现其闪光点并及时强化,作耐心细致的思想工作,切忌简单、粗暴。鉴于此,对于各类非正式群体,我们可以利用非正式群体成员间的感情基础,增进同学间友谊,增强班集体的凝聚力;利用非正式群体成员间畅通的信息管道,了解学生的思想动态和对班集体管理的一些意见和建议;培养、培训非正式群体的领导者,形成强而有力、管而有效的班干部集体。不能歧视、打击、排斥他们,更不能轻易去激怒他们中的领头人。由于他们对本群体成员影响力大,做好这些人的工作,往往会影响一批人,因此班主任和任课教师在班集体建设过程中,应该给予他们更多的信任、尊重和爱护,尽可能给他们安排班集体建设的一些正式工作和主要任务,让他们在正式群体活动中有自己的位置。

3. 注意从多方面进行引导和教育

非正式群体中的群体互动是真正意义上的伙伴活动,学生在中间学到的知识、技能甚至超过教师教的,最关键的是,学生在非正式群体中的学习是自愿、自主的,因此这就是有意义的学习,这是我们学校教育要追求的境界,但是我们一直在排斥他们,他们应该是班集体建设的强者,结果却成为需要我们关注的弱势群体。所以,我们在班集体建设中,千万不能"棒打鸳鸯",而是要精心地保护他们,同时观察、研判这些非正式群体的"凝聚核"(即核心人物、核心话题)是什么?在活动中投其所好,让他们积极参与到有组织的活动中,从而发挥伙伴互动中的教育价值。2015 年,在吴江区笠泽实验初中有一群女生聚集在一起,学习不认真,班级活动不积极。她们的"凝聚核"是什么呢?原来这是一群爱美的女生,节假日、双休日打扮时髦,成人化倾向重。在班级心理辅导课上,我们针对她们开了一堂"体验成年人生活"的体验课,这帮孩子"有了用武之地",高跟鞋、超短裙、假睫毛、胭脂口红都用上了,她们觉得花枝招展很美,但是在场的同学都不认可。因为打扮与年龄差距太大,正常的成年人装扮搁在孩子身上就像小丑。通过教师引领,告诉她们装扮与年龄、场合有关,不注意这些问题胡乱地在身上披挂涂抹只会损毁自己文静、端庄的形象。引导教育到这里还没有结束,学校没有强制她们散伙,而是鼓励她们成立一个 cosplay 社团,既满足孩子求异求新的心理需求,又把她们紧紧地聚拢在班集体周围。每次舞台上出现那些穿着"奇装异服"动画人物形象的展示,都博得同学们阵阵掌声。

学校要培育一些准非正式群体,即在学校主导下形成的非正式群体。比如学生的社团,就是以相同的兴趣、爱好才聚在一起。学生社团是指学生在自愿基础上形成的各种群众性文化、艺术、学术团体。不分年级、班级甚至学校的界限,由兴趣爱好相近的同学组成。目的是活跃学校学习氛围,提高学生自治能力,丰富课余生活。学生在社团活动中交流思想、切磋技艺、互相启迪、增进友谊,这就是一个伙伴学习的过程。好的社团文化,会潜移默化地影响学生的品行、能力、经验、技能的发展。吴江区笠泽实验初级中学把体育课与课外活动整合,让学生自己选择健身项目,跨班级、跨年级,有的项目还跨性别进行活动,每一个项目组也是一个准非正式群体,都是有经验、有技术的孩子在带领欠经验、欠技术的伙伴一起"玩",在玩中学,学中玩。纵观人一生习得的知识、练就的技能,大多数是在这种非正式群体中、在非正式的学习中获得的。

第四节　班主任要当学生的知心伙伴

班主任是学校中全面负责一个班学生的思想、学习、健康和生活等工作的教师,他是一个班的组织者、领导者和教育者,也是一个班中全体任课教师教学、教育工作的协调者。与其他学科的任课老师比较不同的是,班主任是这个班级全员的育人首席。一个班集体的样态跟班主任的教育主张有密不可分的关系,在"伙伴+"育人视域下的班集体建设给班主任带来新要求。

一、班主任的高与低

班主任是班级全员的育人首席,承担教书育人的重要使命,得到同行的敬佩、学生的敬爱、家长的敬仰和社会人士的敬重,得到校长的信任和教育行政部门的重视,可见班主任在整个学校教育教学活动中起着十分重要的作用。在教与学双边活动中,班主任处于崇高的地位。但是,在班集体建设中,班主任应该放下身子,低位管理。在"伙伴+"育人的背景下,班主任首先要善于转变班级组织者和领导者的形象,积极主动地成为学生学习共同体的一员,成为全班孩子的伙伴。班主任要尊重每个孩子,平等对待每一条生命,为来自不同家庭的所有孩子创设均等的机会。班主任要充分相信每一个孩子都是带着自己的生活经验、价值判断、情感态度、行为习惯、个性特长相聚在一起的,相信每一个学生都能为班集体的建设增光添彩。班主任要创造性地把国家的教育方针和学校的育人目标转化为班级日常管理的具体要求,放手让学生自我管理班级。班主任要摆脱班级管理中用少数人的班委来管控班级的观点,激发学生的参与意识,使人人都是"小老师",个个都是"班主任",齐心协力共同建设大家的班级。确立班集体建设的共同愿景和阶段性发展目标,合理组织学习小组或活动小组,班级内要形成组与组之间的竞争,同时要激发学生与其他班级之间的比学赶帮超,有组间竞争就有组内合作,有班级间竞争就有班集体建设中的合作,让竞争促进合作,让合作助推竞争。合作与竞争的过程,实质上就是伙伴互动、伙伴教育的过程。

班干部轮岗制

班级管理中,如果一套班委会长期从事班级管理工作,可能会出现“疲软”现象。因此,我大胆对班委会进行了改革,又另外组建了一套新的班委会,其组成委员严格依据标准从全体学生中选拔任用或进行民主竞选。两套班委会不能同时作用于班级管理,通常是“轮流上岗执政”或“竞争上岗”。

经过仔细考察和民主选举,班内分别成立以两位班长为代表的班委会,所有班委成员接受全班学生的监督与考核。在每周的班会上,由执政的班委会主持班会内容,汇报上周班级各项工作的开展情况,班主任只起到旁观点评的作用。这样班主任把管理权利真正下放到学生手中,让他们充分履行自身的职责,从而营造了“自我管理”模式的良好局面。经过大约一个月的实践锻炼,执政的班委会成员“集体下课”一次,由另外一套班委会的成员来顶替其职责,继续为老师和学生们服务。两个月后,要求同学们对两套班委会的工作进行评议,指出其优点与不足。若某套班委会中途不能胜任班级管理工作,可考虑提前下岗,然后再重新组建。

等到下一轮班委再执政时,我对班委成员的原职务进行了调换,一方面有利于每个同学得到全方位的锻炼,另一方面也充分体现了机会均等的原则。

两套班委会轮岗制度实施以后,班干部的责任心普遍有了提高,竞争的意识和不服输的劲头促使他们努力工作,班干部能够严以律己,切实起到了模范带头作用,而且能不断改进工作态度和方法,更注重细节,不断提升工作能力。

班级的管理,不仅仅是班委干部的职责,也是每位同学的职责。苏霍姆林斯基说:“让每个学生都抬起头来。”把机会给每一个学生,相信每一个孩子,尊重每一个孩子,为每一个孩子的发展创造契机,这是我们每一个教育工作者神圣的职责。

值日班长的设置可以让每个学生成为班干部,参与到班级的管理中来,真正融入班集体中,以班级主人自居。

值日班长可以按学号或座位顺序由所有同学轮流担任。班主任赋予值日班长一定的职责,一般为一天的常规管理和重点几个时段的管理,小事能自己处理时尽量自己处理,重大问题及时告诉班主任,同时记录当天的班级日记。

这种班级管理模式不仅培养了学生的责任感,锻炼了学生的处事交往能力,更是让部分学生发现了自身的潜质。比如,有些学生平时默默无闻,成绩也不突出,往往容易被班主任忽略,但在担任值日班长期间,他们认真的态度、细心的性格和温和的处事方式让他们脱颖而出,成为班级管理中的新星。

（由金桂华老师提供）

二、班主任的严与宽

严,体现在班集体建设的要求上。对于希望摆脱成年人管束、渴望独立行事的初中生而言,目标不高、要求不严,将导致班级管理如一盘散沙,任课教师就不可能放手让学生通过伙伴互动进行“兵教兵、兵练兵”自我教育、自主学习活动,只能依靠教师权威,以高压的态势组织教育教学活动。高标准、严要求是班集体建设的必要条件,是“伙伴+”育人范式实施的基础。宽,体现在班主任对学生的包容和接纳。现代社会,人员流动频繁,一个班级几十号学生的籍贯、家庭文化、生活方式、行为习惯、学习基础等差异很大,班主任不但要自己无私包容孩子,也要引导学生们彼此包容。要让学生彼此悦纳,班主任就要善于发现学生的特长、优势或闪光点,善意地放大学生优点,让大家通过对彼此优势、特长的认可而相互接纳。班主任还要发现学生的兴趣和爱好,让兴趣与爱好成为学生伙伴关系缔结、发展和升华的纽带。初中生好表现自己,常常会做出一些出格的事,教师要循循善诱,千万不能横加指责,包容孩子的错误就是给予孩子最好的激励,包容孩子的缺点就是保护孩子的自尊。初中生由于能力、眼界有限,尽管尽了力,但是事还是没有办好,不尽人意,与要求尚存差距,教师也要包容,指出问题所在,提出完善的方案。特别要强调的是,伙伴互动、伙伴交往中,包容是基础中的基础,没有包容就没有合作,没有合作就没有伙伴互动,伙伴互动是学生自我教育、自主学习的重要过程。教师要率先做出示范,用自己的行为方式和处世态度影响每一个孩子。

班主任不同风格的领导方式形成不同的班风、学风,因而也会影响非正式群体的形成和性质。民主型领导方式的班集体内,由于班主任处理好了严与宽的关系,学生关系融洽,兴趣广泛,容易形成比较多且健康的非正式群体,并与班集体建设产生良性互动。相反,在一个强势专制、只知严格管理的班主任领导下的班集体,形成的非正式群体往往是隐秘的、消极的,不与教师配合,与班集体建设的目标是背道而驰的。

“四大法宝”巧做学生的知心人

爱岗位,爱学生,爱教育这份事业。在生活上对学生的关心无微不至,除去指导学业,姚老师经常会在生活的方方面面帮助和指点学生。她经常说:“教师不能只注重教学,能走进学生心灵的老师,才是最难能可贵的。”

初中阶段恰逢青春叛逆期,原本乖巧懂事的孩子,往往一夜间就如变了一个人一样。遇到这样的情况,姚老师总是能用她的爱心和耐心,帮助学生解决心理问题,带他们走出低谷。2013 年的时候,姚老师班上有一名女生因为家庭的因素出现了自残行为,在家中与母亲关系非常恶劣。学生母亲找到姚老师倾诉。后来,姚老师多次与该女生谈心,开导她。经过长达一个学期的努力后,这名女生终于走出了低谷,并在中考中发挥出了应有的水平。2016 年,通过不懈努力,姚老师成功考取了国家二级心理咨询师,她希望运用心理学的知识去帮助更多学生和家长。

在学生心理辅导实际工作中,姚老师还总结出了“四大法宝”:避免“成人主义”、教学内容多样化、带着学生“玩”、读懂学生的行为语言。在她看来,不能事事站在成人的角度去看问题,认为这个应该很容易那个应该很简单,而是应该站在学生的角度去想问题。当老师和家长选择从这样一个角度去思考问题时，就能理解学生的想法，知道他们的不容易。

同时，在课堂里，姚老师经常会分享一些电影。“优秀电影本身在故事的编排、人物的塑造、主题的表达等方面都是极好的教育资源。”姚老师在讲作文创意时，就会为学生放最新的相声或小品，当学生被演员逗得哈哈大笑时，就会领悟到创意的作用，同时也拉近了学生和老师的距离。

不仅如此，迎新活动、水果拼盘活动、旧报纸变废为宝活动、元宵节猜灯谜活动等，都是姚老师班级里的常态活动。各种主题、各种类型的活动，以小组为单位，充分发挥出学生的团结合作能力，让每个孩子都能在活动中发挥自己的才能，体会到成功的喜悦，这是姚老师带学生“玩”的目的。放风筝、甩长绳，姚老师总是适时地带学生走出教室，来到天空下，感受游戏的魅力。

正因为对学生的爱、对教育工作的用心，她的学生私底下都将姚老师称为“女神”。姚老师说，学生需要的是理解与支持，是迷茫路上的引领者，只要懂他们，给他们力量，学生的心灵就会向我们敞开。

（由姚远老师提供）

三、班主任的近与远

近，班主任要处理好自己与学生之间的关系、学生与学生之间的关系、学生与任课老师之间的关系以及任课老师之间的关系。关系的协调是班主任的主要工作，也是班集体建设的主要内容，一个优秀的班集体中，各种关系应该是协同、互动的。在“伙伴＋”育人的范式下，这些关系都应该转化为伙伴关系，都是同一个学习共同体中的交往互动。每个人都是世界上独一无二的唯一，每个学生都拥有一个五彩缤纷的经验世界，只要我们尊重、了解并加以谨慎地正确引导，不但能使那些所谓的“差生”从失败的阴影中走出来，而且可以唤醒他们自我存在的意识，让每个学生看到自己的闪光点，看到自身的价值，还能激发学生的潜能，鼓起自信的风帆，让每个学生都有可能到达成功的彼岸。表扬学生要毫不吝啬，大张旗鼓，批评学生要谨小慎微，个别交流。现在的孩子大多数是独生子女，孩子开心了，爸爸妈妈就开心了，爷爷奶奶、外婆外公都开心了，感激你的人很多很多，何乐而不为呢？这可是一本万利的好事。俗话说，“良言一句三冬暖，恶语伤人六月寒。”有时一次“错误”的表扬可能会起到激励人的作用，而一次正确的批评却不一定能达到教育当事人的目的。我们表扬学生要挖空心思，批评要取一留三，可以巧妙抓住学生的可爱处，先表扬再批评。而处理与班上任课老师的关系，则要遵循以下规则：一是尊重任课老师对班务工作的建议与意见。班主任在拟定班务工作计划、制定班规、选配班干部与科代表等工作时，如果能尊重、采纳任课教师提出的建议和意见，并迅速实施，不仅能促进班级管理工作，激发他们关心班级工作的热情，同时还能消除原有的种种顾虑,互相配合,同舟共济。二是主动协助任课教师处理教学中出现的问题。班主任老师切忌把任课教师在教学中遇到或发生的问题简单而又片面地认为那是他们自己的事,应由他们自己去解决,与己无关,或袖手旁观,或有意回避,要理解和明白,协助任课教师解决教学中出现和遇到的困难,与解决班务工作中存在的问题有密切关系。从某种意义上讲,任课教师要解决的问题,就是班务工作中要解决的问题之一,各种问题都是互相关联的,都是学习共同体中的问题。三是主动宣传任课教师的长处、优点和劳动成果,使学生从内心产生对他们的敬佩之情。四是恰当反映、慎重转达学生对任课教师的意见。班主任一定要选择最恰当的时机和场合,委婉转达。

远,班主任还要协调家长与自己之间的关系、家长与孩子之间的关系、家长与任课教师之间的关系,要让家长成为学校教育的合作者、孩子成长的好伙伴是一件极富创造性的工作。我们要明白自己和家长的关系是平等、合作的关系。我们要以礼相待,倾听家长的声音,了解家长的苦衷,与家长共同探讨解决问题的办法,而不是把责任往家长身上一推了之。那种一味指责、颐指气使的态度或行为不仅损坏了自己的形象,而且破坏了本应良好的关系,甚至使关系走向恶化。曾有人戏谑说:“我谁都不怕,就怕孩子的老师打电话。”现在似乎成了一种惯例,老师打电话就是向父母“告状”的,老师要家长去学校肯定是去挨批的。你说谁愿意接受这种交流呢?当我们准备和某位家长联系时,首先得充分了解这个学生,包括他的学习成绩、性格特点、兴趣爱好、优点缺点、家庭基本情况以及你为他做了哪些工作等等,这样家长就会感觉到你对孩子的关心和重视,就乐意和你交流。其次要尽量发掘其闪光点,要让家长看到孩子的长处,看到孩子的进步,说优点要充满热情,说缺点要舒缓婉转,让家长感到你对他孩子充满信心,并感染到家长也对孩子充满信心,家长有了信心才会合作。在家长会上,尤其要维护家长的自尊,切不可把家长会开成告状会、指责会、批评会,让家长提心吊胆地来,愁眉苦脸地回,家长会变成了孩子的“受难日”。这样的家长会给学生、老师、家长三方面都会带来一定的伤害,何苦呢?对于家长而言,孩子都是他们的宝贝,品行再差的孩子在父母眼里都是“乖宝宝”,所以,班主任与家长交往过程中,千万不要埋怨孩子“你家的孩子既笨又懒,我怎么教都教不会,怎么管都管不了,你们家长领回去自己教育吧”。试想孩子既聪明又勤奋,还要老师吗?换一种方式与家长交流,家长马上成为班主任的合作者,“今天请你来的目的是和你商量商量如何让孩子发展得更好。”班主任要经常保持与家长的沟通,赢得家长的信任,共同探讨教育学生的措施和方法,使学校教育与家庭教育密切配合,取得更好的教育效果。同时,要注意和社区进行协调、沟通,积极争取社会中的教育力量,为学生的发展营造良好的环境。

四、班主任的多与少

班主任要毫不吝啬自己的仁爱之心,爱护每一个孩子,要用赞赏的目光、赞美的语言赏识每一个孩子,激励、赞扬的言行举止多多益善,责备、批评的片言只语越少越好。

社会的进步正在改变我们的生活方式，虚拟世界满足了初中生“为所欲为”的心理需求，导致孩子不乐意与别人面对面交往，伙伴缺失逐渐成为一种常见现象，学校教育不去干预，家庭、社会不加重视，长此以往我们孩子中的许多人就会罹患“社交恐惧症”，有的甚至丧失社交能力。所以，班主任作为班级全员的育人首席，就要鼓励孩子参与班集体建设活动，特别对一些交往能力有障碍的、受到班级主流文化排斥的学生，要更多地加以关注。尽管教师都喜欢品学兼优的好学生，但是有问题的学生恰恰更需要得到我们教师的帮助，能把这些学生管得住、教得好、学得优是班主任的真能耐、真功夫。在“伙伴＋”育人的范式中，班主任乐意做问题学生的伙伴，把更多的时间、精力和智慧，放在为这些孩子创造学习、实践的体验机会，促进他们的成长上。特别要正确对待班级中的非正式群体，他们是真正的伙伴，应该成为课堂学习和课外活动的重要一分子，尽管他们关注的与班集体建设的要求可能不一致，甚至会排斥不喜欢的班级活动，但是我们不能因此就屏蔽他们的言行，而是要积极为他们展示才华、施展特长提供机会，满足他们自我实现的需要。对于班级的具体管理、班集体建设的具体过程，班主任尽量少插手，让学生去操作。初中生有能力，也有必要养成自主管理的习惯。在班级活动中，可以通过抓阄的方式，把班主任、任课教师随机地分配到活动小组中。班主任要成为小组中的一员，与学生一起玩，用自身的学习态度、价值判断、知识技能潜移默化地影响孩子成长。因为与学生同桌共学、同室共练、同场共赛，教师与学生之间有了交流的通道，这时教师对孩子进行的一切教育不再是面对面的说教，而是肩并肩的交流，将会大大提高教育的效能。一句话来概括，教师为孩子提供的服务千万不能依照自己的喜好从事，而是根据孩子成长的需要确定孰轻孰重、谁多谁少。

读懂学生，做学生成长路上的心灵伙伴

初中生正值青春期、第二逆反期，由于生理、心理等诸方面原因，这个时期的学生容易出现情绪的波动，尤其当自己的需求被忽略的时候会产生很强的反抗行为。所以作为初中生的班主任，能否读懂学生行为背后的需求、做学生的心灵伙伴、帮助学生走出困境就显得尤为重要了。

我班有个男孩叫小宇，生性好动，很是活泼，因为说话声音偏嗲，同学们送了个“小仙女”的外号给他。他不仅不生气，还颇以此为傲。小宇在班里还有一个“数学小天才”的别号，数学成绩在班级里一直是数一数二的。初一阶段，全年级 800 多名学生，他能很轻松地保持在 150 名前。

可是到了初二开学，我发现他变了，不仅变得无精打采，不那么爱笑了，学习上也明显马虎起来，就连最最拿手的数学也不再拔尖，100 分的试卷只能考 80 来分。随着秋天的到来，小宇一下子变得非常“潮”。中分的前刘海，圆圆的金丝边眼镜，色彩鲜艳的运动外套，最最显眼的是他的鞋子和袜子。他穿的都是最新最潮的款式，式样、颜色那都是非常的显眼，长长的袜筒裹住校裤，袜子的颜色也非常鲜艳：黄色的、红色

的、蓝色的等等。

当一个初中生出现明显的情绪变化的时候,一般有四方面的原因:亲子关系紧张、学习成绩退步、人际交往受阻或者遭遇校园欺凌。我想到了小宇开学以来写的几篇作文,在这些作文里,他零零散散地谈到过他对于发型和服饰的看法:“初一寒假,叔叔他们去上海没有带我一起去,我就哭了。后来爸爸就打我,事后,也只有姐姐买了棒棒糖安慰我。几天后,我把头发换成了中分,其一是不想再和以前一样了;其二是更想接近姐姐,因为姐姐也是中分;其三我就是想在姐姐走过的道路上超过她。”(《我的姐姐》)“我不想拥有很多金钱,我只想跟朋友们一起愉快地玩耍,穿着自己喜欢的衣服,搭配着自己喜欢的装扮,做着自己喜欢的事,梳着自己喜欢的头发,有着自己独特的思想,不要在意别人的目光。我向往这样,能做一个有自己真实想法的人,真好!”(《这才是我想要的生活》)

可见,中分的发型、潮流的服饰装扮,在他看来都是有意义的,并不是我们成人所认为的“学坏”,甚至都是有着积极的正面意义的。

于是,我肯定了他的审美能力,认同了他对时尚的这份热爱。在此基础上,我也和他探讨了穿衣搭配要注重场合以及追逐潮流要注意“度”的问题,他表示十分认同,也十分配合。我欣赏他的时尚力,他遵守学校关于仪容仪表的有关规定。我发现,经过这番“时尚”的风波后,他倒变得经常笑了,好像又开朗起来了,上课时他的注意力也明显有好转。

可是,一波稍平一波又起。期中考试后的一天,小宇突然又变得无精打采,一大早就趴在桌子上,就像刚开学时那样。这是怎么了?经过询问,原来小宇的爸爸要求小宇这周末必须把头发剪短,不许留中分的发型。说这话的时候,小宇的眼圈都红了。

我知道中分发在他心目中的重要性。这不仅仅是一个发型,还是他自我主权的一种宣告,是他表达对姐姐感激的方式,带有一种仪式感般的庄重。当天,正好轮到小宇写循环周记,他写的题目是“越来越堕落的我”,在文中他不仅写了此次父亲要求他改变发型的事,更是说出了这个学期他不再爱学习的原因:“即使上学期期末考试取得了进入初中以来的最好成绩,父亲对我的态度还是如初,没有变化。我对学习便不那么热情了,多想得到来自父亲的夸赞啊!……我开始不知道我学习到底是为了什么了,想学好却又无能为力。我每天努力让自己放松,不想被学习给压垮,可父亲、母亲总是说我不认真。我认为自己已经很认真了。我不想再被训诫。这样的生活我真的不堪承受,是我不想要的。”

我把小宇叫到办公室,让他打开作文本,看我写的评语。读完评语,他哭了。然后,他把自己心里的委屈一股脑儿全说了出来。父母看不到他的努力,他渴望得到支持肯定却永远得不到,因此内心感到无比失望。他甚至想用自己的退步、叛逆来“报复”父母,让他们也得不到满足。原来他的父母在他很小的时候就离异了。小学阶段他是跟着爸爸一起生活,读初中的时候为了更好的读书环境才到母亲身边。母亲比较唠叨,从吃饭到穿衣等等,经常数落他,什么事都能扯到"学习不认真"上面。他希望回到父亲身边生活,但父亲又比较忙,对他也比较强势……

小宇数次落泪,我也为之动容。我拍拍他的肩膀,告诉他,剪头发的事不要着急,老师会和他父母沟通,希望父母能够做一点退让。学习的事是自己的事,不要拿自己的未来做赌注。整个过程中,父母有做得不当的地方,但是小宇自己也有任性之处,对于学习的确没有做到踏踏实实、认认真真。我鼓励他能和父母好好谈一次话,毕竟一家人的愿望总是一致的。

事后我也立即与小宇母亲取得联系,小宇母亲表示找机会三个人好好谈一谈。

周末过去了,新一周到了,小宇的头发剪短了一些,但还是保留着中分发。我说:小宇,你现在更像"小仙女"了。小宇听了哈哈大笑起来。此后,小宇就明显开朗了,学习上也认真许多。我想,他们肯定开了家庭会议,应该把心中的结都解开了吧。期末考试,小宇的成绩已经回到了200名左右,看到笑容在他脸上重现,我真的感到非常高兴。

那次作文,我写的评语是:"其实你的心里很清楚自己在做什么、为什么要那么做。奋斗的岁月就这么几年,可以挥霍的青春也是转瞬即逝。是与父亲斗气,还是选择争气?你有聪明的头脑,只要你明确目标,学习并不费力。至于发型,好看的发型有很多种,尝试一下改变,并不是世界末日,说不定有意外收获。再者说,万一不合适,慢慢留长也就是了。在喜欢你的人眼里,你即使是光头,也是最可爱的'小仙女'。光辉,是怎么样也掩盖不住的。让自己自带光芒,才是最重要的。衣服、装饰品都是外来之物,都没有你本人重要。对吗?"

"亲其师,信其道",一旦学生把班主任视为自己生命中的重要伙伴,对班主任产生了认同感、信任感,那么,学生的烦恼有了宣泄的渠道,学生的心事有了倾诉的对象,学生的困难有了解决的方法,心结一旦打开,人也就有阳光了、可爱了,师生关系也就和谐了、融洽了,问题也就迎刃而解了。

(由姚远老师提供)

第七章　伙伴＋评价：日积跬步行千里，伙伴一起评

教育评价是指在一定教育价值观的指导下，依据确立的教育目标，通过使用一定的技术和方法，对所实施的各种教育活动、教育过程和教育结果进行科学判定的过程。教育评价是一种价值判断的活动，是对客体满足主体需要程度的判断。

教育评价的狭义指向就是学校对“学生学得怎样”“教师教得如何”做一个阶段性或过程性的评价。一是了解学生的学习与课程标准、育人目标之间的达成度；二是研判教与学双边活动中的问题，以不断改进教与学的方式；三是与区域内同类学校比较，了解学生、教师和学校的发展水平。

现行的评价理论、方法和制度与素质教育的要求存在明显的差距。例如，对学生素质发展评价，评价功能过于强调甄别与选拔，忽视对学生发展的促进作用；评价指标单一，过于关注学业成绩的结果，忽视对学生学习过程和素质全面发展的考察；评价主体和评价方法单一，过于强调量化评价，对质性评价不够重视；在评价过程中，学生基本处于被动地位，自尊心、自信心得不到很好的保护，主观能动性得不到很好的发挥。

依据评价标准，可分为相对评价、绝对评价和个体内差异评价、常模参照评价与标准参照评价；依据评价的功能，可分为诊断性评价、形成性评价、终结性评价；依据评价对象的范畴，可分为整体评价和单项评价、群体评价和个体评价；依据评价主体的身份，可分为自我评价与他人评价；依据是否采用数学方法，可分为量化评价与非量化评价等。但是，不管从哪个维度，采用何种方式去评价教与学，在“伙伴＋”育人的视域下，必须关注“多元、扬长、综合、多样、自主、互动、真诚、及时”这八个关键词。

第一节　多元和扬长的评价

在“伙伴＋”育人的视域里，教育评价不再是评个一二三，分个三六九，不再是总结性地对学生的学习打个等次。依据多元智能理论，教育评价应该是多元的，我们在学生活动中要看到学生的智力强项，努力激发潜在的智力因素服务于当前的学习，促进学生向着适合自己成长的方向个性化地发展，而不是盯着学生的弱项，始终让学生处于受挫

折、受伤害的郁闷环境中学习。对学生的评价日益成为学生发现自我价值、发挥现有能力、发展个性特长的途径。每一个孩子都是一个独特的个体，老师应蹲下身去观察我们的学生，努力挖掘每位学生的特长和潜能，寻找和创造一切教育的机会，抓住稍纵即逝的教育时机，不断强化学生身上的正能量，激发每位学生内心深处的进取之心、向善之心。

教育评价要体现“多元、扬长”，那么，发展性评价应该成为学校教育管理的最基本的评价方式，因为发展性评价正是针对传统评价方式的种种缺陷而提出的。传统的对学生的评价重视获取的结果，从学生掌握知识和技能的多少去寻找差异，分类排序。发展性评价不同于水平性评价和选拔性评价，它是一种重过程的、重视评价对象主体性的、以促进评价对象发展为根本目的的教学评价。我们改革评价体系的价值观是为了能够真正实现立足校本，面对全体学生，努力使每一个学生追求成功、尝试成功，使每一个学生在原有的基础上取得最大的进步，让每一个学生健康、快乐、有个性、有特长地发展。发展性评价注重学生个体的过去和现在的比较，着重于学生素质的增值，它关注的是学生的明天。

在我们现有教育评价制度下，往往盯着孩子的缺点和弱势，通过反复地教育或者补课，千方百计地矫治缺点、削减弱势。事实上，从孩子成长的角度来看，让特长凸显，把优势做得更优，强势项目做得更强，充分发挥潜能，让他们在学校有满满的获得感、成功感，才会有幸福感，才会乐意接受我们的教育，教师才有可能引导孩子朝着育人目标成长。所以，对孩子的评价一定是多元化的、发展性的，这样的评价才能在孩子成长过程中起到“正催化”的作用。发展性评价让学生能凸显多元潜能中的长处和“亮点”，重拾自我发展的信心和勇气，在自我比较中超越自我，在与别人比较中找到自身的价值所在、希望所在，这也就找到了前进的动力之源。

吴江区德善品格课程案例——进取心教育

面向初二学生，主题为“我的社团，我精彩”，参与人数为398位。

吴江区笠泽实验初级中学的学生中，外来务工人员子女较多，基础薄弱，缺乏自信，学习不主动，思想不进取，享受不到成功的喜悦，从而自律性不够，自暴自弃，惹是生非。基于核心素养中“自主发展，健康发展”，其中自我管理和健全人格这两点，我们都能通过挖掘社团活动的德育元素来达成：在社团活动中正确认识与评估自我，依据自身个性和潜质选择适合的发展方向；在社团活动中培养自己的兴趣、爱好和特长，培养自信，从而激发自我的内在潜能，不断地积极进取；在社团活动中展示自己的精彩，成就自我，勇于担当。

学校以社团为载体，让学生在社团活动中看到自己的长处，培养自信心；在社团活动中感受成功的喜悦，积极进取；在社团活动中合作互助，勇于担当。

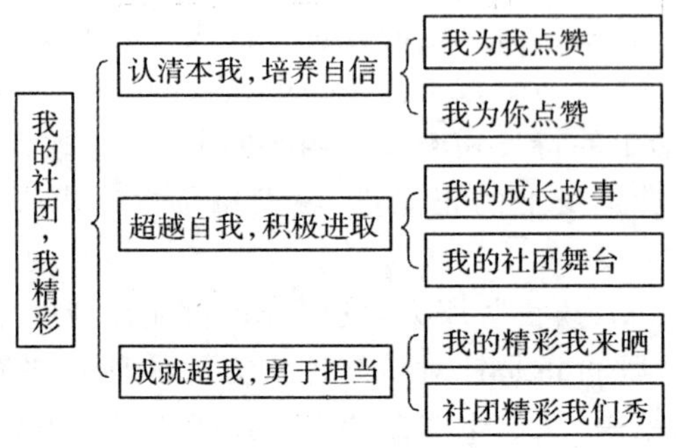

图 7－1 活动流程示意图

1. 认清本我，培养自信

活动内容：一是在“家校路路通”班级空间平台里以图片、文字、视频等形式晒出自己的爱好、兴趣、特长，晒出自己成长历程中的闪光点；二是小组成员、任课老师对学生晒出的图片、事迹进行点赞和评论，帮助学生多角度、全方位地认识自我，强化优势项目。

活动要求：一是努力挖掘自己身上的闪光点，可以通过照片、视频、文字、绘画等形式发布在班级空间里；二是同学、老师从发展性的眼光来看待每位学生，从思想品德与行为习惯、学业成绩与学习品质、交往能力与合作态度、身体素质和健身技能、特长发展与潜能呈现五个方面多角度、全方位地对学生的自我认识进行补充、完善。

设计意图：引导学生挖掘自己已有的生活经验，在已有的生活经验中发现自己的闪光点，并以学生喜欢的形式在网络空间中分享；引导小组成员、任课老师、家长对学生进行多角度、全方位地评论、点赞，帮助学生更加清晰地认识自我，强化优势项目。

2. 超越自我，积极进取

活动内容：一是结合各班社团活动的开展情况，召开主题班会，开展讲述“我的成长故事”活动，明确自己在社团生活中锻炼、提高了哪些方面的能力；二是引导学生自主创新，积极参加各项社团活动，在各项活动舞台中锻炼自我、提升自我。

活动要求：一是讲述自己在社团生活中感受最深的故事，突出某项能力或素养的提升；二是在社团中发挥自己的特长和优点，自主创新活动形式，积极参加各项社团活动并有所收获，立足学校，走向社区。

设计意图：开展讲述在社团生活中“我的成长故事”，提高学生在社团活动中肯定自我、锻炼自我、展示自我的兴趣和能力，通过班级层面社团活动的推进，让学生更自信，使积极进取的氛围得到持续和升华；通过社团生活中各类自主创新活动的设计和开展，让每位成员都能在这个舞台上感受成长、展示风采。

3. 成就超我，勇于担当

活动内容：一是对在活动中涌现的先进社团、先进个人进行事迹介绍，制作展板，微信推送，亮出各自的精彩；二是社团展示，汇报演出。

活动要求：一是每个社团挖掘出先进成员的事迹，学校挖掘先进社团的事迹，对此予以宣传，要求图文并茂；二是各社团的节目突出学生的自主、成长、发展。

设计意图：对在活动中涌现的先进社团、先进个人进行事迹的介绍，制作展板，晒出各自的精彩。活动中引导学生关注自己的能力、兴趣、爱好，寻找自己的优势，对自己有一个清醒的认识，在实现自我的基础上培养自己的专长，树立积极进取的理想自我，并为之努力，成为更优秀的自己；以一台成果展示汇报演出展示社员的风采，让老师、家长、同学看到每一位社团成员的进步，让学生的进取之心在笠泽校园美丽呈现。

活动评价

通过社团活动的全面开展，让每一位学生都有自己的一片天地，并重新正确认识与评估自我；依据自身个性和潜质选择适合的发展方向；在社团生活中展示出自己的精彩，唤醒内在的积极进取之心；一场精彩的汇报展示凝聚着每位社团成员的心血和担当，进取之心在家长、老师、学生的笑声、掌声中不断升华。

表7-1　吴江区笠泽实验初级中学“我的社团，我精彩”学生活动体验单

<table>
<tr><th colspan="2">活动环节</th><th>活动任务</th><th>形式要求</th><th>体验感悟</th></tr>
<tr><td rowspan="3">我的社团，我精彩</td><td>认清本我，培养自信</td><td>1. 在“家校路路通”班级空间平台里以图片、文字、视频等形式晒出自己的爱好、兴趣、特长，晒出自己成长历程中的闪光点；
2. 同学、老师、家长在班级空间里对学生的亮点进行评论、点赞，可以适当补充，全方位地评价学生。</td><td>附件1我为我点赞
附件2我为你点赞</td><td></td></tr>
<tr><td>超越自我，积极进取</td><td>1. 讲述自己在社团生活中的故事，突出某一项能力或素养的提高。
2. 为社团设计海报、LOGO，设计一份贯穿一个学期的社团活动方案，学会或强化一项特长，要求内容和形式突出，立足学校，走向社区。</td><td>附件3我的成长故事
附件4四个1工程（一份海报、一个LOGO、一份活动方案、一项特长培养计划）</td><td></td></tr>
<tr><td>成就超我，勇于担当</td><td>1. 各社团推荐优秀学员和进步典型。
2. 每个社团精心准备一个节目，申报参加社团汇报演出。
3. 邀请家长参加社团汇报演出。</td><td>附件5优秀学员推荐表
附件6社团优秀节目申报单
附件7给父母的一份邀请函。</td><td></td></tr>
</table>

（由徐英老师提供）

第二节　综合和多样的评价

每个人从出生开始,就是独一无二的生命个体,有其独立存在的生命价值和生命尊严。教育的意义,就在于激发人们积极向上的生命价值,将每个人的生命价值发扬光大。尊重每个人的独立人格,弘扬每个人的生命价值,既是教育的起点,也是教育的必然归宿。教育要悦纳每一个不同的孩子。教育是人类社会所独有的培养人的社会活动,这种社会活动的本质体现为对人的一种独特的人文关怀,这就是尊重每个人个体体征、智力特点、性格特征,以及出生之后从其所处的家庭环境、社会环境所习得的一切,无论是积极的,还是消极的。一句话概括,教育要尊重每个来到你面前的孩子,更重要的是通过一定的激励手段和措施,鼓舞他前行不息。综合性评价的价值正在这里。

然而,我们常常采用的是片面的终结性评价,唯分数论。在各显神通抢夺所谓优秀生源的当下,学校需要的似乎不是一个个具有各种发展潜质的人,而是能够在各种考试中获得高分的学生。分数高的学生就是好学生,至于学生的个性特征和个性发展并没有人去关注。学生入学后,人们关注的仍然是学生考试成绩的高低,而不是活生生的、正在发展中的人,更不是学生在成长中呈现出的多姿多彩的富有个性的素质潜能。当中小学校长们口口声声说生源质量差或好的时候,他们心目中在乎的已经不是真正的教育,而是在升学竞争的名利场上所能攫取的那份蛋糕有多大!能不能悦纳来到面前的每个孩子,是衡量学校、教师教育情怀的第一把尺子。

在"伙伴+"育人视域下,对教育的评价注重综合性和多样性。应以伙伴的互动和共同的兴趣爱好集结,以特长潜能展示为互动基础,伙伴影响是彼此间特长的影响和潜能的互补,目的是促进相互悦纳、平等相处。所以,评价不是"筛选",不是通过层层筛选,把智优生筛选出来,而是通过评价让孩子看到自己的特长和潜能,把孩子发展的积极因素挖掘出来,全面地看待和发展孩子。为了真正意义上挖掘学生的潜能,使每个学生都有个性、有特长地发展,为了配合"伙伴+"育人范式的实施,吴江区笠泽实验初级中学在对学生发展的评价方式上进行改革。学校确定综合评价的五个方面:思想品德与行为习惯(权重20%)、身体素质与健身技能(权重20%)、学业成绩与学习品质(权重45%)、交往能力与合作态度(权重10%)、特长发展与潜能呈现(权重5%)。每个方面都有详细的评价标准、相应的分值和操作细则。引导学生努力去拓展自己的长处,凸显亮点,争取在某些方面做到最好。对学生的各项评价指标有计划地分阶段、分项目进行全面实施,增强教育教学的针对性、实践性,从根本上改变“一张考卷定乾坤”的评价制度,减轻学生因唯“分”而造成的心理压力,促进学生全面发展,努力争取成功。同时,在平时的过程评价中,通过学生自评、小组互评、教师点评和处室评价相结合等多种途径,以及言语的或非言语的等多种方式进行评价,增强学生的参与意识,体现学生的主体地位,激发学生学习的积极性与主动性,强化学生的自我教育。小组合作学习评价制度为学生创造更多的成功机会,每学期末,设置多个单项评先奖项,使每个学生都有机会进入先进行列,享受成功的喜悦。

表 7－2　吴江区笠泽初级中学小组合作学习综合评价量表

学年________　学期________　班级________　姓名________　时间________

评价指标及权重	过程性评价				综合评价			备注
	学生自评	小组评价	教师评价	处室评价	A	B	C	
思想品德与行为习惯（20%）								
身体素质与健身技能（20%）								
学业成绩与学习品质（45%）								
交往能力与合作态度（10%）								
特长发展与潜能呈现（5%）								

笠泽实验初级中学“小组合作学习”评价指标及评价标准操作细则

1. 思想品德与行为习惯,占比 20%

• 学校德育处组织评价,每月评价一次。分学生自评、小组评价和任课教师评价。

• 每月基础分为 20 分,其中自评 0～5 分、小组评价 0～5 分、任课老师评价 0～5 分(以各科教师评分的平均值计)、班主任评价 0～5 分。

• 表现优秀得 5 分,良好得 4 分,一般得 3 分。

• 做一件好事或善事,受到学校表扬的,加 3 分;受到一次批评或处分,扣 1～3 分。

• 每学期以 5 个月计,全年 10 个考核月。暑假、寒假无基础分,但有加分,扣分不取消。

• 学期末累计总分折合成 100 分制,乘以权重计入综合评价总分。

2. 身体素质与健身技能,占比20%

· 由学校教务处组织评价,每学期评价一次。

· 身体素质100分。根据体育教师测试力量、耐力、肺活量等项目的成绩折算。

· 健身技能与健康知识70分。根据体育课授课的内容,学生可以选择其中一项参加测试。运动知识折合成20分计,运动项目成绩折合成50分计。

· 健身习惯30分。根据学生参与体育活动的态度进行评价。自我评价10分,小组评价10分,体育教师评价10分。优秀为10分,良好为8分,一般为6分。

· 学期末累计总分折合成100分制,乘以权重计入综合评价总分。

3. 学业成绩与学习品质,占比45%

· 由学校教务处组织评价,每学期评价一次。

· 学业水平350分。期中考试各科总分成绩折合成100分,期末考试各科总分成绩折合成250分。

· 学习品质100分,其中70分由任课教师评价,主要评价平时作业完成情况、上课参与情况,酌情给分,以各科教师评分的平均值计。30分由小组评价,主要是评价在小组合作学习中的贡献、参与度,优秀为30分,良好为25分,一般为20分。

· 学期末累计总分折合成100分制,乘以权重计入综合评价总分。

4. 交往能力与合作态度:占比10%

· 由学校教务处组织评价,每学期评价一次。

· 分学生自评、小组评价和任课教师评价。

· 每月基础分为15分,自评5分,小组评价5分,任课老师评价5分(以各科教师评分的平均值计)。表现优秀得5分,良好得4分,一般得3分。

· 每学期以5个月计,全年10个考核月。暑假、寒假无基础分,但是加分、扣分不取消。

· 学期末累计总分折合成100分制,乘以权重计入综合评价总分。

5. 特长发展与潜能呈现:占比5%

· 由学校德育处、团队组织评价,每学期评价一次。

· 每学期基础分为50分。

· 在参加社团、做志愿者等活动中,表现优秀得50分,良好得40分,一般得30分。

· 每参加一次校级展示活动得3分,每参加一次区、市展示活动得5分,获得一、二等奖再加5分。

· 学期末累计总分折合成100分制,乘以权重计入综合评价总分。

(由胡鹏老师提供)

上述表格和操作细则是评价主体的实施依据,运用过程性评价和综合评价的方法,对照评价对象在小组合作学习、生活中的具体表现进行价值判断,有助于培养“全面发展的人”。从表格上可以看出,学业成绩与学习品质只占45%,我们更关注学生的品德习惯、身体素质、交往能力以及发展潜能等,还关注学生的非智力因素的开发。上述评价措施从宏观上看,是教育局和上级部门要求学校教育关注人的全面发展的具体体现,要发展地、全面地评价每一位孩子。从中观上看,是从学校实际情况出发的必然选择。学校外来务工人员子女较多,很多学生基础薄弱,在学习上可能找不到成功,得不到进步,缺乏自信,自暴自弃,从而惹是生非。长此以往,近一点讲就是给我们班主任、任课老师增加管理难度,远一点讲就是影响人的未来发展。从微观上看,就是要看到每位学生的亮点,我们要用综合性评价来强化他们好的行为,让他们感受到老师的关注、表扬,从而在集体中快乐地生活。我们的评价方案比较全面地关注了学生的发展,起到一个导向作用,让孩子在第一时间了解自己该做什么、怎么做,才能展示自我,得到他人的认可、赞许。在小组合作学习评价的实际运用过程中,极大激发了学生的自主性、小组合作意识和团队精神。过程性评价通过不同评价主体的及时评价,让学生时时有“小欢喜”“小收获”“小希望”,助推他们小步走,坚持不懈地走。那么,在综合评价中一般都能比自己以前有较大的进步,也就燃起他主动前行的“星星之火”。

第三节　自主和互动的评价

初中生很看重伙伴对自己的评价,关注度甚至超过教师对自己的评价。这个时期的孩子,自我意识开始觉醒,独立意识逐步形成,开始尝试着用自己的视角去观察伙伴,用自己的“标准”去评价伙伴。“伙伴+”育人范式下,评价的主要方式就是学生自主,在互动中对自己的行为和伙伴的行为做出相应的评价,这应该是反省自己行为和研判伙伴行为的一种重要方式,通过评价让伙伴彼此学得更好,素质发展得更充分。但是,自主互动式的评价不是说放手让学生搞就搞得起来的,评价的形式一定要适合孩子的年龄特征,要接近学生的生活。否则,学生就不乐意参与对己对人的评价活动。

吴江区笠泽实验中学在实践中逐渐形成了一套学生喜闻乐见的评价与奖励办法,称之为“积跬步·行千里”活动,并逐渐形成了“存积分,求上进”的评价机制。这种评价机制的指导思想是:每一个孩子都是一个独特的个体,老师应蹲下身去观察我们的学生,努力挖掘每位学生的特长和潜能,寻找和创造一切教育的机会,抓住稍纵即逝的教育时机,不断强化学生身上的正能量行为,激发每位学生内心深处的进取之心、向善之心。

一、基本思路

围绕思想品德与行为习惯、身体素质与健身技能、学业成绩与学习品质、交往能力与合作态度、特长发展与潜能呈现等五个方面,对孩子进行全方位的过程性评价和形成性评价,学生、老师、家长从五个方面入手,观察个体、小组、班级的闪光点和突出表现,并及时以积分卡和虚拟分的形式分别发放。个体和小组还可以就某一方面突出的表现,自我申请获得相应分值的积分卡和虚拟分,由班主任、任课老师、家长审批,通过个体自身积极向上发展的同时,带动小组、班集体的全面进步。

二、实施方法

任课老师每周获得学生成长积分 50 分,班主任增加 50 分,依据各班学生管理方案和任课老师课堂管理办法进行,将成长积分合理地奖励给学生。各班班主任、任课老师在充分发扬民主的前提下根据各班实际情况制定发放细则,以有利于学生成长、学业提升,促进优良班风形成为原则。积分以积分卡和虚拟分的形式发放,当积分达到一定分值时,将以实物和各类奖章的形式强化行为。

图 7-2 奖章

三、奖励规则

学校借助电子游戏"闯关进阶"的方式,对学生在校表现进行评价和奖励。给学生每人创办一本积分册,每天任课教师和同学伙伴对自己在课内课外的表现,对照赋分标准和要求打分。改变传统的教师评价单一模式,变革为教师评价+伙伴互评相结合的模式,更具体客观地看待每一位学生的成长和进步。分数累积到一定数额,就可以用积分兑换实用的奖品,比如电影票、星巴克咖啡等,这是物质奖励。同时,积分达到一定数量,可以向学校申请奖章,记录点滴进步。学校奖章分设五级,分别是一星进步奖章、二星优秀奖章、三星卓越奖章、四星领袖奖章和五星杰出奖章。集满五颗星,学校还将赠送一只精美的收藏盒。

吴江区笠泽实验中学"积跬步·行千里"个人成长积分考核①

(一)"积分"细则

1. 积分卡数量规定: 每周给予任课老师50分的积分卡,班主任另加50分的积分卡。教师赋分原则是宁缺毋滥,积分卡不必一周内全部分发完,根据班级学生的实际情况酌情下发,由各位任课老师和班主任自己掌控,灵活运用。

2. 积分卡发放: 任课老师可以在上课过程中直接提出对表现好的、有进步的同学或小组进行给分,也可以在该堂课结束之时,结合本堂课的整体情况对学生进行综合性地考量给分。一堂课没有好的表现时可以不给,1分起给分。在奖励相应积分卡时一定要口头或者书面说明奖励的原因。

3. 课堂积分卡上限: 每堂课每位学生最多发放3分积分卡,还有需要奖励的可以奖励虚拟分,10分起加,同时也要说明奖励原因。

4. 积分卡记录: 为了避免学生积分卡的转借或赠送,实行二级监督,记录好两张表,个人要求记录好《个人成长积分清单》一式两份,组长要求记录好《小组伙伴成长积分清单》一式两份,一份交班主任,一份自己留底,在记录的同时也是一种自我反思的教育过程。

5. 个人积分卡积分: 每三周一汇总,填写个人积分兑换实物申请表,后面另附这几周的个人成长积分清单,用相应的积分兑换一定的实物。扣除兑换时用去的积分,剩余的积分可以累计延续到下一个周期。

6. 小组积分卡积分: 明确给予小组的积分,由组长收好积分卡,并以小组名义记录在表格里,在评选最佳小组时作为参考依据。每三周汇总小组各成员的积分卡分值(含奖励给小组的积分卡分值),分值在第一名的而且组内最低分值的学生必须至少有15分的小组,才能评选为班级最佳小组。将获得最佳小组的成员合影制作成展板,并进行微信推送,让每位家长知晓。

7. 附加积分: 为调动表现优秀同学的积极性,可以进行累计加分、附赠积分。如:该生连续4天每天都有加分,则可获得1分额外分;一周连续5天获得加分,则可再获赠2分积分。(即满4赠1,满5赠2。)

8. 积分兑换: 关于积分兑换的物品,可以是文具,也可以是饼干、软包装的牛奶、果汁等健康食品或者电影票、球赛票等。也可以是非物质的,如申请与老师、校领导交流、用餐、合影等。

9. 荣誉升级: 设置最佳小组台签及优秀组员贴。一个周期(三周)内获得"最佳小

① 吴江区笠泽初级中学小组合作学习综合评价是融入"积跬步·行千里"个人成长积分之中的,不是两个分隔、单列的项目。前者评价学生进步、发展的核心内容,后者只是评价形式,适合初中生的心理特征。

组"荣誉称号的小组将"最佳小组"台签放置在该小组桌面上；对于积分最高的优秀同学，胸卡上可贴上一个"优秀组员"贴。同时，该小组及该同学可获得100分虚拟积分。

10. 班级积分：所有行政人员手头每周分配50分积分卡，在行政值班中发现班级表现好的方面可以发放给相应班级，由班长负责保管和记录。积分分值将纳入月文明班考核。

（二）"积分"赋分要求

1. 承担相应班级岗位并完成相应岗位职责的学生，一周不扣分，或者一周没有点名批评的，获得1～5分。

2. 承担校级相应岗位并认真完成相应岗位职责，一周获得1～5分。

3. 一帮一结对能履行学业互助义务，纪律、行为习惯等方面互相提醒、督促，成绩和行为习惯有进步的，一周双方各得1～5分。

4. 好人好事的一件酌情加1～3分。

5. 参加校级各类比赛个人获得一等奖的获得3分，二等奖的获得2分，三等奖的获得1分，并且相应获得虚拟积分100分、50分、30分。

6. 以班集体为单位的评比得一等奖班级获得3分，二等奖获得2分，以此类推。

7. 参加区级比赛个人获得区一等奖的获得6分，二等奖得4分，三等奖得2分，并且相应获得虚拟积分200分、150分、100分。

8. 任课老师每天发放不超过10分，要合理分配，把握好班级好学生和基础薄弱学生获得相应积分的行为条件区别。

9. 作业完成情况较好或者有进步的，一周奖励1～3分。

10. 参加学校各类活动，例如社团活动、艺术节、运动会等等，表现优良的也可以获得1～3分。

详细办法根据各班级实际情况进一步细化。

（三）"积分"评价实施主体及细则

1. 班主任老师的管理评价。主要以班主任发放为主，每周班主任有100分的积分卡分值，各班按照本班的实际情况，充分发扬民主并调动学生的积极性参与到积分发放办法的制定过程中，发放方法制定后严格按照方法发放，发放办法的修改和完善必须经过班级层面的讨论，多数票通过后方能实施。

2. 任课老师的管理评价。任课老师每周有50分积分卡，根据不同学科的特点制定积分的发放办法。一是积分卡发放：任课老师可以在上课过程中，直接提出对表现好的、有进步的同学或小组进行给分，也可以在该堂课结束之时，结合本堂课的整体情况对学生进行综合性地考量给分，一堂课没有好的表现时可以不给，1分起给分。在奖励相应积分卡时一定要口头或者书面说明奖励的原因。二是课堂积分卡上限：每堂课每位学生最多发放3分积分卡，还有需要奖励的可以奖励虚拟分，10分起加，同时说明奖励原因。

3. 个人、小组、班级的不同的过程评价。一是个人积分卡积分:每三周一汇总,填写个人积分兑换实物申请表,后面另附这几周的个人成长积分清单,用相应的积分兑换一定的实物,兑换后用掉的积分扣除,剩余的积分可以累计延续到下一个周期;对于每组积分最高的优秀同学,胸卡上可贴上一个"优秀组员"贴,同时该同学可获得100分虚拟积分。二是班级积分:所有行政人员手头每周分配50分积分卡,在行政值班中发现班级表现好的方面可以发放给相应班级,由班长负责保管和记录。积分分值将纳入月文明班考核。三是小组积分卡积分:明确给予小组的,由组长收好积分卡,并以小组名义记录在表格里,在评选最佳小组时作为参考依据。每三周汇总小组各成员的积分卡分值(含奖励给小组的积分卡分值),分值在第一名的而且组内最低分值的学生必须至少有15分的小组,才能评选为班级最佳小组。设置最佳小组台签,"最佳小组"台签放置在该小组桌面上。同时,该小组所有成员各获得100分虚拟积分;将获得最佳小组的成员合影制作成展板并进行微信推送,让每位家长知晓。

(由胡鹏老师提供)

作为学生,也许学习能力有强弱,品德修养有高下,但他们都有一颗进取之心。通过这次"积跬步·行千里"主题活动,激励学生在学习、生活等方方面面挖掘潜能,积极进取。同时,基于小组合作的背景,在团结协作中提升自我和组员的进取心。有了进取心,他们就有了一种积极的生活态度,易于树立远大理想,并为之努力奋斗,也就有可能无往而不胜。进取心是一种立志有所作为的精神,是一颗希望之星,是一首奋进的歌!"积跬步·行千里"的个人成长评价机制,着实让学生"活"起来,他们以成为学习的主人、学校的主人翁来要求自己,参加各项志愿者活动,为"奖章"而奋斗,为入团成为进步青年而奋斗,"积分"成为眼前的奋斗目标,在实际上加大了个人成长的动力。

改变奖励方式,奖励不再是教师"钦点",也不是同学推荐,而是由学生自己根据积分情况向学校申请,由学校审核,张榜公示进行表彰。学校对学生的奖励做到"进步不设上限,争先无须恐后",学生只要努力,就会受到相应的奖励,激励学生"积跬步行千里,每天进步一点点"。学校典礼、重大活动、校际交流和升旗仪式时,要求学生佩戴奖章,增强学生的荣誉感。通过这种"积跬步行千里"的评价方式,激励学生在学习、生活等方面积极进取、挖掘潜能,不但可以激励学生积极向上的进取心、向善心,而且能够很好地促进伙伴间形成你追我赶的良好态势。

特别有意思的是伙伴圈里的几个人都兑换到电影票,但有1～2个"小兄弟"或"小姐妹"分数不够,兑换不到电影票,全圈子里的小伙伴都很沮丧。因此,学校推出了"贷分"计划,积分不到的同学可以向学校"借贷"积分,但是一个积分周期需要加20%的"利息"挣分"还债"。到了下一个积分周期,分数充足的同学就会把挣分机会让给"欠债"的伙伴,让他多"赚分数"。积分少的学生,往往各方面表现比较弱,这样他就在伙伴的帮助下获得更多的实践机会。

第四节　真诚和及时的评价

真诚就是真实、诚恳。真心实意,坦诚相待,以从心底出发感动他人,而最终获得他人的信任。真诚是维持伙伴关系的基础。在初中生中,伙伴之间的交流都是真实、坦诚的,有一说一,就事论事,没有人情世故,不会含沙射影。所以,在"伙伴+"育人视域中,教师对学生的评价也要真诚、及时,同时要鼓励学生之间的相互评价也要真诚、及时,做到以诚相待,说真心话、说真实话。小学生习惯于教师和伙伴的赞美,因此老师们对学生的实际表现常用十分模糊的形容词进行评价。但是,基于初中生的独立意识的增强和自我意识的唤醒,再用这些"你棒你棒你真棒,你好你好你真好"来评价,是没有效果的。特别是伙伴互动时,由于伙伴间彼此十分了解,十分信任,教师应该用启发式的评价方式,引导学生去认识究竟好在哪里、棒在何处,传递正确的价值评判标准,从而引导学生树立正确的处世态度和正确的价值观。

真诚是心灵沟通的一座桥梁,是温暖生命的一缕阳光,是一份让人心暖的生命美丽。真诚虽不是智慧,却常常比智慧更诱人;虽不是能力,却往往比能力更有力。伙伴间的彼此评价都是及时、率真的。如果教师希望成为孩子的伙伴,对学生的评价一定要及时。但是"率真"往往是"随性"的,是根据自己内心的"尺度"去度量伙伴的言行。极端的结果是导致伙伴互动评价沦为"顺眼"与"不顺眼"的两端论,顺眼的就包容,不顺眼就排斥,评价演化成"甄别和筛选",这就背离了教育评价的积极意义。

真诚,对于教师而言就是实事求是地评价学生,而不是凭自己的好恶、想象、猜测似是而非地对学生说三道四,也不是让张三同学与李四同学比较。评价要做到客观公正,教师要有意识地制订"目标、标准和规范",把对学生的评价尽可能地与"目标、标准和规范"比较,观察其达成度。班主任要制订班级的规范,任课老师要结合任教的学科制订课堂学习的规范,校园活动也要有目标、有标准、有规范,让学生事前明确目标、事中执行规范、事后对照标准,这样的评价才让人心服口服。在当今学校教育中,学科教学有统一的《课程标准》,育人活动有各级各类指导性文件和条例,但是落实到教师教书育人的具体行为上,盲目、随性比比皆是。大多数教师还不能自觉地、有效地把《课程标准》分解为一堂课的教学目标,把教学目标转化为学生的学习标准。学校也没有为每一次学生活动设计详细的目标,造成学科教学进程没有层次、校园活动简单重复,导致对学生的评价无法精准、及时,只能靠期末的一张试卷下结论。

真诚,对于教师而言还要照顾到学生的年龄特征和个体心理特点,要顾及孩子的情绪,言行都要让孩子易于接受。再好的办法,归根结底还是"老话"一句,即真心实意地做孩子的伙伴,让孩子信任你。其次,要观察孩子、研究孩子,同样的评语要说出不同风格,适合评价时的语境、适应孩子当下的心境。不要以为表扬的话孩子一定爱听,如果说过了头，那么被表扬的孩子说不定会被“孤立”。批评的话，更要慎之又慎。真诚，源于一个人心底的善念。真诚是人与人心灵唯一靠得住的依赖，也是立身处世的根本。真诚，是心灵的开放、胸怀的坦荡。真诚的语言、表情、情感和行为都体现一个人灵魂的高贵、品格的高尚和境界的优雅。真诚是为人师表最基本的特质。

及时，就是对学生的行为举止及引发的结果及时做出反馈。及时，绝对不是生成性地随便表述，及时评价的基础是“真诚”，即真实、诚恳。教师不说没有准备的话，但也不能把对学生的评价拖得很久，导致评价失去激励的功效。

探索“伙伴＋”教育评价体系，是立足校本、以人为本的教育思想的具体体现，是全面落实因材施教的重要策略，是实施教育目标“使每一个学生健康成长，使每一个学生有个性、有特长的发展，使每一个学生取得最大的进步”的最直接、最有效的实践。我们正在探索的不同评价方式，以注重评价的过程性、多元性、综合性、发展性为旨归，使每位学生能够在自己原有的水平上都有不同程度的提高，甚至突飞猛进，凸显学生的亮点，放大其优点，忽略其弱点，扬长避短地促进学生树立自信心，保持乐观进取的心态，找准自己发展的位置，顺利地实现自我价值，体现以人的全面发展这个素质教育核心理念，成为学校可持续发展的重要保障。

第八章　伙伴＋师长:放低身段见行动，伙伴一起走

家长是孩子成长的第一任老师，家长和教师都是影响孩子成长的关键人群。初中生的年龄特征告诉我们，这个时期的孩子“叛逆”，他们千方百计找种种借口摆脱成年人的监督，希望与志趣相投、爱好相同的同龄人互动。但是，初中生正处在价值观、世界观、人生观形成的关键期，需要成年人的引导和教育。怎样走近孩子？说教对于初中生而言教育效能很低。最有效的办法是我们家长和教师俯下身子做孩子的“伙伴”，以“同龄人”的身份与孩子互动，在互动过程中向孩子传授文化知识和生活、学习技能，发展健康的情感，端正处事的态度和形成正确的价值观。家长和教师的默会知识在与孩子的活动中，会潜移默化地影响孩子的言行举止。

第一节　教师:愿做学生的好朋友

教师是教书育人的职业。在社会发展中，教师是人类文化科学知识的继承者和传播者；对学生来说，又是学生智力的开发者和个性的塑造者。在现代学校教育中，教师的职业角色越来越复杂，他们不只向学生传授学科基础知识和基本技能，而且要根据学生的发展实际及教育目标、要求，在特定的环境中采用特定的教学方法，通过特定的途径来促进学生成长。教师角色的性质就在于帮助学生成长，或者说教师是促进学生成长的一群专业教育人士。有了教师的引领，国家育人的意志和教育目标才能落地；有了教师的引领，学生才能学得更好、学得更快；有了教师的引领，学生才能从教师身上学到课本上没有的默会知识，如思维方式、行为习惯、处世态度；有了教师的引领，才有课堂内外的伙伴互动和伙伴影响。“有理想信念、有道德情操、有扎实学识、有仁爱之心”的教师在教育教学双边活动和学生成长过程中始终起着关键性作用。那么，在“伙伴＋”育人范式下，不管是教师，还是家长，只有和学生建立“伙伴型”关系，才能与孩子友好相处，才能被孩子自愿接纳。这就要求教育者必须具有“学生立场”，从学生的角度思考问题，基于学生实际采用合理的方式处理问题。“学生立场”就是指教育者所处的地位和所抱的态度应基于学生、从学生出发、研究学生，从而认识学生、发现学生、引领学生。

一、教师需要用与学生相仿的视角观察

儿童立场与成人立场差距很大，对于同一个事物或任务的评判，往往结果是不一致的。尽管初中学生已经人高马大，但是他们的思维方式、价值评判大多数还是儿童立场，他们用儿童视角观察周边的人与事。但是，教育教学实践中，教师往往会忽视孩子观察、思考问题的方式，用教师的成人立场去组织学习活动，尽管课堂中启发、提问接连不断，但是学生的主体作用没有凸显出来。

以初中数学中的"圆"的概念教学改进为例①。常见的课堂是：教师拿了一根棉线、一枚铁钉，棉线一端拴住铁钉，另一端拴住粉笔。然后，将铁钉固定在黑板上，再将棉线拉直，粉笔牵着棉线绕铁钉转一周，在黑板上留下一个"圆"的轨迹。接着，教师组织学生动手体验，大家一起来画圆。活动结束后，教师请学生总结圆的定义"在一个平面内，一个动点以一个定点为中心，以一定长度为距离旋转一周所形成的封闭曲线叫做圆"。这个教学流程，教师重视了学生观察、学生体验、学生归纳、学生总结。但是，问题出在"在一个平面内"这个至关重要的条件，不是学生给出的，而是教师不加思索地脱口而出。事实上在学生们的前概念中，"球形"与"圆形"是不加区分的，在儿童游戏中接触到的大多数是球体，所以学生大脑深处留下深刻印迹是"滚圆滚圆"，能滚的都是圆。教师请学生举几个圆形物体，学生说的不是篮球就是足球，把球当成了圆。在教学过程中，首先要解决的是从球形到圆形的模型转换，也就是从立体到平面的过渡，帮助学生从生活概念提炼出科学概念。怎么过渡呢？教师应从学生的视角去组织教学。提问"大家列举一下身边的圆形物体？"学生回答"篮球、足球、排球……"教师出示一个球体和一张圆形纸片，问学生："我手中，哪个东西可以称作为圆形？"为学生设置一下思维的"路障"。经过一番思考，大家意见一致认为纸片呈现的形状可以称为"圆形"。教师追问："为什么我们都把球形当成圆形呢？球形跟圆形有什么关联呢？"再次引导学生思考。教师动手实验，用光线照射球体，投影在白墙上；把球体一切为二，让学生观察切口截面形状，这样学生就会发现圆形是平面图形，球形是立体的。接着教师再问如何简单地得到一个圆形呢？这时，我们就可以回到上面用棉线、铁钉、粉笔画圆的教学流程。这就是用与学生相仿的视角观察思考问题，才可能濒临学生的"最近发展区"，让学生易于接受并建构起经验和知识的联系，接下来解决问题也就水到渠成了。

什么是灌输式教学？一切忽视学生立场、不从学生视角去组织课堂教学的行为，都是灌输式教学。学生在这样的环境中学习，教师很难成为学生学习共同体中的一员，教师与学生之间很难建立起"伙伴关系"，课堂教学的效果也就会大打折扣。传统教学是以教师为主导的，学生只是"容器"，被动接收信息。灌输法最大的弊病在于忽略了学生的主体性，眼中无学生的悲剧直接导致教学的低效乃至无效。

① 引用苏州市吴江区实验初级中学钱建芬老师的课例。

怀着仁爱之心,尊重每一个学生,是我们做好教师的最基本的条件。初中学生自我意识觉醒,独立意识增加,一方面他们千方百计想摆脱成年人的监护看管,另一方面渴望我们成年人对他们一言一行的重视,希望得到成人世界的认可和尊重。传统的教师观是传道授业解惑,强调师道尊严,由此教师总有比学生高人一等的感觉,以势压人,也因此造成师生关系的隔阂。如果能够平视或仰视孩子,并用这个视角和学生一同去观察世界,这不仅仅是教师对学生的尊重,同时也应该是教师需要持有的"看待问题的方式、分析问题的逻辑以及解决问题的方法"的基点。这样,教师不会"站在山顶看山下",不再是高高在上地组织教育教学工作,不会"粗暴"地把成人的思维逻辑和作风态度强塞给学生,而是将自己转化为学生学习共同体中的一员,成为学生的伙伴,在学生中研究学生,发现学生的特长,挖掘学生的潜能,通过伙伴关系的影响来帮助学生学习,引领学生成长。

怎样让教师具备学生立场和学生视角呢?最有效的办法就是让教师重回课堂进入"学生角色",体验学生的学习生活,多和学生交流,从中获得有益的反馈信息。可以组织教师跟着一个班级做一天学生,从早到晚与学生一起听课,参与学生所有的课外活动,倾听学生的议论,观察学生的行为,理解学生的心声,感受课堂的氛围,体会同事的教学方式,等等。让教师明白学生需要什么样的课堂、什么样的活动和什么样的老师,这比一切教师培训项目的效果都要好。因为只有当自己身临其境,才能触景生情,感同身受。吴江区实验初级中学就是通过开展"当一天学生,做孩子一生伙伴"的活动,来帮助教师拾回学生立场,找到学生视角,从学生实际出发,解决学生问题,探索切合学生学情的"适切"教育教学方法,所以将以人为本、以学定教、以教促学落实到教育实践中,教学效益明显,受到社会好评。

二、教师需要用与学生相近的志趣参与

课堂,不管怎样民主、平等,教师与学生之间还是存在一定地位差异,很难促进师生伙伴间关系的形成。不管是学生与学生之间的伙伴关系的形成,还是教师与学生之间的伙伴关系的构建,都要在平等交往和互动中实现。活动是促进伙伴关系形成的最重要的途径。要组织伙伴互动,不得不再提及两个要素:一是同龄,即伙伴间年龄差距不能太大;二是同趣,即伙伴间往往兴趣爱好是相同的。这就要求教师始终要怀揣童心、拥抱童真,在与学生互动时,一定要忘记自己的年龄,真正把孩子看作是自己的伙伴。这不仅要求教师在思维、行为、言语等方面要接近初中生的年龄特征,而且在衣着、服饰等方面也要接近初中生的审美特点,要放弃"师道尊严"的架势,当一名顽皮大男孩、知心大姐姐,甚至是可爱的老顽童。只有这样,教师才能真正走近学生,被学生接纳,才有可能成为学生可以信赖的伙伴。

要成为学生的伙伴,教师还需要培育与孩子相近的志趣,这是伙伴关系建立的重要基础。教师要跟着学生"玩",对于未成年人而言,"玩"就是他们生活的主要组成部分,

“玩中学、做中学”是伙伴影响最有效的途径。吴江区盛泽二中要求教师除了课程教学之外，还要指导学生社团。没有指导社团任务的教师，学校要求他们积极参加学生社团，成为社团的一员，与学生同桌共学、同室共做、同场共赛。学校还举办师生独奏音乐会、师生画展等。亦师亦友，师生融为一体，没有明显的身份悬殊，教师“忘我”，学生“忘情”，师生关系其乐融融，教学相长。知识的教学因为“伙伴关系”的建立而变得深入浅出，好学易懂，这种“伙伴”感情投资的丰厚回报是难以估量的，对学生而言，“伙伴”关系的建立是一生的转折点。再如要求学生读文学名著《西游记》《水浒传》《三国演义》等，教师自己也读，就会在讨论小说中主要人物形象、经典片段、社会意义等方面有共鸣。找到了共通的话题，时间长了，学生对教师的信任感也就更强烈了。由于“志趣”相投，所以师生之间的距离缩短，而且有了共同的话题，相处时非常投机。

学校的萨克斯社团共有十二位成员，盛泽二中的校长也是其中之一。社长是一个稚气未脱的大男孩，尽管校长很努力，但是在十二成员中绝对是一位“差生”，靠一周一次社团活动提高演奏技艺，对于“差生”而言是远远不够的。所以，有时还要请社长或者伙伴“偷偷”地来校长室“补课”。社团展示时，这位“差生”也只能打打节奏，因为旋律吹不上来。不管是校长还是老师，能俯下身子做孩子的伙伴，师生之间就建立起了良好的伙伴关系，影响学生成长。志趣相投的师生关系是教育教学最好的沃土，特别是对于问题学生的教育，尽管教师不一定是他的任课老师，但只要他们已经建立起良好的伙伴关系，那么，这位教师的影响力大大超过孩子的任何任课教师，乃至班主任。

我在做学生时，老师就经常让我出黑板报，经常让我组织同学布置教室。所以，做了老师后，我也很重视教室的文化布置，到了新学期就想和学生一起精心打造墙壁文化。但是我却将任务的主动权完全交还给学生，让学生自主性设计并布置。这个学期，我们就曾经用“青春飞扬”为主题，我先鼓励并发动学生自主设计方案，交由学生进行研讨之后，以设计小组的方式构思文化墙壁的草图。学生讨论出来的结果是核心板块以绿色背景为主，彰显着青春的力量，更代表着收获与希望，具体展现的内容定位为班级所倡导的核心精神以及不同时间段学生在学习和生活中较为突出的表现。另外的版块中，学生们建议张贴优秀作品来展示“青春风采”，也可以记录同学们的理想和心愿来表达自己的“青春宣言”。

在这个案例中，我和学生走得很近，因为有了共同的班级建设“志趣”，所以大家都积极出点子，用大家的智慧美化学生的家园，这些富有个性、契合学生实际且极具美感的文化氛围，就如同是一位沉默但极具风范的老师，在孩子生命成长的过程中承载着“润物细无声”的作用。

（由戴萍老师提供）

上述案例可以看出“伙伴型”班主任对班级建设的重要作用，平时我们说要交志同道合的朋友,那么和学生建立志同道合的“伙伴”关系何尝不可?所以说老师有“志趣”是教师的魅力所在。多才多艺的老师往往会受到学生的喜爱,所以教师应该兴趣广泛,这样可以保证教师能融入不同志趣的学生群体中。虽然教师不能做到刀枪剑戟件件会耍,琴棋书画样样精通,但是至少要懂一点、会两样。有才艺的教师不但被学生敬佩,也很容易成为孩子的伙伴。所以,学校对教师的培训,内容不能局限于提升教师的专业技能、学科素养,教师的那些“独门绝技”也是学校要重视的,它们同样也是教书育人的重要资源,千万不能把教师的兴趣与爱好当做不务正业,甚至是“歪门邪道”加以制止。

三、教师需要用与学生相似的言语交流

教育教学离不开教师与学生的交流,教师的语言系统必须与学生对接,首先教师与学生交流要有共同的话题,其次要有与学生相似的表达方式,否则“鸡同鸭讲,对牛弹琴”则事倍功半。这要求教师观察、研究、学习孩子的表述方式,要关注孩子们当前关注的话题,要留意孩子们流行的用词用语;避免成人化的说教,减轻与孩子交往过程中给孩子造成的压力,减少与孩子之间的“厚障壁”,创设能与孩子平等交流的情境和对话氛围。

在一些非正式群体的伙伴之间,相互叫小名、呼绰号,体现伙伴关系比较“铁”。教师想以伙伴身份参与到这些群体中活动时,以小名、绰号与学生互称,就容易被学生群体接纳。教师还要学会孩子们在伙伴间的赞美、批评、表达自己的观点的方式方法,这些都应该成为教师的修炼项目。当今社会是一个信息高度发达的社会,学生通过电脑、手机等电子产品不断接受外界的新信息,从他们的言谈中会经常蹦出一些新词汇,谈论一些当今的热点话题、“靓点”明星以及“夺眼球”事件,如果老师也能走进他们的交谈范围,和他们一起谈论这些他们感兴趣的话题,用上一些“时髦”词汇,他们就会对这个老师佩服得五体投地,进而对这个老师敞开心扉,成为无话不说的挚友,结成无情不吐的知音。反之他们就会觉得老师很“low”,不屑与之交流,更不会对老师敞开心扉。吴江区笠泽实验初级中学每年要对教师进行当今社会“流行元素”的测试,让老师关注当前流行什么、孩子关注什么、媒体和社会上出现了一些什么热词、呈现出哪些新热点、涌现出哪些新现象、出现了哪些新变化,保持和时代共同的步伐,聆听时代的声音,与孩子们一起分享。当这些东西变成教育资源后,教师和学生交流就拥有共同的“话语圈”。有了共同的“话语圈”就有了交流通道,有了交流通道就找到了教育的有效途径。实践证明,通道不是靠说教打通的,而是靠共同“话语圈”的友好对接。这种对接应当是教师放下身段主动融入“话语圈”后取得的,决不能强制孩子对接教师预设的话题,否则,只能是一言堂、独角戏、满堂灌,不对等的教育实效可想而知。

当然,这种对等的语言交流不仅仅限于“语言”,教师的一言一行、一笑一颦、一喜一怒本身就是无声的“言语”,只要做到对等、平等,“伙伴”情感便易于形成。

我们班级从上个学期一开始,就每天利用晚自习(很多年以前)刚开始的几分钟,绕

操场跑两圈。最初两个月里，常有一些女同学找理由躲开跑步。男同学来找我想办法，我告诉他们：自愿，不能强求。每次我站在操场边看大家跑步的时候，都和这些女同学说说玩玩，绝不给她们施加压力。没想到，我们班的男同学就想出了一个绝招，他们在班会课上向我提出一个要求：胡老师，我们的跑步还需要改进。我问怎么改。大家相互看了一下后说，我们希望胡老师在值班的时候陪我们一起跑。话一说出，好多同学马上鼓起掌来，我当时也很爽快地答应了。可时间一长，我就不想跑了。有一次，我对大家说，过一会儿你们自己跑吧，我有点累了。没想到，我刚到办公室，就有两个男同学跟着进来了，我问他们：有什么事吗？他们说没事，等你一起去跑步呢。天啦，当我来到操场，全班同学排好队就等我一个。没办法，跑吧。自从答应班级同学到现在，每星期至少两次跑步从没有逃掉过，今天你们看到我现在的样子，已经比以前"苗条"了好多，不过从那以后，真的很少再有女同学请假了。

（由胡鹏老师提供）

作为班主任，既要管班有方，还要治班有情。该放下架子时就应相时而动，我觉得对学生也要"察言观色"，不妨"见风使舵"。上述案例中，胡老师如果"不听"学生的请求，不故意钻进学生设计的"陷阱"，那么不仅不利于班级的管理，而且建立良好的"伙伴关系"的大好时机也会失去。"失"和"得"就在刹那之间，何况和学生建立的"伙伴"友谊肯定是"怎一个'铁'字了得"，好多师生最后发展为永恒的亦师亦友关系，这才是人生的宝贵财富。

其实学生们很明白谁是真心爱他们的，真正对等的"言语"往往不是用说的，而是体现在具体的行动中。只要你心中装着满满的平等的思想，有时候，你不经意的一个眼神都会透露出爱的秘密。特别是那些所谓"不乖"的问题学生，有时候他们更需要平等的眼神。老师只有放低姿态亲近学生，尊重、接纳孩子的想法，才能得到学生的喜爱。青春期孩子最大的想法就是：我只要做我自己，走自己的路，让别人去说吧。站在孩子的角度，接纳他们的想法，欣赏他们，俯身倾听孩子的心声；站在同理心的角度，感受孩子的想法，亲近孩子，让孩子感受到一种别样的"平等"。特别是面对学生"犯错"（主要是思想行为上的）时，教师应该有一定的容错心理，让错误成为孩子的成长点，让学生经历发现错误、辨析错误、纠正错误的过程，在经历中感悟着，在感悟中发展着。因为老师"对等"的态度，让孩子在经历了一场"美丽错误"后自我认知、自我反省、自我超越。

四、教师需要用与学生相同的情感包容

由于生活方式的变化，现在罹患社会交往"恐惧症"的学生不少，更有外来务工随迁子女由于文化背景的不同很难融入当地学生群体中来。这些学生都是"伙伴缺失"的主要群体，更需要我们教师的关注和帮助。首先，教师要真诚地俯下身子，主动成为这些孩子学习、生活中的"伙伴"；其次，教师要鼓励他们参加有组织正式群体的活动，也要根

据他们的心理需求“量身定制”非正式的群体活动,让他们体验伙伴交往过程中的愉悦感和幸福感;再则,教师要把包容、接纳人际交往有问题、有困难的同学,作为评价孩子社会参与素养的一项内容,通过价值引领和评价驱动让所有的孩子都有自己的伙伴,让每一个学生都有一个或几个相对固定的伙伴活动群体,这也是我们新时代教师的一项很重要的任务。

吴江区笠泽实验初级中学2015级有一位姓桑的同学,是外来务工人员的孩子。父母上班时间与孩子上学时间错开,造成孩子几乎每天一个人在家。由于家庭生活方式、孩子自身性格内向,加上学业成绩差,他在学校独来独往、自由散漫,与同学交往时,只要不顺心,挥拳就打,大家对他都有点惊悚,所以他身边几乎没有伙伴。在一次学生综合实践活动时,他身着围兜,手持锅勺,为小组烧了一桌菜肴四菜一汤,色香味俱佳,得到小组成员夸奖。校长发现了桑同学的“才艺”后,一方面为桑同学专门“定制”了一间小厨房,为来校参访的客人烹制六菜一汤的接待餐,充分展示他的“手艺”。另一方面就鼓励他申请一个“家政社团”,组织同学学做菜,他勉强答应了。但是,因为没有伙伴为他摇旗呐喊,加上自身品行问题,大家都不敢靠近,只有3个同学愿意跟他学菜,这三个参与的学生都是后进生。每次活动一开始,他们烧出美味佳肴时,班主任就请任课老师、同学以及校领导一起来品尝。大家一边品尝他们做的菜肴,一边竖起大拇指啧啧称赞。这些学生在课堂中也许没有获得感,但是在厨房里确实获得了成功感。一个学期里,他们四个原来不相熟的同学,因为有了发挥他们用“武”之地的厨房,有了他们价值显露的地方,幸福时常浮现在他们的脸颊上。因为桑同学的厨艺,这几位后进生成了伙伴关系很密切的一个小群体,不再惹是生非了。第二学年招募社员时,他们社团成了热门,网上报名不到半天就满员,来了几十个新伙伴,学校家政教室要分两次才能满足他们每周一次的活动。

上述例子说明,“共情”是老师正确教育孩子的“前测”,了解学生,以学生立场的感情体认去教育学生,效果可想而知。我们不做“无准备”的教育、盲目的教育、泄怒的教育、两败俱伤的教育,那么从学生的情感出发,以“伙伴”的身份诱导、影响、说服学生,或许会柳暗花明,皆大欢喜。包容就是发现孩子的特长,帮助他们施展特长、发展特长,不能把眼睛盯着学生的缺点、弱项不放。同时,教师要在学生与家长之间架起一座桥梁,让家长也能看到孩子的亮点,别老是拿自己的孩子和“邻居家”孩子做比较,打消自己孩子的积极性,不仅如此,还要鼓励孩子发展自己的特长,扬长避短,凸显孩子的亮点,找到自己成功的兴奋点,建立自信心,实现不断进步。

吴江区实验初级中学2013级的小陆,在初三上学期的时候,成绩还是处在班级中下游,这可把一心望子成龙的父母给急坏了,按照这样的成绩,他想上四星高中希望渺茫。父母特地找到班主任,希望班主任和他好好谈谈,让他在最后一年加加油,争取能上四星高中。班主任也发现小陆同学平时学习上懒懒散散,有点无所谓的样子,不像别的同学虽然初一初二不懂事,但到了初三都明显有了紧迫感。经过和他的一番交谈,班主任得知他之所以学习上不努力是因为他不想上高中,而是想上幼师,做一名幼儿教师，但是他的想法遭到了父母的强烈反对。父母认为一个男孩子做幼儿教师是没出息的，一定要让他考四星高中，而他执着地想上幼师。班主任了解到这个情况后，询问了一些平时和他交往密切的同学，从他们那里得知他想上幼师并不是一时心血来潮，而是他本来就爱好唱歌跳舞，又十分喜欢孩子，是一个很有爱心的暖男孩。再次与小陆长谈后，班主任觉得应该要让他选择自己喜欢的道路。于是班主任与他父母经过多次交流，最后他的父母终于答应让他考幼师。得到父母的赞同后，小陆像换了一个人似的，学习积极性高涨，凭着最后一段时间的努力，最后他顺利考上了苏州幼儿高等师范学校，这成绩也是他进初中后的最好成绩。进入幼师学习后，他如鱼得水，施展自己的才华，成为学校里的优秀学生，也成为他妈妈朋友圈里骄傲的资本。

在当今社会，教师与家长往往过分看重孩子的学习成绩，忽视了孩子成长的正常诉求。其实，一个学生在学校里培养良好的品行，身心健康快乐地成长，这对每个家庭都是至关重要的，对整个社会也是一件功德无量的事。

吴江区实验初级中学2016级的一位周同学，由于学习成绩差、反应迟钝，在小学期间经常受到同学的欺侮。进入初中后，就有高年级的学生知道他好欺负，家里经济条件又不错，就找上门来敲竹杠。班里的同学也都不屑与他交往，他本人和家长为此十分忧虑。班主任老师经过一段时间的观察，发现他有强烈的责任心。班级中有同学忘记倒垃圾了，他会主动帮忙去倒；教室的空调放学后没有关，他会主动到办公室来找老师拿遥控板去关；课代表搬作业本很累，他会主动帮助他们。为了让他在班级里找到自己的存在感，健康地成长，班主任就让他每节课的课间去任课老师办公室，问问有没有作业要搬，要不要帮老师叫同学来办公室。于是，每个课间都能看到他忙碌地穿梭在各个办公室间，抱着一大沓的作业本。虽然他的额头沁出颗颗汗珠，但是他的脸上却洋溢着喜悦。有时老师不小心把活交给了别的同学，他就会流露出满脸的失望。虽然他的学习成绩没有丝毫提高，但是他的责任心受到了全班同学的赞赏，也有人愿意和他交朋友了，高年级的同学来“敲诈”他时会有人帮助他了，甚至在期末的单项奖评比中，很多同学都把礼仪之星投给了他。家长也对他的变化感到由衷地欣喜，之前的担忧也都消失了。

案例中，班主任发现了学生的“亮点”——有责任心，并把学生的“亮点”放大，得到了同学们的肯定。谁都愿意展现自己，谁都愿意被人发现亮点，展示自己最好的一面，让生命因此更加鲜活和充满张力。

教师在学生心中的位置是很重要的。教师与学生保持良好的“伙伴”关系，有利于工作任务的展开，建立相互理解的新型师生关系，做到及时发现问题后及时处理。教师在工作中要多和学生沟通，以聊天的形式了解学生的学习状况、家庭状况、心理问题、兴趣与爱好等等。老师还应和家长保持联系，及时掌握学生在家里的生活、学习习惯、性格特点等，全面摸清学生的思想动态和存在的问题，以便保持并发展好“伙伴”关系。不管在什么场合，老师要用同龄人的心理、朋友的语气去与之交谈，学生就会打开心扉，畅所欲言。在融洽的师生沟通中，学生如沐春风，教育工作才会水到渠成，收获良多。

第二节　家长:智当孩子的好伙伴

这里说的“家长”指的是孩子的父母。父母是孩子的第一监护人。“每一个问题儿童的背后都有一个神经质的母亲。”这话虽然有点刻薄,但是很有道理。很多家长并没有意识到家长应该做的事情是什么,许多家庭出现“只养不教,养而不育”的现象。比如,溺爱型家长,试图代替孩子成长,导致孩子无情无能;放羊型的家长,让孩子自由成长,导致孩子言行失范;望子成龙型的家长,采用高压政策,导致孩子心态失常;等等。一句话来概括,家长对孩子正确的教育观念没有树立起来,会导致家庭教育缺失。

观察现在的初中生的家庭生活,物质上几乎什么都不缺,缺的是“陪伴”。一是独生子女的家庭,缺少兄弟姐妹的互动;二是现代家庭住的公寓房或自建房,不是围墙高耸就是大门紧闭,缺少与邻居的互动;三是课外家长安排学这学那,缺少同学互动;四是工作忙应酬多,缺少与家长的互动。一些外来务工随迁子女,孩子居家时几乎是独处状态。所以,强化家庭教育首先要树立正确的家庭教育观念,其次家长要静下心来陪伴孩子,与孩子一起成长。经验告诉我们,家长的陪伴是“最好的教育”。

一、“伙伴”视角,读懂孩子

说家长不了解自己孩子,没有一个家长会承认。“我自己的孩子,我怎么会不了解呢?简直笑话!”事实上不是这样,大多数家长确实并不了解已经是初中生的孩子。曾经在一次家校互动中,做了一个游戏。请了十位家长和他们的孩子上台,每人发一张白纸和一支笔,让家长写出孩子最近在关注什么?孩子最近想要得到什么?孩子最喜欢的活动项目是什么?同时让孩子同样回答爸爸或妈妈(看上台的是爸爸还是妈妈)最近在关注什么?最近想要得到什么?最喜欢的活动项目是什么?玩手机、上网聊天除外。结果让人大跌眼镜的是,孩子的回答符合率达到86%,而家长的回答符合率不到45%。这开始本身是一场游戏,但是学校连续在不同年级中反复做这个“游戏”,其结果大致相同。这就说明我们的家长真的不是很了解自己孩子。原因之一,孩子长大了,有自己的想法、自己的主张;原因之二,家长只关心孩子的吃睡和功课,忽视孩子的成长,以为孩子还是一个与家长没有“隔阂”的、无话不说的小学生。所以,家长要成为孩子的“伙伴”,就要从观察、研究孩子做起。

读懂孩子,只是为了找到与孩子交流的通道,或者搭建一个互动的平台。最主要的还是要我们父母用正确的价值观去引领孩子成长。麻将桌边或电视机前长大的孩子与爱读书的家长教育出来的孩子,差别很大。这就是为什么在家长一边“中发白”,一边要求孩子认真读书时,收到的往往是强烈的逆反。自己做不到的事情,还要强迫孩子做到，怎么会不引发孩子的反感呢？所以，孩子到了初中，在他们价值观、世界观和人生观开始形成的关键时期，家长务必要放弃一点不利于孩子成长的业余爱好，用积极进取的志趣和良好的生活习惯去影响孩子。父母的言传身教、一举一动都在影响着孩子的成长。尽管孩子一天的大部分时间都在学校度过，但是他们的言行举止、生活习惯、处世态度、思维方式以及幸福感、自尊心都源自家庭生活，教育孩子是需要每一个父母倾注精力、用尽智慧的大事。

家长对孩子的影响不能像教师教育学生一样进行，而是要让孩子积极地参与家庭生活的各项活动。但是，初中生与家长之间的交流易出现“障碍”，即所谓的“代沟”，儿时的恋母恋父情结逐渐消失。此时家长如何亲近自己的孩子呢？需要家长认真做好“功课”。一是要仔细观察孩子喜欢看什么电视节目、玩什么电子游戏、热衷什么体育活动、热聊什么话题等等，发现孩子的兴趣点和爱好的项目。二是要家长根据孩子当前关注的热点，调整自己的兴趣点，尽最大可能去研究孩子热衷的东西。比如，孩子喜欢篮球，家长就要精心研究篮球，看看 NBA 或 CBA 的赛事，翻翻篮球明星的趣闻乐事和场外“八卦”，这样家长与孩子交流就有共同的话题。否则，他在看篮球赛，你在看《大长今》，关注点南辕北辙，怎么可能和孩子坐得下来一起聊天呢？家长与孩子之间断了语言的交流，近一点说家庭生活少了乐趣，远一点看家长与孩子交流不畅，影响家庭育人的效能。读懂初中学段的孩子，是做好家长的“基本功”。下面我们来听听一位家长的声音：

“看着你一天天健康快乐地长大，我们也快乐幸福着，但内心也一直彷徨着，因为我们也是在学习做父母，没有任何先知榜样可以学习，每个孩子都是那么的特别。我们只有不断地观察、发现、探索、学习、沟通、分享和引导，最重要的还是坦诚和换位思考。我们告诉你我们在想什么，我们在做什么，我们又经历过什么，我们享受什么，我们欣赏什么，我们希望什么，甚至我们做错了什么以及该如何面对和处理。我想你能够感受到我们的努力，你也在恰当的时候告诉了我们这些。我不知道这样是不是朋友式的父母，但我很享受和你一起深夜交谈的时光，很高兴为你讲故事，很高兴我们一起争论电视电影里的人物和各种观点，很高兴我们一起完成一道道美食，我们把我们看过的书讲给你听，你告诉我们你感兴趣的书和情节……也许这就是陪伴，我们一起成长，我们一起做想做的事，我们的心都在指引着对方。”

［由吴江区笠泽实验中学 2019 届初二(1)班林敏家长提供］

这位家长说得多好，要“坦诚和换位思考”“心都在指引着对方”“朋友式的父母”，以这样的方式读懂孩子，该是多么好呀！读懂孩子不是单向的，像这位家长，他们愿意把自己想什么、做什么、经历过什么、享受什么、希望什么等告诉孩子，那么孩子也会被父母的坦诚所感动，读懂孩子就是很容易的事了。父母和孩子只有形成“伙伴”式的关系，才能彼此敞开心扉,才能更好地把“心都在指引着对方”。作为家长,这时要想努力营造一个平等又“民主”的家庭环境和氛围,家长在家的地位就不能高高在上,要在孩子面前放低姿态,让他感觉家里只有朋友。因此,建立“伙伴关系”,做知心朋友,父母和孩子之间才会畅所欲言,知心知底,关系融洽而和谐。

二、“伙伴”哺育,引领孩子

说家长不陪伴孩子,估计大多数家长不会承认的。但是,大多数家庭处在“只陪不伴”的状态,甚至有的父母把孩子“扔给”了祖辈监护。现在很多家庭中,父母就在孩子身边,可有些爸爸在酒桌大话调侃如行云流水,却对与孩子聊天草草应付,有些妈妈对着肥皂剧泪流满面,却懒得跟孩子交心彻谈。责任缺位,陪伴缺失,这样的父母在孩子身边又有何用呢?

陪与伴是两个概念,“陪”就是“人看着人”,“伴”却是指人与人之间的互动。高质量的家长陪伴,是最好的家庭教育。有初中孩子的家长,一般年龄在四十岁上下,正好处于自己事业的奋斗期,这时又碰上了孩子成长关键期,几乎每个家长都存在这种“欢喜中的烦恼”。但是,当代家长一定要让自己成为孩子的伙伴,要有与孩子同成长共进步、一起飞翔的意识。

首先,父母放下身段成为孩子的伙伴,家庭充满民主和平等的气氛,变呵斥为商量,变批评为提醒,这种“角色”的转换就会带来不同的效应,这种效应在影响孩子成长的过程中是无法替代的。

其次,初中孩子往往被家长误读,认为孩子已经长大,可以独立了,不需要家长陪伴了。其实,初中生处于青春期的前端,精神的孤独加上伙伴的缺失,反而更需要我们家长的陪伴。这个时候陪伴孩子,就是帮助孩子成人成才的“最佳有效期”,在与孩子的互动中去发现问题,及时用孩子的方式解决影响孩子成长的大小问题,家长千万不要等到孩子出现了问题再陪,“亡羊补牢”的做法将是“徒劳”或“事倍功半”的。

第三,父母的陪伴是有质量的,尤其是日常中的行为示范,是随时产生的。一方面家长调整自己的兴趣点,尽可能与孩子的兴趣趋同,陪孩子做一些他喜欢的、有意思的活动,像读书、游戏、参观、旅游等,寓教育于家庭伙伴式活动之中;另一方面家长更注重平时生活中的言谈举止、行为习惯,像按时作息、热爱学习、与家人朋友相处真诚有礼、外出遵守公共秩序等,不经意的“陪伴”效应更大,用自己的默会知识去影响孩子的成长。

第四,父母还可以智慧地把陪伴孩子倒过来,让孩子“陪伴”父母。例如,在条件允许的情况下,可以邀请孩子“陪伴”父母去工作,让孩子看到与家中不一样的父母,在增进了解的同时,体谅父母由于工作对自己的“疏忽”。也可以让孩子参与父母喜欢的、积极向上的业余活动等等。

深秋的晚上,已经过了9点钟,忽然手机铃声响起,拿起手机一看,来电号码尾数是一串6666。我马上感觉到对方有点“来头”(不是普通人)。对方对我说,他姓金,是我们镇上最大也是最有名的美容美发院的老板,约我能不能出来谈谈孩子的教育问题。尽管已经到了该休息的时候了,但是我还是答应他在附近的咖啡店见面。

他身材不高,烫着卷发,而且头发染得金黄,脖子上挂着粗大的金项链,手腕套着金手链,着装似乎不适合这个季节,也不适合他这个年龄。坐下后,他一脸委屈,愁眉苦脸地对我说,他们家生活条件优越,孩子现在读初二,可是家长与孩子没法沟通,用他的说法是“给陌生人提供这么好的生活条件,也许还会得到几分感恩。而我的孩子眼中根本没有父母双亲”。他十分“沮丧”,也十分担忧。长此以往,家长无法跟孩子沟通,最后导致孩子目中无家,那么“我拼死拼活赚来的钱有什么用呢?”他希望我能帮他教育好孩子。

我想了想,根据他的职业特点,生意都集中在下午和傍晚,早晨肯定起床晚,家长与孩子的作息时间有差异,孩子早晨上学时,父母还在睡觉,孩子晚上睡觉时,父母还没有回家。节假日,孩子需要父母陪伴互动,他们美容美发店却正好是生意兴隆的时段。孩子与家长的“代沟”起因无非是缺少家庭的良性互动。我告诉他这种事我帮不了你的忙,解铃还须系铃人,需要你自己去解决。但是,给他三条建议:一是每天接送孩子上学,但是不得开车接送,要求步行;二是每天晚上回家吃饭,要求全家到齐后用餐,餐后大家需要在饭桌上聊上15分钟才可以离席;三是双休日至少拿出一个半天的时间,跟着孩子一起玩。这三条建议,难倒了这位金老板,他想了良久,为了孩子的成长,最后咬咬牙答应了。

我冷眼观察,开始的几周,这个老板真的很失落。早晨,孩子在前面走,他在后面跟。傍晚,他躲在学校大门口的公交车站台,盯着走出校门的学生,期盼的目光搜寻着自己的孩子,但是他孩子视若不见,他只能默默地跟在后面。再过几周,发现金老板接送孩子时,为孩子背着书包,但是还是跟在儿子的背后,没有什么互动。快到期末时,我发现金老板终于和儿子并排走在一起了,偶然有几次交谈。就这样持续了几个月,我发现父子俩已经可以有说有笑地行走在上学路上,我估计他们阻断的亲情交往已经接通。于是我不再有意识地观察,只是发了几条短信给金老板,希望他能坚持两三年,当孩子度过“叛逆期”后再慢慢放松。

到了孩子初三第一个学期末,大概一年之后,我在街上偶然碰到金老板,发现他红光满面、神采奕奕。我就主动问了他孩子的事,他很兴奋地说,一切OK,谢谢老师的好建议。他告诉我,自己已经成为孩子圈子里的“孩儿王”。周末孩子活动,以前他跟着去,现在是被喊得去。而且,他学会了好多孩子们玩的技能,觉得自己也变得年轻了。

(由作者本人提供)

高质量的陪伴是父母责任的到位,父母要能知道孩子成长的点滴,要能看见孩子的进步和变化,知道他的爱好究竟是什么等等;高质量的陪伴是关键时期对孩子的支持,每个初中生都有学习上、情感上、生活中的"难越"坎,每每这个时候更需要家长提供"伙伴"式的鼓励,提供跨越"沟沟坎坎"的建议让孩子选择,关键期的陪伴非常重要;高质量的陪伴是一份精神的引领,在孩子成长过程中,空间上的距离并不意味着我们与孩子心理上的疏远,用心的父母并不因为时空的阻隔而忽略孩子成长,也许父母长时间不在孩子身边,但是一定会保持对孩子日常的关注,傅雷先生对孩子傅聪的关心就是一个很好的例子;高质量的陪伴是用心和孩子一起长大,同时对自己的事业也有追求,用自己工作的进步去激励孩子,让孩子有敬佩感和自豪感。

孩子需要父母陪伴,但并不代表父母不要自己的生活、自己的工作。父母和孩子是两个独立的个体,各自都需要自身的价值,责任不代表"绑架",而在于父母陪伴的方法是不是用心、是不是智慧。

三、"伙伴"协助,发展孩子

孩子成长路上最好的礼物不是金钱,而是家长的陪伴和老师的信任。然而我们经常能看到这样的画面:孩子在学校受了一点伤,家长就认为老师没有尽责;孩子在学校生了病,家长就认为是学校没有照顾好;孩子一说不想上学,家长立刻想这孩子在学校怎么了,就会马上质问老师;等等。家长,站在老师的对立面。久而久之,即便是孩子自身的问题,由于家长的庇护,孩子也会把责任往老师、同学身上推,自己"永远是正确的",结果导致孩子不会自我反省,丧失了正义感和责任性,阻碍自身的成长。

相反,当孩子在说老师不是的时候,家长就说:"既然这位老师待你不好、不公正,就应该把他教的功课学得最好,把老师气死!"当孩子说学生不是的时候,家长就说:"要是你来做这件事,你应该怎么做?"引导孩子换位思考。如果家长觉得教师、同学确实有问题,应该避开孩子,积极地与教师沟通。从对孩子教育上看,家长和教师也是一种"伙伴"关系,在良性互动中才能为孩子营造一个良好的受教育环境。

家长永远不要在孩子面前讲老师的不是,应对老师的工作积极支持配合。这样,孩子对老师才能信服、遵从。这并不是说我们做家长的服输认栽,对老师要谨小慎微。更重要的是家长就是孩子的榜样,与他人特别是与老师相处的时候,多支持多包容,就是在教自己的孩子如何为人处世,这也是孩子未来的立身之本。

家长和老师的相遇,就是爱和信任的相遇,家长与教师应该是教育孩子的"好伙伴",应该有良性的家校互动。家长支持老师,就是支持自己孩子的成长。让老师满怀激情地投入到对孩子的教育中,不仅要靠老师自身的职业素养和修炼,还要教师能舒心顺畅地开展工作,做家长的更是要提升境界,积极作为。

家长对孩子的抱怨,千万不要迁怒于他人。首先,要让孩子自我反省在这段时间中自己有没有过失，处理问题有没有不当。尽管孩子在某个事件中是“受害”的一方，但也要让孩子明白为什么不选择“避让”。让孩子学会反省自己，是孩子融入集体、步入社会最重要的品质，也是拥有“伙伴”的基础。

“养鱼重在养水，养树重在养根，养人重在养心。”在教育上，方法的力量是有限的，家长在教育孩子的问题上真正欠缺的不是方法，而是父母的教育状态。在谈及孩子的时候，有许多母亲实在太理性，这在教育孩子问题上显得十分可怕，因为这样就缺乏情感的基础，缺失情感的支撑。父亲与孩子的教育是存在距离的，有距离不是件可怕事，但父亲要确立在家庭教育中的位置，要清楚自己在家里对孩子的精神导向是什么。随着孩子年龄的增长，父亲的影响力会慢慢超越母亲的影响力，对于初中生的教育，父亲要有意识地走到“前台”，要积极地成为孩子的“伙伴”。

教育的最佳状态在于一个“养”字。家庭教育重在养，而不在教。现在孩子学习上各种各样的问题归纳起来就是心力的不足，即面对学习热情不足。试想：如果一个孩子的心在家里面得不到养护，得不到有效的滋养，天赋的聪明就没有基础；智商再高，没有恰当的、相应的心态支撑，天赋也很难发挥。我们先不讲孩子的“心”如何，先看看养孩子“心”的人，也就是父母的心态适不适合“养”孩子，或者说如何达到“养”好孩子的状态。

四、“伙伴”倾听，善导孩子

做家长的都爱自己的孩子，但常常不知道孩子心里想什么，不知道孩子需要怎样的爱。因此，家长常常只注重在物质生活上满足孩子的需要。其实，随着孩子的成长，更需要家长提供精神上的支持，而倾听孩子的心声，正是从精神和感情上关怀孩子、与孩子建立亲密关系的重要方式。应该说，面对孩子，家长的耳朵比嘴巴更重要。

孩子在学校生活了一天，回到家中，快乐需要有人分享，困惑需要请人解答，烦恼需要找人倾诉，愤怒需要向人宣泄，这个人是谁呢？当然是孩子最亲爱的爸爸妈妈。这个时候，只要妈妈（或爸爸）认真地、全神贯注地倾听孩子的诉说，孩子就会感到，自己在爸爸妈妈心中是最重要的，从而增强了安全感，这种安全感会让孩子受益终生。

倾听孩子的心声，还会使孩子对家长的信任感越来越深，敢于向家长袒露自己的内心世界，让家长清楚地了解他对事物的看法和感觉，这也不知不觉为家长的引领和教育做了向导。德国教育学家卡尔·威特说：“我认为倾听是一种非常好的教育方式。因为倾听对孩子来说，是在表示尊敬，表达关心，也促使孩子去认识自己的能力。如果孩子感到，他能自由地对任何事情提出自己的意见，而他的认识又没有受到轻视和奚落，他就变得毫不迟疑、无所顾忌地发表自己的意见，先是在家里，然后是学校，将来就可以在工作上，自信勇敢地正视和处理问题。”

中考前,学生焦虑,家长也焦虑。有位家长找到我,说现在的孩子特别不好,脾气暴躁,爱发牢骚,动不动就发火,孩子太不孝顺了。这位家长说他现在都不敢在家里说孩子,一说孩子就发火。

我跟家长说,孩子要中考了,要面对家长、同学、亲戚等等给他的压力,这种瞬间的压力当他自己掌控不了的时候,他能把这个压力转嫁给谁?他的这股火气发给谁?他不能发给同学吧,不能发给老师吧,不能发给亲戚吧。孩子冲家长发火是因为他知道家长是无私爱他的,可以容忍他发火。如果家长都没有这种承受能力,孩子的焦虑去哪里发泄?如果憋在心里,肯定会影响他的复习,他把压力发泄出来了,就没事了,就能好好复习了。这跟不孝顺、不把家长放在眼里完全是两码事。家长这才恍然大悟,赶紧回家了,让孩子痛痛快快地把话说完,说完了,果然孩子就没事了,安安稳稳地复习去了。

(由邱明霞老师提供)

其实,每一个孩子都希望自己得到父母的重视,现实生活中每个家长都无比地重视自己的孩子,可为什么孩子体会不到呢?为什么仍然有很多孩子总是埋怨自己的家长不理解自己、不爱搭理自己呢?很多情况下都是因为父母做得不到位,不认真倾听孩子的想法,总把孩子当小孩而不去重视他内心的感受,这样久而久之,孩子就更加不愿意和父母沟通,父母与孩子之间的代沟就越来越难填平了。

家庭教育中常见的误区,在于一些家长潜意识里常常用"过来人"惯有的自以为是、高高在上、武断专行对待孩子,忽略了孩子是一个有自己独特想法、认识、个性和情感的"人"。比如:不尊重孩子的隐私,自作主张包办孩子的一切,对孩子的"问题"不分青红皂白一味责骂等。这是造成现实生活中"孩子只听老师的话,而把父母的话当成耳边风"现象的原因之一。孩子这种"双面人"的表现,其缘由恐怕多少与父母对孩子缺乏耐心、不懂得倾听孩子的心声、不给予孩子应有的尊重有关联。

为了让孩子的身心健康发展,家长必须学会做一名忠实的倾听者。有位家长说,她女儿基本上每天都会唠叨发生在学校里的事,即便是一些无关紧要的事情,有时候在她看来是特别幼稚的事,但她们也要仔细听孩子诉说,并且有所回应,如果她们没有反应,她会反感,甚至会感到你们无视她。因此,当孩子倾诉心声时,家长一定要与孩子平视,认真对待孩子的倾诉,而不是一副居高临下的态度,这是一种最基本的尊重。孩子也是需要这种尊重的。当孩子倾诉心声时,家长不要抱着胳膊,或者做翻看杂志等其他事,这些举动会给孩子一种心理阻碍,从而打消倾诉的意愿。当孩子倾诉心声时,家长的眼睛可以跟着说话的孩子转动,很自然地用眼睛表达出你的愉悦。让孩子意识到你在认真听,他的心理就会放松,愿意倾诉。当孩子倾诉心声时,家长一定不能在孩子没说几句话的时候就打断他,表现出不耐烦的样子,甚至说一些过激的话,比如"我早就知道了,别烦我"等。这样不但扫了孩子的兴,而且可能让孩子以后都不敢再向家长倾诉了。当孩子倾诉心声时,家长可以适时地用语言表达你的观点或看法，或者说一些简单的鼓励与赞美，比如“我和你想的一样”“你太厉害了”等等。这样，孩子说话的兴趣自然会有。学会听孩子倾诉了，孩子也就愿意跟你倾诉了；愿意跟你倾诉了，孩子也就愿意跟你像朋友一样交流了；愿意交流了，家长的教育就更简单了，孩子的心理就会更健康地发展了。

家长学做孩子的朋友，和孩子平等对话，学会倾听、理解和尊重，让幸福的家成为孩子健康成长的摇篮。面对孩子不断前行的步履，我们愿在总结自己、研究孩子中见证孩子的成长。总结意味着反思，在反思中寻觅育人的钥匙；研究孩子，面对一个充满亲情味的自己的未来，通过平等以待，做孩子的“伙伴”，以此了解他们的心迹。没有谁是天生的好家长，因为孩子不同，家长不同，因材施教的方法就千变万化，因此，孩子的教育方法不可生搬硬套以防弄巧成拙。

家长一方面要做好示范，另一方面别忘了向孩子学习。家长的学习应伴随孩子一生，我们有时觉得向孩子学习的方面很多，比如他们的机敏、真挚、好奇等，成人往往缺失这些，所以可塑性就不如孩子；有时和孩子一起学习也是给自己补课，他们学的好多知识我们有时只是略懂一二，此时，万不可以“大人”自居，只有这样才能不断自新。当孩子看到你虚心向他请教时，他也有成就感啊，而且无形中就培养了他勤学好问、虚心求进的品格，这是无言之教！父母的言行常常是给孩子的无声示范，孩子就在潜滋暗长中变成父母的影子，让双方成为特殊的“伙伴”或朋友。社会、学校、家庭有机构成的教育体系，其中家庭教育处于重要的位置，重视家庭教育对学生品德的发展至关重要。“最好的教育是家庭教育”。父母是孩子们朝夕相处的“教育者”。因此，父母自身的素质对孩子教育的影响尤为重要，在当下教育程度不断提高的大环境下，家长自身素质也在不断提高，使其对个人利益的追求转变对个人社会价值的追求，这也就在潜移默化地将爱国主义、人生观、价值观、世界观、幸福观等灌输给了孩子。在这样良性教育环境的引导下，家长对孩子思想品德的重视，最终会促进学生健全思想品德的形成。

第三节　家长与教师：育人路上的好伙伴

教育，是心与心的交流，是情与情的融合，尊重和信任是教育最基础的条件。家庭与学校、家长与教师应该是育人路上的好伙伴，彼此尊重、彼此信任，才能齐心协力把孩子教育好、培养好。但是，在学校现实教育环境中，常常会听到不和谐的声响，看到不和谐的场景。家长总以为孩子交给学校、交给老师，你们就应该把孩子教育好、培养好，否则，你们就是歧视我们家的孩子，没有本事。教师却认为家长都不管孩子、不教育孩子，我们老师凭什么一定要把你的孩子教好呢？特别是问题学生，比如学习成绩不好、行为习惯不端、逆反情绪严重的学生，他们的家长对学校的一举一动特别敏感。还有一些对学校教育期望过高的家长,时常会对学校、教师的表现指指点点、说三道四。家长和教师之间缺少尊重和信任,最后“倒霉”的是孩子,把孩子的教育置于一个尴尬的境地。

长期以来,我们在对教师工作的宣传中,过多地强调“要奉献、要为人师表、要敬业爱生”,却忽视了教师工作的专业性,导致社会各界对教师专业工作的不尊重。其实,教师与医生比较,同样有非常高深的专业要求。医生只是对病人过去和现在的疾病负责,教师却对孩子现在和未来的发展负责;医生针对是人的机体,教师针对的是人的灵魂;医生面对不治之症可以放弃救治,然而教师面对问题最大的孩子却不能放弃对他的教育;医生治病须对症下药,才可药到病除,教师育人须因材施教、循循善诱,还得在漫长的等待中,希冀开花结果;患者可以选择医生,学生则无法随意选择老师,师生相遇从古到今是一种缘分;医生只对病人及其家庭负责,教师不但要对孩子及其家庭负责,还要对国家、民族的明天负责。这样的比较不是要说明作为专业技术人员,谁重要谁次要的问题,而是想说明教师工作的专业性和重要性应该引起全社会的广泛重视。惟有如此,教师及其职业才能得到家长的尊重和信任。

一、教师要尊重、帮助家长

尽管在家长与教师的关系中,教师起着主导作用,但是他们在人格上完全平等,不存在尊卑、高低之分。因此,教师尊重学生家长,特别要尊重问题学生和不听话学生的家长。对教育过程中出现的问题,首先要从自身工作上找原因,公正地评价学生,耐心地指导家庭教育,与家长共同寻找破解孩子教育问题的途径。教师,作为专业的教育工作者,面对不谙教育规律、不懂教育方法的家长一定要时时提醒自己:家长把孩子交给了你,就是把孩子的未来和家庭的希望交给了你,他们有点焦虑、有点不安,是正常的心理反应。教师只有提升自己的教育教学水平才能赢得家长的信任,千万不能指责家长“苛刻、刁横”。其次,对于家长和他们家庭而言,教师是服务者,既然是服务者,那么就得为孩子提供全心全意的教育服务,虽然教师不可能满足所有家长的所有要求,但是每个教师都应该做好常规的教书育人工作,这不仅是教师职业道德规范的要求,也是我们为人处世的基本素质。

1. 尊重家长,教师要礼貌待人

家长的文化背景、社会背景各不相同,性格、脾气千差万别。无论是到孩子家庭中访问,还是在学校接待家长来访,教师都要做到不卑不亢、热情周到,体现为人师表的职业风度和教师个人的人格魅力。千万不能在接待有地位、有影响力的家长时卑躬屈膝,低声下气;而在接待普通百姓家长乃至外来务工家长时趾高气昂,颐指气使。不管教师去找家长,还是家长来找教师,目的只有一个,就是解决孩子的问题。既不需要溜须拍马,也不需要指点江山,静下心来共同研讨才是正道。

2. 尊重家长，教师要以理服人

教师与家长接触，一定要控制自己的情绪。特别是处理犯了错误的问题学生，在与其家长沟通时更要注意自己的情绪，不能出现“恨屋及乌”的晕轮效应。千万不能把孩子的过错，由于教师的恼怒而把情绪迁移到家长身上，引发家长的反感。原来是期望家长的配合，结果却导致家长的抵触，孩子不但没有得到有效的教育，反而助长他的“为所欲为”的底气。长此以往，就会在孩子成长过程中产生“负反馈”。因此，在与家长交往时，教师要客观对待学生，即使面对犯错的孩子也要挖掘一下他的长处和优点，再指出存在的问题，以探讨、商量的语气和积极的态度与家长共商教育教学问题。教师有“理”不一定能说服家长，关键是怎么跟家长说理。所以，教师在约见家长时，要适当了解孩子的家庭生活背景和家长的个人情况，稍微掌握一点家长的性格、脾气和对孩子教育的态度，再组织需要表达的语言和选择恰当的交流方式。一句话，面对不同的家长要用不同的方式讲好同一个道理。学生犯群体性错误时，教师尽量避免与家长集体谈话。这样才能真正做到以情感人、以理服人。

3. 尊重家长，教师要谨言慎行

与家长谈话要注意方式方法，特别是和一些“强词夺理”的家长接触，一定要有准备，要讲究策略。孩子都是父母“心头肉”，说表扬孩子的话，家长自然高兴，乐意与教师配合。说批评孩子的话，家长肯定郁闷不快，一旦教师话说过了头，就会导致家长的不满和愤恨。首先，教师与家长接触，真诚是第一，真诚待人的态度是一切交往的基础。其次，要注意场合，不管表扬还是批评孩子，尽量单独与家长谈话。某教师在办公室里接待家长，在表扬她的孩子时进来一位任课教师，听到该学生的家长在，火气冲冲对着家长批评了她的孩子，弄得班主任和家长十分“难堪”。第三，要把肯定孩子的优点放在前面讲，再指出孩子存在的问题，要注意就事论事，千万不要东拉西扯翻旧账，更不要责备家长“养而不教，不闻不问”等，不能推卸学校教师的责任与义务，而是请家长配合，目的是教得更好。第四，不要一味地告状，而是要给家长提供方法指导，让他们明确怎么去做对孩子成长是有益的，让教师的专业行为去影响家长的教育行为。

4. 尊重家长，教师要耐心倾听

教师要虚心、耐心倾听家长的意见和建议。现在，有些家长具备很高的学历、很深的资历，对教育孩子和管理孩子有一定的认知。如果能经常征求并尊重家长的意见，一方面教师可以获得一些教育教学的新信息、新招数；另一方面，也会让家长觉得教师民主、诚信、可靠，对学校的教育有信任度，使家校合力效果更明显。在教育实践中，只要我们以平等的态度来对待家长，尊重他们的人格和想法，耐心、虚心、诚恳地听取家长的合理建议，就有利于营造和谐、轻松、愉快的交流氛围和育人环境，保证家校在育人问题上的一致性。

二、家长要信任、支持老师

随着人们的经济生活水平的不断提升，教育已经成为很多人关注的焦点。对于家长来说,他们渴望自己的孩子从小就可以受到优质教育,长大了可以成为社会的栋梁。在很多人的眼里,教育一直以来都是老师的责任,父母只需要把孩子送到学校,老师便有义务去教导孩子,实际上这种想法是错误的。教育不光是老师的事情,同时也是家长的事情,正所谓“父母是孩子的第一任老师”,家长有责任教育自己的孩子。只有家长信任、支持老师,积极地参与教育孩子的全过程,教师才有教好书、育好人的基本保障。同时,家长还要维护学校的荣誉,以正确的价值取向和舆论导向影响孩子,让孩子对学校有归属感和幸福感。

1. 支持教师,家长要维护威望

现在,虽然已经不是一个“师道尊严”的时代,提倡教师要俯下身子做孩子的朋友、伙伴。但是,对于教育本身而言,教师在学生心目中要有一定的威望,这样才能让孩子觉得他的老师是可信的、可靠的。教师的威望来自教师自身的人格魅力、学术水平、教学技艺和为人处世的态度,家长要积极地维护教师的形象,只有家长对教师足够尊重和信任,才能影响孩子去尊重自己的老师,这样学校教育才能有效,家长和老师才能同心同向。所以,家长千万不能当着孩子的面批评、贬低、诋毁教师、学校,应该在孩子心灵中注入明理、儒雅、上进的老师形象。对于孩子对教师的评价,家长要积极引导,千万不能听到孩子口里说教师的不是,就迁怒于教师和学校。教师威信扫地,最受害的还是孩子。

2. 支持教师,家长要宽容不周

一个班级有几十个孩子,每个孩子都有自己的个性,每个家庭对自己的孩子都有各自的期望。教师一个人根本管不过来,难免在教育教学过程中出现疏忽,家长要宽容、要尊重。要知道老师不是“保姆”,他应该是学生成长路上的引导者。所以,我们家长要主动跟教师联系,对孩子的学习有问题、要求和建议时,要主动与教师沟通,请求专业化的指导。有些父母得知孩子在学校里受到了委屈之后,第一件事情就是去质问老师,说出各种难听的话,“我把孩子交给学校,你就是这样教孩子的吗?”“我孩子受委屈了,你怎么当老师的?”等等,这样的例子真的太多了。其实在很多人的眼中,老师也许仅仅是一个保姆,帮着他们带孩子,这样的想法是十分不正确的。每一位老师都是爱孩子的,他们自然想要让孩子能够在学校里过得幸福和快乐,只不过他们并没有那么多的精力,将每一位孩子都照顾得无微不至。作为家长,你需要给老师更多的宽容和尊重。

3. 支持教师,家长要配合工作

学校教育教学活动丰富多彩,教师要根据活动安排布置各项作业,其中有的作业不合孩子的兴趣,孩子不愿做,有的作业超越孩子的能力,孩子做不来。家长要积极配合学校、配合教师引导孩子努力地去完成各项任务。在教育实践中,我们常看到有些家长眼睛只盯着孩子的考试分数,凡是与学科学习无关的活动,一律不支持。参加艺术活动,孩子要排练,花时间,家长不支持;参加体育活动,孩子要训练,花时间,家长就反对;

等等。这些做法,一是不利于孩子成长,孩子素质的提升、关键能力的形成需要各种各样的活动,没有丰富多彩的校园生活,只是死读书、读死书,孩子身心发展和品格提升是有缺失的;二是不利于教师工作的开展,这也反对那也反对,让孩子在学校无所适从,成为校园活动的"看客",教师的教书育人的目标就难以达成;三是不利于家长与学校与教师的沟通,人与人的沟通需要平台、需要通道,家长配合学校、支持教师、帮助孩子,无疑拓宽了与学校、与教师、与孩子沟通的渠道,比如多参加孩子的班级活动、参加孩子参与的展示活动、观摩欣赏孩子的才艺表演、积极地为学校做一些力所能及的事等等,都是对教师的支持、对学校的支持。一些家长长期在学校里当志愿者,观察他的孩子就会发现:孩子在学校的自豪感、幸福感和获得感大大高于其他同学。

4. 支持教师,家长要学会沟通

家长心里有别扭、有想法,大多不愿意与教师直接沟通,担心教师会给孩子"穿小鞋",打击报复。有的在微信群里或朋友圈里鼓动其他家长一起来跟学校说事,认为"法不责众";有的家长把委屈和不快在网站上留言,希望上级部门管管学校、治治教师。这种心情可以理解,如果家长反映的是学校、教师的"通病",那么这种做法还有点效果,能督促学校、教师改进做法,为学生提供更好的教育服务。如果是孩子的个别问题和个性化需求,那么学校、老师还是不知道为谁提供所需要的服务。搞得不好,会给学校、教师带来负面影响。所以,学会与教师沟通也是家长支持学校、信任老师的有效做法。一是避免成为老师讨厌的家长,不要为一点小事就找教师论理,家长首先要引导孩子自己处理自己的事,处理不了,家长和老师再介入;二是家长和老师沟通前,先和孩子沟通好,要全面了解孩子存在的问题和合理的需求,特别在处理孩子与同学、与任课老师的冲突事件前,千万不能只听一面之词、意气用事;三是尽可能直接与教师沟通,千万不要找教师的领导,让领导传话给教师,避免不必要的误会;四是调整好心态,千万不要以"讨说法、评道理"这样的一副吵架的姿态去学校,而是主动与教师交流孩子的表现、孩子的主张和我们家长的想法,请教师提供建议和处理方法;五是不讲没有退路的话,除非你话说完后,你的孩子立即转学,否则会影响教师对你孩子以后的教育,当教师觉得家长不讲理时造成的后果就是对你孩子的出格行为不闻不问,这对教师来说是件最容易的事,对家长而言却是件最麻烦的事;六是家长可以通过媒体与教师沟通,如短信、微信、QQ,也可以是面对面的交流,但是家长与教师的面对面交流,一定要预先与老师约定见面时间和地点。

家长和教师都是孩子成长路上的好"伙伴",他们之间也应是"伙伴",教师、家长、学生之间形成良好的融洽关系,三者之间能保持有效沟通,那么家校的合力就不是一句空话、假话。有人说,家长与老师最好的关系是家长支持老师,老师支持孩子。的确,家校合力才能助推孩子走向健康成长的美好未来。没有家长支持的教育常常会浮于表面,因为不了解孩子产生各种问题的根本原因,教育就没有抓手,事倍功半,收效甚微;没有教师引导的教育就不能提升教育的品质和指引孩子长远的发展方向;没有孩子的自主努力,一切教育都是徒劳。所以,为了孩子的一切,家长、教师和孩子应携手共进,走和谐共生的教育之途，共圆孩子全面发展、多元发展、个性发展的梦想！

校运会的尴尬

1. 校运会的尴尬

一年一度的秋季运动会是全校师生期待已久的传统活动。一般提前两周就开始策划、准备，同时还需要各个科室全力配合，包括校长室、体育组、德育处、总务处、年级组等，大家分工合作还常常弄得手忙脚乱。从各班的运动员报名训练、体育组的汇总编排、裁判员的分工培训、到比赛场地的安排、时间的分配，到广播员的选拔、秩序员的选拔等等。忙碌两周后，到了比赛的当天，能代表班级参加比赛的运动员加上为运动员提供服务的同学却仅仅是十来个人。剩余不参加赛事的三四十人被安排在教室自修，往往魂不附体，心神不定，或者吵得热火朝天；但若放在场地上观摩比赛，追捉打闹的有、无所事事的有。一天半的学校运动会，参与率不高，安全隐患四伏。

2. 嘉年华的孕育

在这样的背景下，我们在思索，希望能找到一个好的办法来解决这种尴尬。于是，体育健身嘉年华就应运而生。

(1) 我们开始面向全校师生征集民间趣味健身体验项目。我们希望除了赛事以外，让全体学生参与到全民运动的体验中来，过有意义的一天半"健身嘉年华"，改变传统运动会只有少数人参与、赛事单一的方式。我们也希望通过学生的智慧、家长的经验和老师的才艺，丰富校运会的体验项目，增添校园生活的乐趣。

通过论证和筛选，学校除了田径运动会赛事项目外，设定了八项健身体验项目。

表 8-1　体育嘉年华健身体验项目

项目名称	活动规则
1. 挑彩棒 多人组成团队参与	可多人参与。把彩棒散在桌子上，在不触动到其他彩棒的前提下把一根根彩棒挑起来，触动了其他彩棒时则轮到下一位参与者。直至把彩棒全部挑完。谁挑起的根数多就谁获胜。
2. 呼啦圈 团队参与，一人一比，计算总分	比赛时间 2 分钟，运动员在指定地点采用腰部转动呼啦圈的方式开始比赛，比赛开始后，不得用手等身体其他部位触碰呼啦圈。中途掉落，可以拿起来继续转。比赛成绩以 2 分钟内转圈的个数为准，转圈的总个数即为个人的最后得分。也可班级团体参赛，以多人的平均成绩为团体成绩。
3. 抢椅子 五人组成团队参与	1. 将板凳围成一个圈，人也站成一个圈。 2. 主持人拿一根木棒(或其他能敲响的物品)开始敲时，人就围着椅子按同一方向转，并且按敲击的快慢有节奏地转圈。 3. 当敲击声停止，就要抢坐在板凳上。因为差一把椅子，所以会有一人没板凳，没抢到椅子者将被淘汰。 4. 淘汰者下场时，同时撤下一把椅子，继续进行第二轮。 5. 如此反复，直到 2 人争 1 把椅子时，冠军就诞生了。

续表

项目名称	活动规则
4. 推手平衡 个人参与	两个人面对面站立，相隔一定的距离，用双手推对方。首先失去平衡而挪动脚步者为输。
5. 绳索平衡 个人参与	两个人面对面站立，拿一根足够长的绳子呈S形绕在两个人腰上。通过双手控制绳子的“收”与“放”，尽可能使对方失去平衡而获胜。
6. 抓小鸡 五人组成团队参与	一种多人游戏，在户外或有一定空间的室内进行。由一人扮演老鹰，一人扮演母鸡，其余人扮演小鸡。小鸡们一个接一个的依次连接在母鸡后面，母鸡需要挡住老鹰，不让其抓到身后的小鸡，而老鹰就要通过跑动等办法抓住母鸡身后的小鸡，或是让小鸡链断开。直到一定数量的小鸡被抓到。
7. 跳房子 个人参与	只要一支粉笔，一块石头就可以玩。在地上画出一定数目的大大小小的格子，然后按照格子的单双，一边前进，一边要把石块踢到正确的格子里，出界或者跳错了格子都算失败，此玩法可锻炼脚的控制力。跳房子玩法各异，但比较经典的玩法有两种，一种是跳四格房，一种是跳十格房。四格房是一个四个正方形组成的，而十格房的最后两格比较大。
8. 滚铁圈 个人参与	用铁杆推着铁环在地上往前走，铁环不能倒，看谁用时最短完成指定路线。

(2) 为了吸引、鼓励更多的学生参与体验活动，学校设计、印发“活动体验单”。学生每体验一个活动，就在“活动体验单”上打卡，运动会结束后由班主任回收统计，对积极参与体验活动的学生和参与率高的班级进行表彰。

(3) 学校组织力量采办活动器材，划分场地，每个项目体验区分等候区和活动区，设置一些警戒、警示标志，确保活动有序，安全有保证。同时，明确每一个体验项目的负责人和活动“辅导老师”。每一个体验项目还配备纪念印章，为参与者打卡。同时，准备一些纪念奖品，对活动中成绩优秀的学生或团队进行现场奖励。

3. 志愿者的招募

向家长招募志愿者，其职责包括：一是维护现场秩序；二是提供安全保护；三是充当体验活动的“辅导老师”。确定的八个体验项目都来自民间传统的儿童游戏，都是志愿者儿时的“拿手项目”。学校鼓励家长、老师参与活动，与孩子同玩同乐。学校共招募38名家长当志愿者，有9位父亲，有29位母亲，其中一位家长是专业摄影师，帮助学校记录孩子“发狂”的每个瞬间。

运动会举行的当天，校园里人头攒动，但秩序井然。田径场上，运动员按秩序册的规定参加各项比赛；校园里，学生们根据兴趣，结伴参与趣味健身体验项目。八个体验活动区域井然有序，有认真参与的同学，有忙碌服务、指导的家长志愿者，还有静静排队等候的同学。田径场上呐喊声、欢呼声此起彼伏，体验区内欢天喜地、笑声朗朗。

4. 参与率的提升

融入"体育健身嘉年华"的学校运动会,学生参与率从以前的20%左右上升到88%,是以往运动会参与率的4倍多。其中,有14%的学生参与所有八个项目的体验活动。这还不包括其他参与运动会班级保障服务的学生。所以可以这么说,这届运动会基本上做到了全员参与。

表8-2 学生参与校运会活动情况的统计表

统计项目 / 年级	体验活动					田径赛事		总参与率
	总人数	参与人数	参与率	完成所有项目的人数	完成所有项目的比率	参与人数	参与率	
初一年级	964	841	87%	163	17%	190	20%	107%
初二年级	797	531	67%	113	21%	160	20%	88%
初三年级	868	423	49%	86	9%	160	18%	67%
全校	2629	1795	68%	362	14%	510	19%	88%

从各年级情况看,初一年级的学生参与度最高,有些运动员利用赛事间隙,还来参与体验活动。初三年级的学生由于课务重、学习压力大,相对于初一、初二年级,参与率偏低。另外,能完成所有八个体验项目的比率不高,全校只有14%,这说明:一是有些经典的游戏项目有一定的技术难度,需要考验参与者的技术、心理等多方面综合素养,对学生而言有一定的挑战性;二是有些项目可能不合学生兴趣;三是辅导力量不够,有的学生玩不起来,成功率低。以后举办校运会时,在选择"嘉年华"项目上还要根据学生的兴趣进行筛选,要适度提高活动难度,同时招募更多家长志愿者,加强现场辅导,让学生"玩"得开心。

5. 参与者的感悟

摘录几段学生和家长志愿者的原话,听他们说说对这次校运会的感悟(根据现场采访录音整理)。

初一(2)班顾紫瑶:嘉年华项目我都很喜欢。(有些项目)以前听父母提起过,但是从来没有玩过。最喜欢自己擅长的,可以感受到胜利的喜悦。

初一(10)班庞博文:在家里玩过,但是没有学校好玩,因为是和同学们一起玩,我觉得更有意义。与玩手机、玩电脑相比,更喜欢这些运动,不仅可以锻炼身体,还享受到了合作的快乐。

初二(6)班周怡文:开心有趣,学校的创意很好。往年的校运会,我都是在操场上逛逛,然后在教室写写作业。今年我也参与到其中,感觉校运会不是别人的了,也是属于我的了。

初二(16)班王苏秦:能有机会体会父母年少时的运动,我高兴极了。今晚回家,我要跟爸爸好好比一比。

初二(1)班胡雨晴:我爸爸来学校当"嘉年华"的志愿者,我高兴极了。他服务的项目是"滚铁环"。其实,我们在周末的时候,爸爸就已经悄悄在家里练习过了。他说,小时候天天玩这个,今天我也体验了一下这个项目,挺好玩的。

初二(8)班黄瀚庆:我妈妈报名参加了这次"运动嘉年华"的志愿者,我很高兴。一大早,她还给班里的同学带来了自己制作的蛋挞,好吃极了。她这次服务的项目是"挑彩棒",其实在家里,我经常和妈妈一起玩。所以,我早早和好朋友一起来排队了,一下子就集满了纪念印章。

初一(6)班吴予悦:好朋友的妈妈来参加"运动嘉年华"志愿者,她服务的项目是"捉小鸡"。活动一开始她就拉着我早早排好了队,我们来来回回玩了3次。热得满头大汗,可是高兴极了,就像回到了小时候。

初二(15)班周诗滋:同学的妈妈是这次"运动嘉年华"的志愿者,她来为我们拍了好多照片,有集体照、有特写,我们高兴极了。妈妈说,下次有活动她也报名参加。

初三(2)班陈力琰:从小到大,体育一直是我的弱项,年年运动会似乎与我无关。可是今年不同。因为有了"运动嘉年华",我一口气玩了四个趣味项目,真是酣畅淋漓,集了8个印章。可惜,明年就要毕业了。

初三(16)班顾天宇 :听初一的同学说今年的"运动嘉年华"超级棒,我就心痒痒的。这不,一大早就来排队了,我要把8个趣味项目都玩一遍。哈哈哈,感觉回到了小时候,真是开心。就是时间太短了。

王一凡同学的家长:孩子们参加这些活动我觉得很有意思,既能锻炼身体,又能帮他们减压,非常有意义。学校很用心,也非常有创意。在这个手机、电脑横行的时代,让孩子多感受运动的快乐,我们非常感动,满满的回忆杀。

徐佳同学的家长:很感谢学校提供这样的机会,让我们与孩子在一起共同活动,也帮助我们家长给孩子树立了一个很好的榜样。虽然工作很忙,但是我们愿意花时间和孩子们在一起,让我们与孩子的心靠得更近。

李俊锋同学的家长:参加了儿子学校"运动嘉年华"志愿者,抓拍到了儿子进入初中以来第一次运动会的照片,很有意义。儿子和他的同学、学长显然也很高兴,我们常常还会聊起那天的趣事。有机会,下次让他妈妈也参加、感受一下。

甘恬同学的家长:能有这样的机会参与女儿的成长,我当然不会错过,第一个报名参加了。我服务的项目是"呼啦圈"。别看这群孩子玩起手机来那么入迷,其实放下手机,他们同样玩得很嗨。活动中还有一个小插曲,一个呼啦圈玩坏了,为了不让大家扫兴,我匆匆去校门口买了一个。

总之,这样一场健身嘉年华,一改往日单一传统学校运动会的尴尬,真正做到了师生全员参与、学校家庭联动。

(1) 对学生而言,经历了一次独特的体验,运动会已经不再是小部分人的事情,使得大家有了更多的校园存在感、获得感和幸福感。

(2) 家长志愿者的参与,为家校合作提供了平台。让家长与孩子有了更多的沟通话题,有了更多的亲子体验。

(3) 让有共同兴趣爱好的同学自然组成群体,为学生跨班级、跨年级、跨性别之间的交往搭建了平台,促进了学生之间良好的伙伴关系的建立,通过现场的学习、互动,伙伴影响得到充分发挥。

(4) 对于外来务工家庭的孩子来说,由单一社交的一维模式变成多维模式,让他们更快更好地融入吴江这个大家庭,成为真正意义上的新吴江人。

(由陆彬老师提供)

第九章　伙伴+校长:成己达人共成长,伙伴一起干

中小学校长是学校的主管,综合管理全校的校务,对外代表学校,对内主持校务。1905年末颁布新学制,废除科举制,并在全国范围内推广新学,学堂的行政负责人称法在当时并没有统一,有称"总理"的,也有称"监督"的。1912年学堂改为学校,学校行政负责人改称"校长",沿用至今。校长必须懂得学校教学、教育和管理工作,并受过专门的教育管理专业的教育或培训;校长应具备教学管理和行政管理的能力;校长要有相当的教学、教育和管理的实践经验和理论素养,思想品德修养好,在教师中有一定威望。

近年来,为了贯彻党的十八大精神,落实教育规划纲要和《国务院关于加强教师队伍建设的意见》(国发〔2012〕41号),构建教师队伍建设标准体系,建设高素质义务教育学校校长队伍,教育部研究制定了《义务教育学校校长专业标准》,为全面贯彻党的教育方针,促进义务教育学校(以下简称学校)不断提升治理能力和治理水平,逐步形成"标准引领、管理规范、内涵发展、富有特色"的良好局面,全面提高义务教育质量,促进教育公平,加快教育现代化,着力解决人民日益增长的美好生活需要和学校发展不平衡不充分问题,根据《教育法》《义务教育法》等相关法律法规,在《义务教育学校校长专业标准》中明确了中小学校长"保障学生平等权益、促进学生全面发展、引领教师专业进步、提升教育教学水平、营造和谐美丽环境、建设现代学校制度"的六大管理职责,以及相应的二十二项管理任务、八十八条具体工作内容。落实校长的管理职能、做好管理工作、完成管理任务,不但需要校长的专业知识和专业素养,也需要校长的人格魅力和育人情怀。

第一节　"伙伴+"育人视域下的校长角色

中小学校长的权利具有公共性,因为校长依法支配的人、财、物等都是公共教育资源。中小学校长的权利来自教育行政部门的委托,教育行政部门接受政府的委托,政府接受公民的委托,公民是校长权利的最初委托人,因此"办人民满意的教育"是校长的初心。中小学校长的权利是由国家的教育法规和教育政策所确认和赋予的,同时与校长职位紧密相连,校长的权利是"职位"的权力,不是"个人"的权利。所以,校长的权利不可继承的,也不是私有的。

一、"伙伴十"育人视域下的校长权力观

校长与教师、校长与学生、校长与家长、校长与教育行政部门的领导、校长与教育科研部门的专家、校长与社会相关人士之间的关系都是"人与人"的关系，在工作互动的过程中，都应该保持自己独立的人格和尊严，同时也应该尊重他人的人格和尊严。南京师范大学吴康宁教授指出:"教师与学生都是有着作为一个活生生的人所必然具有的正当需要，都有着作为独立的人所享有的人格和尊严，都有着作为一个受保护的人所法定拥有的基本权利。"由此推演到校长与他人之间的关系，校长必须承认对方作为人而存在的价值，都应该尊重对方的人格。一句话，校长与其工作相关人士之间的关系不是利用与被利用的关系，而是一个基于学校成长、师生成长和校长本人成长的共同体，是一种"伙伴合作"关系。在这样的视域下，我们再来具体分析、把控校长手中的权力。

1. 法授民赋，校长应该敬畏手中权力

只有敬权畏权，校长才会慎权，实现依法治校。敬畏权力就是敬畏法律、敬重民众、谨慎施权，不断适应现代社会生活，如此才能真正实现依法治校;也只有敬权畏权，校长才会惜权，避免权力滥用。对于滥用权力者，赋予再多的权力，他都会觉得少。只有对权力有敬畏之心的人，权力在他手中才能发挥最大的效能，才会呈现"小权大用，虚权实用"的效能。

2. 分权于民，校长必须尊重全体教师

一是与民同行，让校长施权低位起步。校长权力的实现只有摒弃急功近利的思维方式，"不唯上、不为己"，真正指向促进学生、教师、学校发展，权力才能"落地"，才会产生好的效益。二是参政放权，让校长权力效能提升。调动起教师的积极性，发挥他们的创造力，在求同存异、百家争鸣中，校长的权力就会呈现"四两拨千斤"的效能，所以，校长对教师有几分尊重，权力效能就会增添几分，权力的边界也就会拓展几层。三是民主监督，让校长权力阳光运作。如果把学校发展看作绘一幅画，校长只需要描好线，让广大教师发挥他们的聪明才智，为它增彩添色，这样，校长权力的边界就会悄无声息地得到拓展。

3. 施权无形，校长需要重视文化建设

校长的权力是相对固定的，但发挥效能的手段与方法却千差万别。校长拥有的权力不能简单地通过制度来呈现，否则，当新问题出现时，他们就觉得手中总是少一些解决问题的权力。因此，让校长的权力发挥最大的效能，关键是要形成良好的学校文化，这样校长的治校理念和价值追求才能转化为教师的思想方式和行为习惯。而教师工作是一项良心工作，难以用量化手段进行评价，学校管理文化的营造是基于教师大多数都是向善、向上的。权力的运作，不是为了惩戒后进分子。相反，权力的运作是要让广大教师处于积极向上的文化氛围中，让后进分子自咎、自责、自勉，从而使得全校上下心往一处想、劲往一处使。

4. 有效行权，社会应当优化教育生态

教育生态就是指学校里师生生存的状态，以及他们之间、他们与环境之间环环相扣的关系。校长要施权于民，集思广益，建设“和谐发展、荣辱与共”的教育生态环境，才能不断提高权力的效能。干扰教育环境的因素太多，就会直接影响校长的施权效能。校长们经常抱怨手中权力不大，其实是相对于施权环境而言的。施权环境不良，校长上面“婆婆”多，减弱了权力的影响力，从而使权力行使的效能下降。

校长一味地向上要权，向下专权，不是一条“经营之道”。只有敬畏权力，尊重教师，合法、合规、合理地使用权力，营造良好的管理文化，树立自己的学术、管理威望，才能保证教育教学的有效进行，才能凝聚广大师生共同的精神追求。这时，道德影响力和专业领导力形成合力，扩充了校长权力的边界，逐步达到“无权胜有权、小权胜大权”的境界。

二、“伙伴＋”育人视域下的校长角色定位

既然校长要与学校发展、师生成长的相关人士构成伙伴合作的关系，那么在现代学校建设过程中，校长的角色还得重新定位，与时俱进，适合现代社会发展的需要。

1. 校长是教育的思想者，也是引领者

校长是用思想办学的。校长要有符合校情的思想；要抓思想的教育和管理；要抓思想的落实；要抓行政管理。目前，许多校长只抓学校的行政管理，总是在疲于应付行政事务而忽略了前三项。如果稀里糊涂地当校长，那受损的不仅仅是学校，甚至还会影响一代人。“做有思想的校长”应是对校长最基本的要求。

（1）思想来自社会与时俱进的发展需求。校长要成为学习型的领导。教育是面向未来的事业，为国家培养合格的接班人和劳动者，今天的教育是为明天的国家建设、社会发展服务的。所以，校长要善于学习、勤于学习，把学习变为习惯。作为校长必须有前瞻性的教育思想和育人主张。校长绝对不能排斥新生事物，尽管新思潮、新事物、新现象的出现会给旧思想、旧事物、旧现象带来冲击。特别是当今社会，新技术日新月异，新思想层出不穷，有时我们来不及应对，可能会给教育带来一些影响。比如，上世纪90年代网络兴起，学生沉湎于网络游戏的比比皆是。再如，智能手机普及，学生玩手机乐此不疲，我们学校曾经拼命地断网络、禁手机，但是不管出台什么样的措施，网络是断不了的、手机也禁不了，因为这是社会发展的趋势。校长应该看到新技术给教育教学带来的革命性机遇，与其堵，不如疏，把网络、手机应用到课堂教学中来，成为学生学习的帮手。手机的普及、网络的畅通，确实影响了学生面对面、肩并肩的伙伴互动，虚拟世界确实对孩子价值观、世界观和人生观的形成带来许多问题。但是，网络交往也可以扩大孩子交往的空间，完全可以作为伙伴互动的一种补充，让学生与地处更远的伙伴建立互动关系，甚至跟国外的朋友建立伙伴关系，扩大学生的视野，这不是一件大好事吗？然而，这需要学校为孩子搭建平台，需要我们教育工作者指导学生去适应新事物、用好新技术。网络的畅通、手机的普及给孩子成长带来的负面影响，不是网络、手机本身的问题，

而是我们的思想跟不上导致了教育的滞后，这才是最根本的原因。校长只有学习、超前学习，才能引领学校发展、师生发展。

（2）思想来自校长对学校发展的系统思考。校长管理学校不能“头痛医头、脚痛医脚”，要有大格局和大视野，校长的教育思想应该是对学校发展的系统思考，要充分体现完整性和系统性，确保管理的一致性和发展的稳定性。朝秦暮楚、反复无常的校长很难成为大家可以信赖的伙伴。对学校发展的系统思考有三个抓手：一是学校规划的研制与落实。尽管校长的任期有长有短，有相对明确的也有不明确的，但是校长接手一所学校管理权后的第一件事，应该是对学校发展进行规划，学校已经规划的也要在执行中适度地调整。这个过程就是校长将自己主动融入学校群体中的过程，是校长的价值追求与学校文化核心价值取向相融合的过程。二是学校课程体系的设计与推进。这可以是学校发展规划设计中课程建设的一个细化方案，也可以是在学校整体发展规划不明朗时独立实施的项目。课程建设最能体现校长的教育思想和教学主张，是校长价值追求落地的必然途径，即有什么样的思想就有什么样的课程形态。我们追求伙伴合作、伙伴影响，就设计基于项目学习的课程，组织小组合作学习，实施分层走班教学等等，目的就是促进学生与学生、教师与学生的互动，在互动中让经验、知识、技能彼此影响，共同进步。相反，校长只看“分数”，那么他主持下的学校就是“揪”或“抠”。三是学校文化建设的设计与实施。学校文化的核心价值追求就是教育思想和教学主张，也是校长从另一个角度来思考学校发展和提升育人品质的重要抓手，良好的文化氛围能够熏陶人、鼓舞人、激励人，校长与教师、与公众的伙伴关系是学校文化现象的特征之一。

（3）思想来自和谐从容的团队合作。教育思想虽然源于人的教育价值追求，但是必定扎根于教育教学实践，与学校的发展休戚相关，与时俱进。不管拥有什么样的教育思想或者教育主张，对于绝大多数校长而言，只能影响所在学校一个阶段的发展，无法左右学校的未来。校长不能把学校看成是家里的盆景，随心所欲地改造。校长不能一意为之、独行其是，办校长的学校，而是要善于把管理团队各成员的思想汇聚在一起。校长虽然是学校的领导，但是在现代学校建设中，也只是学校发展共同体中的一名成员，要引领学校发展，带领大家行动，需要了解管理团队和教师团队这些伙伴的情况，善于把伙伴中积极的、有利于学校发展的思想、方法转变成推动学校前进的策略。这样，根据学校文化特色，形成学校的办学思路，采取“趋其势，用其优，扬其长，汇其智”的策略来推进学校的发展，因势利导、顺势而为，办大家的学校。校长只有虚怀若谷、豁达大度，才能广开言路、广纳良才、广施良策，才能聚教师之智、凝教师之心、合教师之力，才能办好学、教好书、育好人、塑好型。事实告诉我们，校长向伙伴学习的过程，就是一种最好的伙伴互动的方式。

2. 校长是教学的组织者，也是实践者

校长只有把教学工作摆在中心位置，才能成为一个好的领导者，因为教学工作是实现教育目的、培养合格人才的主要途径。一所学校如果教学质量优秀，肯定会得到各方的肯定和支持，学校也就有可持续发展的动力。校长不管东南西北风，抓住质量不放手。校长摆正位子，放正心态，重视教学这个中心，老师才会有工作目标，才会有前进动力，不会迷茫。校长要理直气壮地狠抓教学质量不放松，围绕这个学校工作的主旋律，营造良好的、积极向上的教育教学环境。否则，就会坐失良机，使学校发展成为一句空话。

（1）教学是学校的中心工作。校长作为学校教学管理的最高指挥官，唯有深入教学第一线，才能真真切切、实实在在地掌握教学的最新动态，取得教学的发言权、指挥权。首先，校长要亲自抓好教学工作，重点放在那些带有倾向性和影响全局方向性的工作上，比如，在推进"伙伴＋"教学的范式时，校长的注意力应聚焦在课堂中的学生的自主合作学习上，要观察孩子与孩子交往中的知识传授和技能训练。其次，校长要有教学质量意识。没有质量要求，学校教学工作就会没有目标，乃至全校工作也会成为"一盘散沙"。所以，校长要做好教学工作的检查，校长对教师的检查千万不能自上而下地"翻个底朝天"，而应该在与教师并肩"作战"过程中及时发现问题，及时向教师反馈，对优秀教师及时进行表扬激励，对问题教师及时提供分析帮助。校长还要善于动笔，总结教学经验，使点滴的经验变为系统的经验，对从教学第一线得来的资料加以研究，要动脑动手，撰写教学经验总结文章，善于把个人的工作汇入到学校集体之中，把自己锻炼成为一个精通教学工作的行家里手。

（2）校长首先应姓"教"。校长到教师中去，到学生中去，到课堂中去，才能赢得教师的敬重和信任。校长应亲自兼课，尽管校长的行政工作事务很忙，但一定要率先垂范，带头兼课，并要努力把课教好，让教师信服。与教师同甘共苦，有共同的教学语言，又了解教学第一线实情，就能取得教学管理的发言权。校长抽出时间亲自参加教学实践，一方面通过教学，摸索教学规律，发现学生中普遍存在的问题；另一方面把握好教学工作的各个环节，验证学校制定的有关教学的规章制度的科学性，并为教师们做遵守学校规章制度的表率。再者，校长与教师一样进课堂、守讲台，更容易亲近教师，与教师之间就能形成更密切的合作伙伴关系。另外，校长要深入课堂听课，这是校长了解教师和指导教学工作的主渠道。因此，校长应关注伙伴们的学科教学，尽可能多地进伙伴的课堂，听听伙伴们上的课，听了课还要及时与教师交换听课意见，多说说自己的感受，多听听伙伴的想法，准确、科学地评价教师的教学工作。在"伙伴＋"视域下，不赞成校长"推门听课"，校长听教师的课，首先要事先有约，征得教师同意，这既是尊重教师，也是以学习者的姿态和"伙伴"分享教学经验，其次才是评估教师的教学水平和教学效果。

3. 校长是教育的管理者，也是经营者

毫无疑问，校长是管理者，是学校管理队伍的"班长"。但是，在现代社会活动中，校长必须具有一定的经营观念，这已经成为一名合格校长必备的素质。经营，不仅仅单纯是商业行为，所有企业单位，包括文化、教育、科研部门都要有一个决策、计划、安排的程序,都要从创办事业、取得效益上做出努力,在这方面学校也不例外。

(1)管理是指一定组织中的管理者通过决策、计划、组织、指挥、协调和控制,以及人员配备、领导激励、创新等手段,自上而下,层级分明,各司其职,各尽其责,来达成组织预定的目标。管理讲的是效率,是贯彻、落实和执行。执行力是管理的核心。现代学校需要严格的管理制度,这样才能保证学校正常的教育秩序和稳定的教育质量。校长作为管理团队的核心,要对本校的教育、教学、科研、后勤和师生员工等各项工作进行计划、组织、协调和控制。但是,学校管理有两大特点:一是管理的主体和客体都是学校自身,即学校对自身进行管理。学校通过管理,把各项工作及其组成要素结合起来,发挥整体功能,以实现其对学生的培养目标和各项工作目标。二是学校管理具有育人的价值,通过管理来规范学生的言行,提升学生的社会适应性,学生的自我管理也是教育的主要渠道之一。所以,学校管理的主体也是管理的客体,校长、教师、学生之间的关系应该是平等的伙伴合作关系。

(2)经营既讲效率,又讲效益,更关注学校生存与发展。经营和管理相比,经营侧重指动态性谋划发展的内涵,而管理侧重指使其正常合理地运转。经营是竞争、服务、生存,是主动地谋求发展。一名有作为的校长,首先是战略家,因为他具有自己的教育思想与治校思路,有开拓创新的潜质和追求卓越的欲望;其次,校长作为联系上级行政管理部门、社会相关单位与学校工作的中介,具有理解和执行相关政策、协调和处理各种关系的能力;再次,校长有对环境变化的适应能力,既要娴熟地把握学校各个领域中的教育组织工作,在整体上运筹帷幄,又要积极地调动广大教师的积极性,把党的教育方针和国家的育人目标落实到位。所以,一名有作为的校长必定站得高望得远,放得下身段与教师同甘共苦;必定要对教育的发展、学校的发展和师生的成长有正确的预判;必定熟谙人际关系,善于与他人合作,容易被人接纳或接纳别人。

(3)校长作为教育的管理者,更应该把自己定位为学校的经营者。这种经营其实就是在经营自己的品牌、质量、教育理念。一方面,他受政府之托来管理学校,但是受到资源、政策的限制,要在上级规定的范围内开展工作,执行和落实国家所制定的课程和所制定的教育教学目标,校长的工作必须接受上级教育行政部门和教育科研部门的指导,在上级领导和教职工之间起到上传下达的作用。另一方面,尽管政府一直主导义务教育均衡发展,但是学校与学校之间的竞争不可避免,由此激发学校对自身发展的一系列新的要求,这些新的要求不可能完全依靠上级教育行政部门的指示亦步亦趋、按部就班地去实践,而是要由校长创造性地去探索。在这种情况下,校长必须是独立的、有抱负的,必须靠自己的智慧和见识来确定学校未来发展目标,所以,校长还必须对学校、师生和自身未来的发展有一种建立在整体的教育发展宏观框架下的思考,必须强调其自主意识和主动发展的要求,他们拥有政府赋予的部分办学自主权,可以在一定范围内用好自主决策的权利。由此可知,校长既是脚踏实地的管理者,又是仰望星空的经营者。不管是教育管理者还是学校经营者,由于教育的特殊性，校长只有把教职员工和学生、家长当作共同办学的合作伙伴，办大家的学校，才能得到更广泛的支持，学校才能获得更强大的发展动力。

4. 校长是文化的营造者，也是推荐者

校园文化重在建设，它包括物质文化建设、制度文化建设和精神文化建设。这三个方面的建设需要全面、协调地发展，为学校树立起完整的文化形象。校园文化建设渗透在学校的教学、科研、管理、生活及各种校园活动等各个方面，是学校实施素质教育和精神文明建设的重要组成部分，是青年学生成长成才的内在需要，更是推进学校和谐发展的重要载体。“伙伴＋”育人视域下的学校文化的核心就是“民主、参与、互享”，其中“民主”是基础，没有人人平等的“公民”意识，就没有伙伴关系的建立，更谈不上伙伴教育和伙伴影响；“参与”是关键，没有大家的积极参与，就不可能有伙伴互动；“互享”是目的，“伙伴＋”育人范式价值指向就是伙伴教育，即伙伴经验的共享。因此，在学校文化打造中，应当突出这三个“关键词”。本书前面几章叙述的内容，实质上就是对“伙伴＋”育人文化营造的阐述。

(1) 学校文化在学校发展历程中的作用是不可替代的，它是学校发展核心竞争力的一个重要方面。“伙伴＋”育人文化的核心竞争力就落在伙伴教育上。学生成长的途径有三条：一是学校教育，即教师的教导和帮助；二是自我教育，即自我学习与内化；三是伙伴教育，即同龄伙伴的影响和互助。其中，伙伴教育在当今初中教育中处于弱势，是初中育人的“软肋”。突出“伙伴”要素，围绕伙伴教育建课程、做课堂、搞活动、改评价，目的就是要实现“办大家的学校”的办学思想，实现“学校是大家的，办学全靠大家，办好学校成就大家”的价值追求。

(2) 无论是物质文化、制度文化还是精神文化建设，都离不开“育人”这一根本宗旨。学校文化就是体现在大多数师生身上的思维习惯、做事方式和处世态度。在“伙伴＋”育人的文化环境中，看重的是师生的参与和伙伴间的经验互享。所以，教育教学活动不再是面向有潜力、有特长的部分学生，而是面向全体学生。学生知识、技能、经验等方面的差异不再是组织教育活动的桎梏，而是学生进行合作学习的重要资源。学生教学生，不仅把知识与技能教给了伙伴，而且把掌握知识与技能的方式也教给了伙伴，不管是教的一方，还是学的一方，对知识的内化和技能的掌握都是十分有效的。特别是学生间一些默会知识的传授，可谓“心有灵犀一点通”，潜移默化地影响自己的同龄伙伴，使得我们的初中教育增值。

教育的管理永远基于人，是为了人、依靠人、造就人的事业。教育的力量来源于学校内外方方面面的支持，教育的资源需吸纳不同层面的有用元素，人才为我重用，资源为我利用，百川汇海、四海承风，我们才能建成兼容并包、和谐圆融的师生共同期待的精神家园。

第二节 “伙伴十”育人视域下的学校管理

校内外人际关系贯穿学校的所有工作,协调人际关系是学校管理的重要工作。伙伴十育人视域下的学校人际关系,毫无疑问就是“伙伴关系”。

一、校长与学校班子成员之间的伙伴关系

学校人际关系是否和谐,关键要看领导班子的关系如何。勾心斗角、尔虞我诈的领导关系,培育不出和谐友善、积极向上的学校人际关系。所以,“伙伴十”育人范式实施的基础条件就是学校班子成员率先要构建起“伙伴合作”人际关系。

1. 要相互尊重、彼此信任

校长要善于放权,责权利到位,放手让下属工作。对副校长的分管工作,校长只要给任务、给目标,具体操作完全可以让分管校长去思考、去落实。校长一定要有胸怀,要有包容心和宽容度。副校长工作做得不好,首先要在思想上排除“他是故意把事做砸,有意地让我难堪”。其次,冷静分析原因,多听听当事人的看法,努力发现和挖掘做事过程中的积极因素和好的方面,在公众场合给予肯定和表扬,同时自己也要为副校长减压,承担作为校长的责任。再次,校长要召集同僚开务虚会,会上应畅所欲言,各自表达自己的看法、想法和做法,从而一起增长经验。最忌讳的是校长对副校长分管的事指手画脚,出了问题就横加指责。领导之间的尊重和信任关键看校长,校长把班子成员当作自己的合作伙伴,就会营造出和谐的工作关系,在办学路上相互帮衬。校长千万不能采用配备一位领导来钳制另一位领导的做法,通过制造人为的矛盾来监控学校的运作的方式是不明智的。

2. 要真心服务、知人善任

校长要主动为副校长的工作搭建平台、提供保障。要鼓励副校长创造性地开展工作,要鼓励副校长登台唱主角。副校长在分管领域中开展工作时,校长适当地选择“回避”,是对副手工作的最大支持。校长要善于倾听副校长的意见和建议,及时把他们的好点子、好做法加以落实。校长在与副校长工作交往的过程中,还要善于发现他们的特长、潜力和兴趣,通过岗位的调整和工作任务的分解,让副校长在自己合适的岗位发挥才能,在自己擅长的工作中找到乐趣。万一副校长在工作中有失误,校长也要主动分担责任。在正副校长的合作中,尽管两人是平等的伙伴关系,但是处于相对主导地位的校长要主动放下架子,让副校长在工作中获得成就感和价值感。

3. 要铺路搭桥、激励成长

校长应着眼全局,宽怀大度,给副校长创造专业成长和职务晋升的机会。这其实是正副校长之间伙伴关系的升华,让副职领导跟着校长有机会、有盼头、有希望。这不仅

体现出校长的人才观、用人观，更是让自己的教育管理思想得以弘扬和传播的有力途径。校长善于发现副校长的特长，对于教育教学专业素养高、业务能力强的，校长要为他创造展示课堂的机会，引领、激励他朝着优秀教师方向发展，在教育管理方面安排的分管工作适当地向课程与教学方面靠拢。发现副校长管理能力强、做事有条不紊、处理问题细致周详，校长要为他梳理管理经验和管理思想，想方设法为他创设实践其管理主张的机会，积极地向教育行政部门推荐，引导他朝着优秀教育管理干部方向发展。校长千万不能因为副校长太优秀、潜力大，而卡住他晋升、调动等机会，让他跟着校长服务于当下的学校。要相信“树挪则死，人动则活”，要把自己身边的优秀教师、优秀干部放出去，让他们有更多的成长机会，同时他们也会把校长的思想和主张带到新的工作岗位。伙伴，就是助人成功，而不是为己服务。

4. 要协调一致、齐心合力

在落实校长教育思想、推进文化建设、优化课程教学上，副校长要服从校长的意志，要主动为校长教育思想的形成和提升献计献策、出谋划策。确保校长的办学主张能不折不扣地落实到学校工作的每一个方面，要全面维护校长的权威和形象。一所学校要稳定、要发展必须要有统一的思想，这样才能劲往一处使，才能在顺境中同心同德，在逆境中同舟共济。校长是学校负责人，他的思想应该成为学校办学的思想。但是，并不排除副校长的才能和智慧，副校长的才智体现在与校长的沟通上，把自己的思想、建议、意见通过交流，供校长甄别和选用，让校长做“选择题”。副校长要做到：参谋协助，谨慎表态，不“越位”；责任担当，独当一面，要“到位”；正派大气，团队协作，善“补位”。

如果正副校长都有正确的角色定位和责任担当，那就不难建立起正常的协同关系，这种关系是彼此信任、相互尊重，高度默契、精准协同，能为管理活动创造良好的工作环境和专业发展提供保障条件。

二、校长与全体教师之间的伙伴关系

校长承担的社会责任主要是依靠教师来完成的，校长需要教师的密切合作来完成教育的各项任务。教师原动力的重要来源之一就在于校长和教师之间的心灵沟通——心心相印。有了这种心连心，就能营造良好的校园氛围；就能消除校长和教职工之间的误会；就能调动教师的主观能动性，上下拧成一股绳，使教师的原动力得到最大程度的发挥。

1. 校长要唱点“高调”，勾勒发展的美妙愿景

校长自己没有思想、对自己的学校发展不抱希望，整天唉声叹气、愁眉苦脸，就不可能把全校教职员工凝聚在一起。相反，校长有自己的办学主张，对学校、对教师、对学生充满希望，乐观向上、精神抖擞，那么这种积极的态度就会感染全校师生。不管校长管理的学校处于什么样的办学层次，都有办学的困难，同时也有办学的亮点和发展的生长点，校长要做的事就是把亮点做得更亮，把特色做得更特，找到生长点，凝聚原动力，全面推进学校发展。作为学校管理者应该未雨绸缪,站在更高的角度,以理想主义者的心态勾勒学校的未来,必要时要唱唱“高调”,以学校未来发展的美好蓝图,激励全体师生为共同的愿景而努力。毕竟大家都乐意跟着有理想、有抱负的校长干事业,不乐意跟着思想颓废、精神萎靡的校长混日子。所以,校长的心态、校长的精神面貌是构筑干群伙伴关系的基础。

2. 校长要留点“空白”,培育团队的实干能力

校长管理教师也同校长与副校长相处一样,不能“捂”得严严实实,盯得紧紧绷绷。留点“空白”,反而有利于培育教师队伍的实干能力。校长确立自己管理这一所学校的办学理念和思路,设定一个发展的方向和目标,让各条线的领导和广大教师预先知道学校发展的定位和未来的发展方向。其次要发动全校教师群策群力,在求同存异、百家争鸣的过程中共同完成这一艰巨的任务。特别在课程与教学方面,校长千万不能自认为是什么都懂的教育家,对教师的学科教学和课堂活动指指点点,更不能一味地在全体教师中推动“某某教学法”,让教师照葫芦画瓢似的组织课堂教学,忽视教育教学工作是一项创造性的劳动的事实,扼杀教师的创新性和创造力。相反,校长应鼓励教师在一定的规范内运用自己的智慧,改变课堂教学行为,培育适合学校可持续发展的课堂教学文化,促进课堂教学转型。教师的教育教学工作是“百舸争流千帆竞”,而不是“孤帆远影碧空尽”。

3. 校长要装点“糊涂”,形成管理的适度弹性

教师的工作不能用尺精确度量。看看有的教师做活干事“认认真真”,但是管不住课堂,教不好书;有的教师为人处世散漫,但是深得学生信任,教育教学效果好。校长与教师是“合作伙伴”,不能用生硬的制度来管治自己的伙伴,要他们按照自己的要求去完成各项工作,同时还得服从于学校的“条条框框”。所以,学校在制订相关管理制度时,需要考虑教师工作的具体特点,有一些弹性机制,在守住“中小学教师职业道德规范”这条底线的基础上,要容得下教师的各种性格脾气、工作方式、处世态度和生活习惯。甚至可以在制度上留点“漏洞”,故意让教师找到一点“空子”可钻,这同样也能提升教师的积极性。校长的管理行为一定要让广大教师感受到更多的人性化关怀,这样校长与教师之间才会真正构建起“伙伴合作”关系。

4. 校长要做点“傻事”,激发教师的民主意识

民主也是校长与教师构筑伙伴关系的基础,有了民主的氛围才有教师的积极参与,有了积极参与才有归属感、荣誉感和幸福感,才能真正地办大家的学校。所以,校长要让每一位教师都有参与学校管理的机会,充分体现广大教师的真实意愿,督促学校领导做好本职工作,在一定程度上发挥化解矛盾、促进学校和谐发展的作用。很多学校的“民主”只是停留在教师对某个结果的意见发表或者投票表决上,没有真正地让教师参与到决策的全过程中。这就造成了即便是一个好的提议也得不到最广泛教师的支持。所以,在伙伴合作、共治学校的过程中,一定要让教师参与到学校的决策全过程中来,赋予教师知情权、建议权、表决权等最基本的权利，体现伙伴共治的平等地位。2009 年在设计学校奖励性绩效工资方案的时候，盛泽第二中学[①]成立了三个设计实施方案的团队，其中一个是学校行政人员组成的 A 组，另一个是由校长聘请的骨干教师组成的 B 组，还有一个是由教师自发组织的 C 组。三个小组站在不同立场、用不同视角各自研制出方案，根据三个方案来测算教师个人得到的奖励性工资的数额，再公示让教师来判断哪个方案更合理，进行比较选择，选定方案后学校组织人员继续研读其他两个方案，积极吸收它们的优点，拿捏成学校正式的奖励性绩效工资考核及发放的方案，并在教师大会上获得顺利通过，沿用至今。道理很简单，因为教师参与全过程，知道这件事的前因后果，心里就踏实。

校长与教师也应该是"伙伴"关系，所以，校长理所当然地应与教师保持密切的关系，依靠他们、信任他们、感谢他们、关心他们。学校要以"人性向善"的视角，通过制度建设和人文关怀并举的方式，精心呵护广大教师的工作热情。因为学校管理不是靠个人，而是靠团队；不是需要校长的包办，而是校长的放手。集思广益、群策群力、因势利导、顺势而为，这才是一所现代学校需要秉持的管理风格。

积极影响、有效干预：促进教师尽快成才[②]

对于乡镇学校而言，培养教师成才是一项十分艰巨的任务。单靠建立一些制度，让教师在原生态环境中成长，教师成才的速度是缓慢的。学校管理者对教师的发展进行有效干预和积极影响是十分必要的。梅堰中学是苏南农村一所初级中学，始终坚持"教师发展目标是多元的、发展途径是多样的"观点，找准每个教师的定位，积极地帮助教师确定其最近发展区，使教师队伍建设有了较大的突破。自 2000 年至 2008 年的 8 年间，我校培养出苏州市名师 1 人，苏州市学科带头人 4 人，吴江市骨干教师 13 人；向兄弟学校输送校长 4 人、副校长 2 人。

案例一

沈老师是 20 世纪 80 年代中期毕业的中师生。尽管他的教学基本功不错，但是因为学历低，所以一直缺少展示的机会。一次，苏州市评优课在我校举行，学校得到一个可以直接参加决赛的名额。学校领导经过反复考虑，决定把这次机会给沈老师。结果，沈老师不负众望，得了一等奖中的第一名。此后，沈老师的工作热情得到全面激发，先后成为市教坛新秀、教学能手、学科带头人，五年间跨了三大步。现在，沈老师被调到一所薄弱初中担任副校长，肩负起改造薄弱校的重任。

农村教师缺少展示自我的机会，久而久之教师的潜能被烦冗的事务所湮没。机遇是教师发展的转折点。教师一旦获得并且充分把握住了展示自我的机会，就能改变自己的生活轨迹。农村学校校长要努力为教师争取展示自我的机会，如对教师进行适度

---

① 2007 年至 2015 年期间，作者在苏州市吴江区盛泽第二中学任校长。

② 《积极影响、有效干预：促进教师尽快成才》发表在《中小学管理》2008 年第 4 期上。作者：杨勇诚

的“包装”,与教研部门加强沟通,积极组织教师参加各项教研活动等。

案例二

许老师是学校从外地引进的青年教师,由于口头表达能力较弱,加上受方言差异的影响,所以课堂教学效果不佳。但是,许老师爱看书、能思考、会写作,时常发表教学论文。这样的教师在一般的农村学校往往被领导和同事视为“靠写作求名利的投机分子”,但我校领导没有把他当成另类,反而支持他继续写作。旁人不解,学校领导的态度是:慢慢来,给他时间,他会有所突破的。由于学校的支持,许老师发表论文和获奖的数量不断增加,不断体验成功的喜悦。当人们从文章中知道这位“名师”时,许老师感到压力越来越大,开始重视自己的教学问题了。慢慢地他的课堂教学技艺有了明显的长进,后来成为市教育科研学术带头人。现在,许老师已经调离了我校,在市区的一所学校主持教务工作。

在传统的评价观中,一个不专注于课堂教学或者能力不体现在课堂教学中的教师,绝对不是一个好教师。因为我们忽视了人的能力结构的多元性,看不到人的发展是多向性的,所以在教师发展过程中硬要教师“避长扬短”,结果往往适得其反。正确的做法应该是帮助每一位教师确定他的最近发展区,让他的才华在这个发展区中得到充分的展示,帮助教师获得成功的体验。当教师在某个方面得到长足发展的时候,他的优势就会逐渐迁移到教学中。用“迂回”的方式,“就虚避实、扬长避短”地帮助教师发展,是需要有信心和耐心的,这种信心和耐心源于对教师的信任。

案例三

徐老师是一位数学教师,教学成绩不突出,但他喜欢动手。2000年,学校被中德合作促进基础教育项目中心接纳为推广学校,急需一名动手能力强的教师担任劳动技术课教师,于是大家想到了徐老师。要一个数学教师当劳动技术课教师,无论在思想观念上,还是在经济收入上,都很难让人接受。学校提出了新的理念:优化一门课程,培养一名教师,让教师与课程共同成长。于是,学校两度送徐老师参加省级培训,三度送徐老师参加中德合作促进基础教育项目中心的进修。3年里,徐老师在德国先进教育理念的指导下,结合课程改革的要求,创造性地整合了综合实践活动课程4个领域的资源,形成了有鲜明特色的基于“项目学习”的教学方式,自己也被评为吴江市劳动技术教育学科带头人。徐老师在劳动技术教育领域取得的成功,激励他下决心提升数学教学水平。经过几年的磨练,徐老师从一名默默无闻的普通数学教师成长为吴江市数学学科的教学能手。

我们一直认为,学科教师能安分守己地教好本学科的课就不错了,往往忽视了教师其他方面的潜能。我校所持的“教师与课程同成长”的理念,不仅使教师的潜能得到充分的发掘,促进了教师的发展,而且促进了劳动技术教育课程的优化。这样,既使教师发展有了有形的载体,又使课程优化有了可靠的依托。

案例四

周老师是普通师范毕业生，他爱好美术，自学成才，一直在我校担任美术教师。由于不是科班出身，所以周老师的专业发展受到一定程度的限制。在日常接触中，学校领导发现周老师对陶艺十分感兴趣，便时常把陶艺设计和制作引入到他的课堂教学中来。学校从充分发挥教师潜能的角度出发，在2000年专门为周老师建立了陶艺工作室，使周老师的工作热情得到最大程度的调动，他潜在的能量得到最大限度的发挥。他把美术与劳动技术教育巧妙地整合起来。他上的劳动技术课，使学生们得到美的享受；他上的美术课，使学生们有自我创作的时空。作为一名美术教师，他的教学方式方法有了前所未有的突破，形成了有自己特色的课堂教学风格。周老师在苏州市级评优课中获得一等奖，被评为吴江市教学能手，成为吴江市艺术教育研究中心组成员。

教师在专业发展上的需要是多层次的，适时适度地满足他们的需要，会极大地调动教师的工作热情。美术教师需要参加美术家协会举办的美术展览、书法展览等，音乐教师需要参加社区的文艺表演等，只要不影响教学，学校就应该支持他们，在时间上给予保障，在力所能及的范围内给予资金上的支持。今天教师在学校中获得长足的发展，明天他会对学校产生不同寻常的认同感和归属感，后天他会把对学校的情感转化为专业发展的内驱力。

（由杨勇诚提供）

第三节　“伙伴＋”育人视域下的公共关系

学校公共关系就是指学校组织与社会公众之间的关系。公共关系是一项管理功能，通过制定政策及程序来获得公众的谅解和接纳。学校对公共关系的管理，称为“公关活动”，简称“公关”，公关的目的就是塑造、传播和提升学校良好的形象。

一、学校公共关系管控的意义

不重视学校公共关系的管理是学校十分普遍的现象。学校以自我为中心，轻视公众、忽视舆论，特别在一些热门学校，这方面的问题尤为突出。很多学校缺少公关的技术和技巧，不善于跟社会各阶层的人员打交道。一些学校处理突发事件时，没有危机公关意识，更没有危机公关预案。大多数都是以处理问题为中心，没有挖掘事件后面的积极因素，利用处理危机过程来树立学校形象、主导公众舆论。由于公共关系管理不力和新挑战的存在，学校现实的公共关系陷入危机，给学校教育带来很多问题。如果学校的公共关系管理始终处于被动的、紧张的状态，就会造成师生关系紧张、心理压力大。学校与家长、社区关系不好，会让学校备受指责，存在信任危机和形象危机。归根到底，学校没有把关心、关注学校教育的社会相关人士看作是促进学校发展的合作伙伴,始终在埋怨公众对教育的不了解和瞎指点,很少主动"出击"展示学校的办学思想、办学特色、师生发展状况,即便有也只是宣传一些优秀学生、优秀教师,学校相对于开放的现代社会还是过于封闭。办学的实践经验告诉我们,家长需要教育,舆论需要引导,公众需要沟通,媒体需要配合。

1. 公关活动就是为了树立学校新形象

学校都有自己的发展规划、文化建设的宏伟蓝图。但是,有相当一部分学校执行力差,说的与做的不一致。学校只是把升学率、考试成绩作为学校形象塑造的标杆,等等。其实,构成学校正面形象的要素很多,学校的特色活动、学生的特长展示、师生才艺表演,都是学校良好影响的重要载体。吴江区笠泽实验初级中学①,建在城乡接合部,接近80%的学生是外来务工随迁子女,学习基础差、学业水平低,初一摸底检测位列全区同类学校的尾端。当时,学校领导明确学校发展路径,采用错位发展的思路去赢得公众的信任,即做强艺术、体育、劳动技术教育等小学科,充分展示师生的才艺,并作为学校树立形象的抓手。同时,学校闷声不响抓课堂教学,小组合作学习、外语与数学学科实施分层走班教学。开办三年,学校办学形象呈"爬坡式"提升,在吴江区学校年度考核中,每一年上升一个台阶。学校的乒乓球、篮球、足球等运动队在全区初中生比赛中获得冠军,艺术团队在区、市初中生文艺汇演中获得嘉奖。在开展相关校园活动时,我们请有技能的家长、社会贤达来学校、进课堂、当导师,通过他们帮助学校向公众树立良好的形象。公关活动不是到了学校出现危机才开展,而是伴随学校教育活动而存在。学校不主动管控公共关系,那么在舆论场中就会失去正面宣传的先机,一旦学校成为在公众心目中"先入为主"的负面形象,再要想舆论翻盘,几乎是不可能的。

2. 公关活动就是为了传播学校新形象

学校做得很好,但是不会讲故事,有时不但没有被公众充分认识,反而常常被公众误解。做好自己的事,讲好自己的故事,是学校形象传播的关键。讲好学校故事的关键就是要知道听故事的人群,针对不同的人群用不同语言系统讲同一个故事。故事一定要讲得"引人入胜",让听众有"身临其境"的体验,才能把听者吸引过来成为学校发展的"伙伴"。在讲好学校故事的过程中要强调四个要素:

(1) 专业性:学校尽量要用专业的语汇与公众交流,千万不能流于社会俗语,家长里短地说学校的故事。学校的学生食堂容纳一千多人就餐,说实话很难做出让全体学生全都喜欢的餐食,家长往往对学校食堂意见很大,有的校长反复承诺要办好食堂,但是学生、家长还是没有感到餐食有所改善,意见就会越来越大。盛泽二中学生入学的第一天就召开了家长会,校长告诉大家学生食堂的难处,只能保证有热菜热饭、食品卫生安全和不克扣学生伙食费,不能满足学生的口味等个性需要。而且,来自不同家庭背景

① 2015年至2018年期间,作者在苏州市吴江区笠泽实验初级中学任校长。

的孩子“同桌共餐”本身就是一项教育活动。这样说，家长不但能理解学校的困难，也知道学校教育的专业性。当然，结合学生就餐，学校不能缺少相应的教育实践活动。

(2) 公平性：我们在传播学校形象的过程中要体现为每一个孩子提供公平的成长机会，这是学校往往容易忽视的地方。因为我们习惯于宣传那些考试成绩好的学生和进入优质高中、名牌大学的校友。但是，对于大多数学校而言，面对的是大量的普通接班人和合格的劳动者，这种宣传就流露出学校缺少“公平性”，学校的形象得不到公众的广泛认可。顺境时学校风生水起，校长耀武扬威，教师蛮横无理，公众众星捧月；一旦学校出现危机就陷入“泥潭”，成为公众的谈资笑柄。在“伙伴＋”育人视域下，学校一定要体现“公平”，同时还要适当向弱势群体，比如学习困难生、生活困难生、行为问题生倾斜，因为这些学生和他们的家庭更需要得到学校的“眷顾和帮助”。

(3) 服务性：学校要尽量满足公众所需要的、合理的要求。学校提供的就是一种教育服务，“消费者”是学生和教师，通过我们的教育活动，促进师生成长。因为教育具有服务性，首先要以提高教育质量为中心开展教育教学，公众关注的首先是“质量”。其次，要立足于全员发展、全面发展，通过科学的、有道德的、符合学生身心发展规律的手段来提升教育教学质量。第三，学校要让公众有知情权，要通过合适的渠道，经常性地向公众发布、推送信息，让公众知道学校最近在干什么、干了什么。第四，服务性体现为真诚、热心、周到、细致，当学校出现问题陷入危机时，要敢于承担责任，主动接受公众的监督和建议。只有把公众当作学校办学的一分子，公众的舆论才能形成正能量。在“伙伴＋”育人范式推进中，学校教育的服务性是非常重要的，几乎是良好形象的代言词。

(4) 针对性：在传播学校形象时要有针对性，既不能就事论事，也不能泛泛而谈。针对性越强，学校的公众形象就越好。针对性主要有四个方面的工作：一是要针对传播主题，充分挖掘基于主题活动的育人价值，学校需要整体性推介办学思想、办学成果，但是更需要围绕主题进行深层次的经验总结和成果展示。二是要针对受众群体的特点，设计观点呈现的方式和语言表述的方法，针对家长多讲讲未来，比如“闯了祸”的学生，千万不能在家长面前把孩子批得一无是处，而是明确地告诉家长，如果现在不重视，那么孩子以后会有什么结果。家长对明天发生的、可以预料的事，既不怕又不信，但是对于将来的事因为不能确定，家长就会警觉，最终使家长乐意与学校配合。对于公众，要将当下的事明确告诉他们学校的态度和做法，这样就能大大避免以讹传讹的现象发生。三是要针对传播时机，一切宣传活动都应该是有准备的，哪怕危机公关也应该有预案，没有准备的言辞不说，没有润色的故事不讲。因为在公共关系管控中，往往是“一言已出，驷马难追”。四是要针对信息发布的渠道，什么样的信息选择什么样的发布途径和方式。有些信息适合口口相传，比如对教师的评价、对考试成绩的发布，等等；有的信息适合网络、电讯传播，比如校园生活，图文并茂更显生动活泼；有的适合以书面形式传播，比如安全告知、经费结算等等；有的适合在公共场合宣讲；有的适合展板、微电影展示。选对发布平台和传播途径，对学校的形象提升起到事半功倍的效能。

3. 公关活动就是争取公众对学校的支持

公众不会支持一个墨守陈规的组织,但是一定会喜欢一个锐意进取的组织。学校只有顺应社会的发展,不断进取,努力提升形象,适度变换“包装”,才能赢得“粉丝”的支持。不管是企业,还是学校,创新是发展的原动力。学校要想赢得公众关注和公众支持,创新是必由之路。在属于义务教育学段的初中,课程是国家强制规定的,课堂教学形式沿用了200多年,学校的创新点在哪里呢?一是国家课程校本化实施。“伙伴+项目学习”就是国家课程校本化实施的范例。二是教育文化创新,“伙伴+”育人方式实质上就是办学文化创新。尽管伙伴影响、伙伴教育伴随着人一生成长,不是一件新鲜事,但是对于当下初中生人际交往现状、初中教育存在的问题,在育人过程中强化“伙伴”就是一种理念创新。三是教学活动方式的创新,“伙伴+小组合作学习”就是教学组织形式的一项创新活动。当教育转入“买方市场”后,只有熟谙“公共关系”的学校,才有可能独领风骚。但是,新生事物的产生都会对旧思想、旧观念、旧方式产生冲击,一方面校长要思想引领、宣传先行,另一方面要稳步推进,步步为营。公关活动需要细水长流、润物无声,切忌一时兴起,随意拔高思想动机,追求好高骛远,开展行动“大破大立”,犹如疾风暴雨,这样赢不了公众的好感,反而会适得其反。

三、学校公共关系管控的策略

策略指计策、谋略。一般是指:一是可以实现目标的方案集合;二是根据形势发展而制定的行动方针和斗争方法;三是有斗争艺术,能注意方式方法。即“策略”就是为了实现某一个目标,预先根据可能出现的问题制定的若干对应的方案,并且在实现目标的过程中,根据形势的发展和变化调整出新的方案,或者根据形势的发展和变化来选择相应的方案,最终实现目标。学校公共关系管控的基本策略主要有四条:

1. 管控公共关系要树立教师第一的意识

教职工的精神面貌和学生的满意度是衡量学校公共关系管理效能的重要标志。校内关系和谐,校长与教师是一条“船上”的合作伙伴,大事讲原则,小事讲风格,相互堵漏补缺,彼此互帮互助,这是学校处置公共关系的“定海神针”。试想,若学校内部人际关系乱糟糟,相互指责拆台、讽刺挖苦,这样的学校不可能被公众接受。因此,在学校管理中,校长要引导教师积极地参与学校各项工作,乐意接受教师提出的真知灼见,并将这些合理的建议加以落实,这样就能促进团队精神的形成和人性化管理环境的构建。学校内部人际关系的管控是学校公共关系管理的基础。

2. 管控公共关系要树立全员参与的意识

因为校长、教师、学生以学校为界构成了一个成长共同体,“伙伴+”育人的范式要求每个教职工、每个学生都是学校的声誉和信誉的缔造者、建设者和传播者。所以,学校每个部门都应该具有公关意识并承担公关责任,学校内所有人员对公关都不能“事不关己,高高挂起”。学校的形象就是由每一个教师、员工、学生的一言一行构成的,学校的精气神就是全体成员的真善美，学校的品质就是全体成员的品格。一个危机公关事件背后都是学校管理的疏忽和漏洞，也许这些漏洞已经存在了很长时间，但是我们需要反问自己，为什么在这么长的时间里，我们没有发现问题呢？试想，假如我们学校每一个成员都动员起来，成员与成员之间以伙伴相处，彼此信任，相互照料，肯定会有有心人首先发现问题，及时反馈到相关管理层中，使其得到及时处置，从而避免危机爆发与公关问题发生。在危机处置中，首先要做的就是内部员工对信息的认同。内部不认可，再多的外部沟通都是无效的。所以，在危机公关过程当中，不管是预防还是处置，都要全员参与，集体防御。

3. 管控公共关系要树立全程管理的意识

学校各级领导要统领学校公共关系管理工作；要请公共关系管理专家对教职工进行必要培训，提高大家的公关意识和公关责任；制订危机应对预案；建立与各类公众的沟通渠道；定期向公众发布信息，且成为学校一项制度；等等。总之，要形成一套公共关系管理的体系。让公众信任学校的关键是让公众知道学校的办学成就、面临的问题困难和准备解决问题的方案策略。公共关系管理的原则就是用诚实缔造诚信，让公众感觉到受到尊重，而不是被蒙骗。教育质量高和教育服务优质化是学校累积信誉的主要方面。所以，公共关系的管理体现在学校工作的各个方面，应该是一项常规化、全程化的管理项目。但是，在我们实际工作中，公关往往窄化为危机应对。公共关系管理说有就有，说没有就可以没有。

4. 管控公共关系要树立换位思考的意识

换位思考，是一种低调的作风，是一种积极的心态。在与公众交往过程中，我们总自认为自己这么做是对的，但有时却不能得到别人的理解，甚至导致双方产生很深的矛盾，这是为什么呢？因为我们总是站在自身的角度看问题，而没有学会换位思考。换一个角度来思考问题，可以改变我们的思维和判断、改变我们的心态。换位思考，就是让我们摒弃“自我”，设身处地地站在“他人”的立场上去思考问题。当我们能够真正地做到换位思考时，很多让公众难以认同的事情一下子可以变得被理解、被接受、被同情，我们的工作就会变得积极主动。在管控公共关系的实践中，学校对于公众而言是相对封闭的，公众对学校的所作所为不会很了解，对学校发生的事不一定清楚，学校一定要以谦恭的姿态诚实诚恳地与公众交流。宣传学校时，我们要谨言慎行、恰如其分、谦虚低调、不夸夸其谈；说明问题时，我们要主动担责、实事求是、有错必改、无则加勉、不回避推诿；在争执时，我们千万不能得理不肯饶人，甚至无理也要狡辩三分，俗话说“退一步风平浪静，让三分心平气和”。换位思考，把公众当作自己的良师益友，这不仅会赢得公众的尊重，更会提升一个人、一个组织、一所学校的公众形象和社会地位。

2010 年 10 月的一天，学校传达室来电话，说苏州电视台《朝晖帮你忙》栏目组来学校采访，现被保安挡在门外，问校长如何处理？《朝晖帮你忙》是关注民生，为百姓办急事、办难事、办陈事的栏目,同时,也经常反映一些社会问题,比如职能部门事不关己、推诿扯皮等现象,每天在黄金时段播出,在本地区有很高的收视率和社会影响力。现在到访我校,不知道是我们哪方面工作出了问题,给别人带来了麻烦。我心里骤急,匆匆赶到校门口。隔着校门,电视台主持人王朝晖首先介绍了来意,说是家长反映学校歧视残障学生,班主任把初三学生李某某赶回家,不让孩子上学。学生的妈妈也被电视台记者约到了学校门口,等候采访。

我顿时觉得这是一个非常棘手的问题,"剥夺"孩子接受义务教育的权利是一个违法问题,同时加上"歧视"残障儿童,更让事件蒙上一层"悲情"面纱,一旦处理不好,就会引发公众事件,对学校的声誉带来不良影响。我迅速平复一下情绪,把电视台栏目主持人、摄像师等一行三人和孩子的妈妈引进学校,安排在接待室坐下,关照摄像师架机位,先采访家长。我先告辞几分钟,换套正装再来接受主持人的采访。这样做一是趁机了解一下情况,弄明白事情的来龙去脉;二是梳理一下应对记者采访的思路。

我通过电话联系了班主任,得到的信息是:该学生可能属于非法领养,到现在家长都无法提供户籍。从初一到初三,每学年学生报到注册时都会碰到她的问题,但是家长一直说在办理,却始终无法提供有效户籍材料。现在,临近初中毕业升学考试报名,再拿不出户籍,就没有办法给孩子报名考试,直接影响孩子的升学。班主任请她回家,是让她家长办好了户籍再来上学。也就是说,这个孩子从小学到初中,一直是一位没有户籍、没有学籍的"黑学生",处于随班就读状态。

我心中有了底,但是细想就那么直白地说一下原委,非但不能帮家长解决所面临的问题,而且会引发公众对学校的误解,认为学校推卸责任,"一脚踢"了事。另外,电视台栏目组大老远来采访,他们既要帮助当事人解决问题,又要关注自己栏目的收视率。直白白地把事件的原委说一下,让学生马上到校复课,爆不出"新闻热点",对于出镜记者而言,不是有点遗憾吗?我想,不如借助栏目组的舆论力量把孩子的户籍办好,这也是转移栏目组报道视角的最好方法。

采访就这样开始了(根据电视台播出时实录回忆)。

主持人问:"对教师歧视残障学生,驱赶学生回家,作为校长如何看待?"

我回答:"作为校长,对教师简单处理问题学生的事件表示遗憾,向孩子和家长表示最诚挚的歉意,并通过栏目组向关心我们学校的所有人士致歉。"

我深深地鞠了一躬。眼睛瞥了一下主持人,发现这时的他有点小兴奋。

主持人问:"学校可以歧视残障儿童吗?可以剥夺他们接受义务教育的权利吗?"

我回答:"不可以。"

主持人问:"那么你们老师为什么还要这么做?"

我回答:"这位学生没有户籍、没有学籍,从小学到初中一直是随班就读的'黑学生'。假如要歧视的话,我们两年前小学升初中时,就可以用'没有户籍'为借口把孩子拒之校门外。但是,我们没有这么做。我们始终坚守'义务教育,一个也不能少'的办学主张,实实在在地接纳她。家长也在,可以问问妈妈是不是这样?”

主持人转过身来,问孩子的妈妈,妈妈点头表示同意。这时,主持人的疑惑就产生了。

主持人问:“为什么现在又要驱赶孩子离校呢?”

我回答:“班主任对这事处理得有点急了,让孩子离校是为了紧盯家长赶快去办户籍,办好再来上课。但是这种方式简单了一点,确实给家长和孩子带来一定的压力。”

主持人好奇地问:“这么多年学都上了,怎么现在急着要家长办户籍呢?”

我从容地回答:“因为11月份将上报学生参加毕业升学考试的基础数据,没有户籍的学生就意味着没有学籍,无法参加未来的毕业升学考试,也就是说孩子就没有继续上学的机会,你说我们老师该不该急?”

这时候,主持人明白过来了,转过身来再问孩子她妈妈:“为什么不去办户籍呀?”

家长回答:“孩子属于非法领养,这些年也去了很多部门,总是办不了户籍。”

我趁机插话说:“她领养的不是一个肢体健全的孩子,而是一个有身体残障的、被遗弃的孩子,这种善举应该得到全社会的理解、关爱和支持。否则,这样的残障儿童可能早就夭折了,或者在福利院度过他们的童年。这个家庭可能不符合领养条件,但是对于社会价值引领而言应是有百利而无一害的,我想有关部门应该据于事实,特事特办。”

主持人:“对呀!否则,公德去了哪里?”

我说:“学校可以马上请孩子返校复课,但是办户籍这件事,看来靠家长的能力困难重重,办了14年还‘八字没有一撇’,你们栏目组是否可以帮家长一把?”

主持人想了想,说:“是呀!这倒是一个重要问题。”主持人一下子来劲了,随即电话咨询了办户籍的部门,就匆匆向我们告辞。

由于这件事拖得太久,成了相关部门的“烫手山芋”。户籍管理部门的接待人员认为:只要孩子有领养许可证明,马上可以操作。发放领养许可证明的部门却认为,只要证明孩子不是拐卖的,马上可以开具。于是,两家单位相互推诿,一切落入栏目组需要的制作“境界”,同时化解了学校公共关系危机事件的发生。最终,在栏目组的积极干预和有关部门的帮助下,孩子的户籍办妥了。

不管是家长还是记者,学校都应该把他们当作办好学、育好人的伙伴,都应该换位思考,既要坚守学校的立场,维护学校声誉,同时也要真心实意地帮助家长解决问题,为记者的采访提供方便。

学校涉及千家万户,对学生的照顾很难周全,被家长投诉、被公众责备、被记者曝光不可避免。所以,在公共关系管控中,学校要始终抱着欢迎媒体监督、公众批评的态度对待记者的来访。若学校有过错,应坦诚认错,积极改正;若学校没有过错,也无需理直气壮,得礼让三分,低调陈述原委。投诉、责备、曝光都不可怕,有则改之,无则加勉。我们附近的另一所学校,违纪学生在接受教育的时候因为教师要上课,便托给保安帮忙看管,但保安简单处理,把孩子关了起来。结果家长投诉,此事被苏州电视台《新闻夜班车》栏目曝光。学校还给记者的调查采访设置种种障碍,导致采访活动屡屡受阻,结果学校被栏目组持续关注，连续报道，一些学校管理上不起眼的小问题被放大，给学校形象带来极大的负面影响。

（由作者本人提供）

在现实生活中，公共关系与人际关系容易混为一谈，但两者有很大差异。一是两者产生的基础不同。人际关系是人与人之间的相互作用、相互影响、相互联系，是一种“个体型”社会关系。公共关系则是以业缘关系为纽带（即社会组织的经营行为所引发的）所形成的特定的社会组织与其相关公众之间的利益互动关系，是一种“群体型”社会关系。二是两者的主客体有所不同。人际关系的主体和客体都是个体的人，而公共关系的主体则是特定的社会组织，客体是与社会组织相关的公众。三是两者的目的、手段有所不同。公共关系的目的是为了“公”，服从、服务于群体利益，以塑造良好的组织形象为目标，而人际关系的目的主要是为个体，服从、服务于个体利益。

但是，公共关系与人际关系有着密不可分的联系。一是两者都属于社会关系，都是社会关系的一个分支，彼此交叉包容，相互渗透，相互依存。二是两者在许多基本原则上是相通的，因为满足各自的精神与物质需要是各种社会交往背后的普遍动机，所以在实践中都以互利互惠为最基本的准则。三是两者是相辅相成的，良好的人际关系是构建良好的公共关系的基础，人际交往是开展公关活动的一种手段。

在实践中，公共关系作为“内求团结，外求发展”的管理艺术，也要经常借助于人际关系中的某些手段，通过个体交往构建健康有序、平等和谐的人际关系，来实现塑造良好组织形象的目的。

结 语 伙伴+:让初中教育持续增值

初中教育是衔接小学教育和高中教育的桥梁,在基础教育乃至整个国民教育体系中有着十分重要的地位。此时的学生正处于发展的关键年龄阶段,是其价值观、世界观和人生观形成的重要时期。初中教育质量的优劣直接关系到每一个孩子今后能否成人、成才,甚至关系到孩子的终身发展。然而,在基础教育各学段中,初中教育是"细腰",相对薄弱。即便是教育高度发达的苏南,也有很多"趋边缘化"的乡镇初级中学和城区初级中学。"十二五"期间,江苏省教育科学研究院彭刚研究员和马维娜博士领衔的江苏省教育科学规划重大课题"初中教育内涵发展与全面提升的整体推进研究",聚焦"初中教育是否薄弱,哪里薄弱,何时薄弱?初中发展因何薄弱,怎样薄弱?初中教育整体'发展'什么?初中发展的整体推进之路何在?"四大问题,从对中国百余年初中发展的历程和对新世纪以来初中发展问题的症结剖析入手,直面初中发展的教育本源性问题,解读初中发展的关键内核、变革之本、深度追求问题,探索初中发展整体推进的多元问题。此项研究成果为初中教育发展和初中办学品质提升提供了理论支撑和实践引领。

初中作为义务教育的一个关键学段,它的发展必须走"优质、均衡"之路。优质,不仅仅是校舍优、校园环境优、教学设备优、教师队伍优,还包括教育思想优、教学方式优、育人活动优、教育质量优。前者,尽管学校可以努力争取政府投入,不断改善办学硬件设施设备,但学校不能自主自控。而后者完全可以通过学校的教育思想的转变、教学方式的优化、育人文化的营造、质量监控的跟进等等,为孩子提供优质的初中教育。均衡,绝对不是教育的趋同,更不是"削峰补谷"。要强调的是:公平不是平均,均衡不是均等。学校在达到基本办学标准的基础上,基于自身的办学现状,挖掘自身的办学资源,开展有自身特色的教育行动,打造具有鲜明文化特征的品牌项目,实现学校的特色发展,这恰恰是教育公平、教育均衡的深层表现。基于这样的思想基础,初中学校都在汇集教育智慧,凝聚发展动力,促进学校内涵发展、特色发展、错位发展,走自己的路,办自己的事,努力提升自身的办学品质,把"薄"做厚,把"弱"做强,把"细腰"做壮实,让学校呈现与众不同、各有所长的发展样态。"伙伴+育人"只是无数初中教育发展样态中的一个范式。

自从有了教育,就伴随着人际交往的存在。从私塾到现代学校的建立,教育教学过程中的人际交往变得复杂而又重要。伙伴及伙伴影响,在学生校内、校外的学习过程中有着不可替代的作用。社会进步正在改变我们的生活方式,包括人际交往方式、课堂教学方式等,但是人们忽视了身边的伙伴对自身学习、工作和生活的影响。我们重提伙伴在育人过程中的地位和作用,围绕伙伴影响来改造我们的课程形态,优化我们的课堂教学,丰富我们的校园活动,建设我们的班级集体,改善我们的教育评价,重建我们的师生关系,其目的是要学校教育返璞归真,更是期待在现代教育理论指导下,初中教育能获得持续增值。

参考文献

[1] 张健，孙叙宝.关于中学生友伴群体的调查[J].江西教育科研，1989，(5)

[2] 庞丽娟，陈琴.论儿童合作[J].教育研究与实践.2001，(1)

[3] 徐湘荷.同伴交往对儿童品德发展的影响[J].江西教育科研，2002，(10)

[4] 刘延金，温思涵.儿童眼中的合作学习[J].教育学术月刊，2015，(11)

[5] 乔深.构建中学生良好同伴交往的学校教育策略[J].现代中小学教育，2012，(11)

[6] 陈艳丽，李化树.关注班集体中的非正式群体[J].北京教育·普教，2008，(8)

[7] 杜锡来.中学生同伴交往存在的问题及对策[J].教育探索，2006，(6)

[8] 杨孝如."边云华"初中的现实定位、内生动力与发展趋向[J].江苏教育，2018，(11)

[9] 卢秀琼.中学生异性同伴交往特点的调查分析[J].西南大学学报·社会科学，2008，(11)

[10] 高晨晖，曾祥岚.中学生的同伴恐惧自卑与攻击性——同伴接纳的调节作用[J].教育学术月刊，2018，(2)

[11] 刘长海，罗怡.关于"伙伴教育"的理论构想[J].江西教育科研，2005，(5)

[12] 杜雪纲.基于课堂的教师"学习伙伴"角色的实践研究[J].课程与教学，2017，(4)

[13] 汤成超.基于伙伴关系的差异化教学[J].上海教育科研，2006，(12)

[14] 黄海图.师生伙伴模式在初中物理实验教学中的探索与实践[J].2015，(3)

[15] 张丽霞，张立新.伙伴教学——在中小学信息技术教学中的运用[J].中国电化教育，2003，(1)

[16] 徐光德，叶太微.中学生非正式群体及其引导[J].重庆教育学院学报，2000，(9)

[17] 杨勇诚，顾志荣.初中生社团进阶式评价的研究[J].中学课程辅导(教师教育)，2020，(11)

[18] 杨勇诚."伙伴+"：构建育人新范式[J].江苏教育研究，2020，(2)

[19] 杨勇诚."伙伴+"：让初中教育无限增值[J].教育视界，2019，(21)

[20] 杨勇诚.刍议普通中小学校级领导的配置与协调[J].江苏教育，2019，(50)

[21] 杨勇诚.构建合法、合规、合理的校长权利观.江苏教育，2017，(42)

[22] 叶秀青.高中班级管理中的同伴关系问题研究[D].长春：东北师范大学，2007

[23] 祝小雨.高中生同伴交往对班级管理影响的研究[D].上海:华东师范大学，2015

[24] 邢秀芳.基于同伴调节的课堂情绪管理研究[D].重庆:西南大学，2010

[25] 王芃.初中英语写作教学中实施同伴互评法实证研究[D].武汉:华中师范大学，2012

[26] 宋云超.同伴教学法在高中物理教学中的应用[D].北京:中央民族大学，2017

[27] 李双军.城市儿童“伙伴危机”成因及学校体育“同伴教育”教学干预实验研究[D].上海:上海体育学院，2013

[28] 金二红.同伴互助学习的实践与理论初探[D].上海:上海师范大学，2012

[29] 祝小雨.高中生同伴交往对班级管理影响的研究[D].上海:华东师范大学，2015

[30] 武建芬.幼儿心理理论与同伴交往关系的研究[D].上海:华东师范大学，2006

[31] 吴康宁.教育社会学[M].北京:人民教育出版社，1998

[32] 杨敏毅，黄莉莉.读懂初中生[M].北京:中国人民大学出版社，2015

[33] 林崇德.中学生心理学[M].北京:中国轻工业出版社，2013

[34] 陈玉琨.教育(从自发走向自觉)[M].上海:华东师范大学出版社，2012

[35] 陈玉琨.教育(为了生命的幸福成长)[M].上海:华东师范大学出版社，2012

[36] 江晓兴.青少年行为心理学[M].北京:中国商业出版社，2018

[37] 林崇德，董奇.中学生心理健康教育[M].北京:中国轻工业出版社，2008

[38] 林崇德.发展心理学[M].北京:人民教育出版社，2005

[39] 柴一兵.陪孩子走过初中三年[M].北京:北京工业大学出版社，2014

[40] 彭刚，马维娜.初中发展:中国基础教育无法缺场的研究[M].北京:中国社会科学社，2015

[41] 杨勇诚.基于项目学习的初中物理教学[M].西安:陕西师范大学出版社，2013

[42] 盛建国，朱祥.项目学习:初中物理教学案例[M].西安:陕西师范大学出版社，2015

[43] 百度百科 https://baike.baidu.com

后　记

我很幸运，在50周岁前夕搭上了"末班车"，忝列"江苏人民教育家培养工程"第三期成员。五年来，与学员、导师的互动，特别是无数场专家的学术报告，为我打开了一扇又一扇心灵的窗户，让我看到了别样的精彩和格外的美丽，常有"相见恨晚、豁然开朗"之感，也使我对教育教学的一些基本问题有了全新的认识。

在此，由衷感谢导师陈玉琨教授（华东师范大学资深教授）、吴康宁教授（南京师范大学资深教授）、龚放教授（南京大学资深教授）和邹正校长（南京外国语学校校长、"江苏人民教育家培养工程"第一期培养对象），每一次活动中，导师的真知灼见、谆谆教导都是我专业成长道路上的路标。"伙伴＋"这个主题的确定就是来自于陈玉琨教授的建议，吴康宁教授从教育社会学、集体教育以及非正式群体的教育等方面，给了我不少启发性的意见。感谢导师袁振国教授（华东师范大学资深教授），在我工作岗位变更、专业成长目标不断需要"推倒重建"的关键时刻，袁教授给了我很大的帮助。感谢南京大学教育学院的操太圣教授，我们之间接触不多，但是操教授对教育的执着情怀和严谨的研究态度一直影响着我，特别在我的教育思想汇报会上给了我不少的鼓励。感谢我们同期学员熊新华局长和李桂强、徐光静、沈斌、陈国兵等四位校长，五年中我们从陌生人变成影响彼此专业成长的伙伴，这是一种难得的缘分，也是一种情感的升华。

特别感谢我的同事朱伟（我在盛泽二中工作时的同事）、盛建国（我在平望二中工作时的同事）、胡阿生（我在梅堰中学工作时的同事）、白孝忠和胡鹏老师（这两位老师是我在笠泽实验初级中学工作时的同事），他们为《伙伴＋：让初中教育持续增值》的写就，从叙事角度到写作风格都提出了不少建议，本书的字里行间还有很多他们修改润色的痕迹。本书的书名也是在接受了朱伟老师建议的基础上，反复斟酌才确定下来的。感谢钱建芬、金桂华、邱明霞、顾志荣、姚远、阮班莲、钱花美、吴伟峰、吴春梅和陆彬老师（这十位老师都是我现在的同事，吴江区实验初级中学的老师）和徐英（数学教师）、张红英、戴萍老师（这三位老师是我在笠泽实验初级中学工作时的同事），他们为本书提供了许多鲜活的教育教学案例和活动方案，丰富了内容，增加了可读性，处处渗透着他们的教育智慧和为人处世的热情。感谢我中学时代的同学，现为苏州大学教授的吴品才先生，他在我们同学圈中得知我正在撰写有关初中生伙伴关系及影响的书后，特地为我写了一段中学时代的回忆材料，以案说事，佐证了我的一些观点。感谢吴江区教育学会的沈正元老师，尽管在很长一段的时间里，他是我的领导，但是在学术上他始终是我的良师益友,一直关心、指导着我的教育教学实践活动。

非常感谢江苏省教育科学研究院王国强副院长、基础教育研究所倪娟(博士)所长和我们第三期中学校长组的学术秘书喻小琴博士等一批乐于奉献、全心全意为这个项目服务的专家和老师,因为他们的每一次精心设计和周到安排,我们才能在一个舒适惬意、积极向上的学习环境里,静下心来读书、听课、研讨和写作。

最后,真心感谢吴江区教育局、苏州市教师发展中心。我的成长得益于我们吴江教育的良好生态和苏州教育对教师发展的重视,他们作为我的主管单位和这个项目的直接管理者,始终关心我的成长,支持我的学习、培训和实践工作。感谢我的家人,正是有了他们的真情和爱心,始终如一的理解、支持和鼓励,我才会拥有一个安心教育、静心学习的好环境。

第三期的"江苏人民教育家培养工程"的各项培养工作结束了,我也将面临着职业生涯的"终点"。但是,我还将继续怀着一颗感恩之心,一如既往地为我们吴江教育、苏州教育,乃至江苏教育贡献自己的绵薄之力。

杨勇诚

己亥年季夏